《汉文化研究丛书》编辑委员会

- 主　任　黄荣杰　王利亚
- 副主任　卢志文　刘明阁
- 委　员　李文安　邵书峰　谢冰松　曹天杰　阚云超　马良泉
　　　　　孟静雅　刘太祥　张保同　苏新留　何　军　徐永斌
　　　　　刘剑利
- 主　编　郑先兴

汉文化研究丛书

HANDAI ZHENGZHI WENMING

汉代政治文明

刘太祥 著

河南大学出版社
中国·郑州

图书在版编目(CIP)数据

汉代政治文明/刘太祥著.—郑州:河南大学出版社,2013.4(2016.12重印)

(汉文化研究丛书)

ISBN 978-7-5649-1185-0

Ⅰ.①汉… Ⅱ.①刘… Ⅲ.①政治制度史－研究－中国－汉代 Ⅳ.①D691

中国版本图书馆CIP数据核字(2013)第073786号

责任编辑　李　云
责任校对　孙增科
封面设计　马　龙

出　版	河南大学出版社
	地址:郑州市郑东新区商务外环中华大厦2401号　邮编:450046
	电话:0371－86059701(营销部)　　网址:www.hupress.com
排　版	郑州市今日文教印制有限公司
印　刷	开封智圣印务有限公司
版　次	2013年5月第1版　　印　次　2016年12月第2次印刷
开　本	690mm×960mm　1/16　印　张　15.25
字　数	242千字　　　　　　定　价　38.00元

(本书如有印装质量问题,请与河南大学出版社营销部联系调换)

目　　录

序　一 …………………………………………… 朱绍侯（ 1 ）
序　二 …………………………………………… 郑先兴（ 1 ）
第一章　绪论 …………………………………………（ 1 ）
　　第一节　汉代倡导先进的政治理念 ……………（ 2 ）
　　第二节　汉代建立比较科学、合理、精干、高效的官僚政治
　　　　　　体制 ……………………………………（ 7 ）
　　第三节　汉代建立和完善程序严密、制约有效的权力运作
　　　　　　机制 ……………………………………（ 12 ）
　　第四节　汉代采用多种多样的政治参与形式 …（ 20 ）
　　第五节　汉代开拓儒家政治社会化的新途径 …（ 23 ）
第二章　汉代"文武并用"的治国方略 ………………（ 27 ）
　　第一节　礼法并用：礼是法的内容，法是礼的保障 …（ 29 ）
　　第二节　德主刑辅：教化为主，惩罚为辅 ………（ 31 ）
　　第三节　民为邦本：爱民利民，执政为民 ………（ 34 ）
　　第四节　以人为本：选人用人，为政在人 ………（ 36 ）
　　第五节　分权制衡：分官设职，制约权力 ………（ 39 ）
　　第六节　义利统一：以利导义，以义求利 ………（ 43 ）
　　第七节　富国强兵：奖励耕战，增强实力 ………（ 46 ）
第三章　汉代"兼听独断"的行政决策 ………………（ 49 ）
　　第一节　汉代中央行政决策的体系 ……………（ 49 ）

第二节　汉代中央行政决策的类型…………………（73）
　　第三节　汉代中央行政决策的特点…………………（77）
第四章　汉代优质高效的行政执行制度………………………（80）
　　第一节　汉代文书行政………………………………（80）
　　第二节　汉代期会行政………………………………（108）
　　第三节　汉代质量行政………………………………（122）
第五章　汉代形式多样的行政监督制度………………………（129）
　　第一节　汉代行政监督的体系………………………（129）
　　第二节　汉代行政监督的形式………………………（142）
第六章　汉代赏罚分明的行政激励机制………………………（160）
　　第一节　汉代的奖励机制……………………………（161）
　　第二节　汉代的惩罚机制……………………………（178）
第七章　汉代忧国忧民的政治参与机制………………………（188）
　　第一节　汉代政治参与意识…………………………（189）
　　第二节　汉代政治参与形式…………………………（191）
　　第三节　汉代政治参与保障制度……………………（201）
第八章　汉代儒家政治思想的社会化…………………………（208）
　　第一节　汉代儒家政治思想社会化的行政传播渠道………（209）
　　第二节　汉代儒家政治思想社会化的教育传播渠道………（212）
　　第三节　汉代儒家政治思想社会化的文化传播途径………（214）
　　第四节　汉代儒家政治思想社会化的立法保障……………（219）
　　第五节　汉代儒家政治思想社会化的教化传播途径………（220）
　　第六节　汉代儒家政治思想社会化的礼仪传播渠道………（223）
后　记……………………………………………………………（228）

序 一

朱绍侯

南阳师范学院汉文化研究中心要推出一套"汉文化研究丛书",郑先兴同志请我作序,我非常高兴。因为,作为专门从事秦汉史研究的学者,最高兴的就是看到新人新著的涌现;而且,这一套丛书的作者,大多是我的学生,或者是多年来一直跟随我学习研究秦汉史的教师;更何况,这套丛书的三审都是由我来进行的。我想谈以下三个问题。

第一,关于汉文化研究的学科性质。

如果把汉文化研究作为学科来看,大概有两个层面的含义。从一个层面来说,汉文化研究属于断代史,即属于汉史的研究范畴。汉代是中国统一集权制国家形成后,出现的第一个文化高峰。汉代人所创造的政治、经济、军事、教育、科学等方面的成就,可谓博大精深,永远是中国历史、中国文化史研究中的重点问题。但汉文化研究也有地域广狭的区分,有南阳汉文化、河南汉文化、中国汉文化,当然也由江苏汉文化、四川汉文化等等。本书的重点是研究南阳汉文化、河南汉文化。从另一个层面说,汉文化又属于专门史的性质,如汉人、汉族、汉语、汉字、汉经济、汉政治等都有极其重要的研究价值。无论是作为断代史、专门史或地域史来研究,汉文化都具有永久定性的特点和永远传承的特点,都是永远不变的定性文化,也是被中国与世界华人、华裔和国际学术界永远关注的问题。

第二，南阳汉文化研究的优势。

南阳学者所进行的汉文化研究，可谓是占尽了天时、地利、人和。所谓天时，有两个重要的含义。一是在"文化大革命"之后，在学术界普遍兴起了历史文化的研究热潮。如中华文化、长江文化、黄河文化、姓氏文化以及各地区的区域文化和各种专题文化等等，不论是什么文化，汉文化都必然是它研究的主要内容之一。二是在进入新世纪之后，党和政府日益重视传统文化在现代化中的作用，提倡人文社科的研究，希望从传统中吸取优秀的文化精神。河南省教育厅为推进这一方针的实施，在全省高校先后建立"河南省人文社会科学重点研究基地"。南阳师范学院汉文化研究中心就是在这样的环境中建立起来的。中心的建立，凝聚了研究方向，整合了全校的研究力量，为全面扎实地研究提供了组织和财力的保证。所谓"地利"，就是南阳是汉代经济、文化最发达的区域，特别是在东汉，南阳是开国皇帝刘秀的故乡，向有"帝乡""南都"之美称，皇亲国戚不可胜数，名人辈出，文物古迹遍布城乡，汉冶铁遗址就有6处，汉画像石、画像砖无论从数量、质量来看，都居全国之最。由此，南阳的汉文化研究资源异常丰富。所谓"人和"，是说这里的文化研究人气很浓。经过长期的积累和传承，南阳师范学院已经拥有着一批在学术界颇具影响的汉文化研究者，而且学校的历届领导班子都把汉文化研究作为学科建设的重点来扶持；通过《南都学坛》"汉代文化研究"专栏，与全国的汉文化研究者经常保持着十分密切的学缘关系，使得全国著名的秦汉史学者都非常关注汉文化研究中心的发展；通过秦汉史和汉画研讨会，增进了学术交流，提升了南阳师范学院的学术地位和影响。

第三，汉文化研究的意义。

汉文化研究所拥有的巨大的学术和文化建设的意义，自是非常繁富。这里我只谈三点。

从历史发展来说。如前所述，汉代是中国统一中央集权制国家形成后所出现的第一个文化高峰。依照德国著名的历史哲学家雅斯贝尔斯的轴心期理论，汉代应属于后轴心时代，即相对于春秋战国的文化经典诞生的轴心时代，汉代则是将之前的文化经典加以实践并予以整理传承，使之得以定型流传。因此，要充分了解中国文化，汉文化可以说是最基本的切入点。最近，年轻的秦汉史研究学者彭卫先生又提出，中国历史研究的"根节"在于"文明的起源、王制向帝制的转变和近代化","而王制向帝制的转变正是挑起历史两头的那根扁担"。可以说,这一说法非常形象地说明了汉文化研究的重要性。在我看来,王制向帝制转变的关键就是秦汉之际所推行的军功爵制,它用功绩的大小重组社会关系,改变了原来的只以血缘纽带建构社会关系的现象,从而推进了社会由王制向帝制的转变。这用唯物史观来表述,就是阶级的变化推进了社会制度的变革。因此,无论是从学术史或者政治制度史的角度,汉文化研究都是了解中国历史的必不可少的环节。

从地域文化观念来说。回顾5000年的中国文明辉煌史,其中近4000年都有河南的主体参与,只是在南宋之后的近1000年以来,河南才逐渐被边缘化。检讨边缘化的原因,查漏补缺,固然是很有必要的。但检讨文明辉煌的因子,将其发扬光大,更是再造辉煌的乐观途径。中原文化作为中国传统文化的主体,其辉煌的因子非常之多。但就其整体性和完整性而言,汉文化则更具有吸收和汲取的价值。因为第一,汉文化是中原文化中比较重要的一个阶段。汉代是继承夏、商、周、秦之后的又一个统一时期,是汉民族形成的最为关键的时期。她所形成的政治体制、思想精神和文化传统,相沿成习,至今不变。第二,汉文化是中原文化中比较重要的一个环节。中原文化对中国文化的贡献主要体现在河南省许多地方,都有自己的特色文化,如周口的伏羲文化、新郑的炎黄故里、洛阳的河洛文化、安阳的殷墟文化、开封的宋都文化等等,而南阳则因汉光武发祥于此,即以"帝乡""帝都"等名义而著称于世;同时又因东汉建都于洛阳,与中原文化的关系更为密切。第三,汉文化在中原文化中占有重要的地位。汉文化的开辟疆土、驰骋沙场的开拓情怀、包容一切的恢弘气势、研习经传的探索精神以及献身国家匹夫有责的爱国思想等等,都构成了中原文化的丰富内涵。由此,全面深入细致地研究汉文化,是实现思想解放、发展跨越和当今中原文化崛起的基本途径。

从大学办学特色来说。大学教育的目的就是传承文明、修性养德和培育科学探索的精神和理念,然而具体到如何办好一所大学,中外教育家的共识就是特色办学。所谓特色办学就是在学科建设上能够有自己独到之处。而我们知道,构成特色学科的因素主要是研究的对象、研究的理念和研究的方法。一般来说,研究理念和方法固然非常重要,但它毕竟要受到研究对象的制约。可以说，只有研究对象是经常主导学科特色从而决定学校的地位的。就此而言，南阳师范学院以其地域文化优势，选择汉文化研究作为自己的特色学科来加以建设，而且屡经几代领导坚持不改，终于形成了涵盖全校诸如历史、中文、美术、音乐、体育、政治、经济等文科教师在内的强大的研究队伍，并在全国秦汉史学界和汉画学界占有重要的席位，成为一支不可忽视的力量。这种以学科优势所造就的办学特色，其他一些高校是难以企及的。

综上所述，可以想见，"汉文化研究丛书"的问世，其学术价值和实际功用以及所展示的南阳师范学院的科研实力和办学特色，将是多么有意义的事情。让我们表示衷心的祝贺吧。

是为序。

2008 年 8 月 26 日

序 二

郑先兴

　　河南省普通高校人文社会科学重点研究基地南阳师范学院汉文化研究中心于2005年8月得到河南省教育厅的正式下文成立,到今天已经整整十个年头了。十年来,中心同仁坚持学术至上的信念,潜心研究,以"汉文化研究丛书"为标志性的成果,先后推出了十三部专著。为纪念中心的十年庆典,河南大学出版社准备将其修订后整体推出。作为中心的负责人,丛书的策划者,其内心的喜悦和兴奋,可以说是无以言表的。考虑到该套丛书的专业研究性质,其学术价值自有业内学者评判,而其文化建设功用则可通过社会实践予以验证,在这里,我只想从学术管理方面谈几点意见,谨向丛书的出版表示诚挚的祝贺!

　　丛书的出版问世,可以说是党中央弘扬优秀传统文化、提高国家文化软实力发展战略的贯彻和落实。全面挖掘民族传统文化的精华,总结中华民族的文明发展经验,可以说是中国共产党人一直的追求和努力。毛泽东曾经指出:"从孔夫子到孙中山,我们应当给以总结。承继这一份珍贵的遗产。"新近以来,中共中央总书记习近平同志两次谈到总结历史文化遗产的重要性。

　　在第十八届中央政治局的第12次集体学习会议上,习近平总书记指出:

"提高国家文化软实力,要努力展示中华文化独特魅力。在5000多年文明发展进程中,中华民族创造了博大精深的灿烂文化,要使中华民族最基本的文化基因与当代文化相适应、与现代社会相协调,以人们喜闻乐见、具有广泛参与性的方式推广开来,把跨越时空、超越国度、富有永恒魅力、具有当代价值的文化精神弘扬起来,把继承传统优秀文化又弘扬时代精神、立足本国又面向世界的当代中国文化创新成果传播出去。要系统梳理传统文化资源,让收藏在禁宫里的文物、陈列在广阔大地上的遗产、书写在古籍里的文字都活起来。要以理服人,以文服人,以德服人,提高对外文化交流水平,完善人文交流机制,创新人文交流方式,综合运用大众传播、群体传播、人际传播等多种方式展示中华文化魅力。"

在第十八届中央政治局的第13次集体学习会议上,习近平总书记再次指出:

"要讲清楚中华优秀传统文化的历史渊源、发展脉络、基本走向,讲清楚中华文化的独特创造、价值理念、鲜明特色,增强文化自信和价值观自信。要认真汲取中华优秀传统文化的思想精华和道德精髓,大力弘扬以爱国主义为核心的民族精神和以改革创新为核心的时代精神,深入挖掘和阐发中华优秀传统文化讲仁爱、重民本、守诚信、崇正义、尚和合、求大同的时代价值,使中华优秀传统文化成为涵养社会主义核心价值观的重要源泉。要处理好继承和创造性发展的关系,重点做好创造性转化和创新性发展。"

在这里,"要努力展示中华文化独特魅力","要讲清楚中华优秀传统文化的历史渊源、发展脉络、基本走向,讲清楚中华文化的独特创造、价值理念、鲜明特色",必须深入探究中国历史,尤其是中国历史上的秦汉时期。因为秦汉时期是中华文明的后轴心时期,它不仅承继、凝聚了远古以来中华文明的精华,而且也开启了之后中华文明的发展道路。据此,汉文化研究中心依托南阳区域文化和汉画像的历史资源,广纳贤才,凝神聚力,全面展开汉文化的研究,不断推出研究性的成果,为中华文化魅力的展现和优秀文化传统渊源的揭示,仅露尖尖一角,略展学术之风采。

丛书的出版问世,可以说是打造特色学术平台的必然结果。高校的存在和发展,除了狠抓学科建设、人才培养以及日常的教学、科研管理与机制之外,别无他途。为此,校党委和行政制定了"质量提升,内涵带动"的发展战略,并根据所在地域的文化特点与经济社会建设的需要,设置相应的科研与教学平台。一方面促进科学研究与课堂教学紧密结合,另一方面也促进高校的教学科研与本地社会经济文化建设紧密结合。南阳的地域文化优势在于汉代历史文化,东汉光武帝刘秀生长、起事于南阳,其军功大臣二十八宿也大多出生在南阳;即使此前西汉刘邦政权的建立,也得益于南阳地方豪绅的鼎力支持,才有了可靠的根据地而取得政权;汉代南阳的冶铁、水利、中医药与天文地理等科学技术跻身于世界文化最先进的水平;还有现在依然大量存在的汉画像,作为中国美术史上瑰丽的宝藏,珍藏着汉代民众真实而又平凡的社会生活和精神风貌。为充分挖掘南阳文化的精髓,实验、训练并提升教师的科研能力,打造学术品牌,我们凝聚全校文科的学术研究方向,以汉画像为主题,成立了汉文化研究中心。中心的成立,既为教师的学术研究指明了方向,也得到了省教育厅的大力支持,成为河南省人文社会科学重点研究基地。几年来,中心在项目申报、论文论著的撰写与发表、重点学科建设等等方面,都取得了卓越的成绩;尤其是在学术交流和为社会经济文化建设服务方面,中心成功承办了大型的国际学术会议,如"中国汉画学会第十届年会暨学术研讨会(2006)"、"东汉史研究国际论坛(2009)"、"中国秦汉史研究会第十三届年会暨国际学术研讨会(2011)"等。这些会议的成功举办,不仅加强了我校与学术界的交流,提升了我校的知名度,更重要的是展示了我校教师的研究实力和学术风貌。中心研究人员积极参加了南阳卧龙岗文化产业聚集区建设、南阳相关的企事业文化建设、南阳农运会端午节龙舟竞赛高峰论坛、南阳刘秀研究会以及诸葛亮躬耕地问题讨论,等等,这些活动,既促进了教学与科研的紧密结合,又为教学和研究提供了更广阔的视野。总之,我校的汉文化研究中心已经成为秦汉史学界、汉画学界国内外知名的学术研究重镇,成为南阳社会经济文化建设领域内有关汉代历史文化方面不可忽视的咨询机构。本次出版的十三种汉文化研究专著,就是这个学术研究平台十年研究计划的重要的学术成果之一。当然,我们期望着更高层次的研究成果的继续涌现。

丛书的出版问世和项目的完成,也是汉文化研究中心的研究人员的长期辛勤、扎实治学的结晶。孔子说:"人能弘道,非道弘人。"再好的理念和政策,再好的平台和基地,如果没有人们踏踏实实地践行,予以付诸实践,是很难切实收到实效,取得成绩的。令人骄傲的是,我们南阳师范学院的广大教职员工,确实有一批求真务实的人。在这样一个比较浮躁的年代,他们能够沉下气来,专心地教书育人,精心地做学术研究,实属难能可贵,非常令人敬佩。以汉文化研究为例,从上个世纪改革开放以来,就已经形成了一支专业的研究队伍。他们身处教学和科研一线,在完成自己的教学任务的同时,选择南阳的区域文化尤其是秦汉史和汉画像作为自己的研究对象,互相切磋,互相鼓励,在研究课题、撰写论文和申报项目方面,互相支持,在秦汉史学界和汉画像学界已经形成了自己的学科特色和学术优势。汉文化研究中心成立之后,又以中心为平台,制定了编著"汉文化研究丛书"的十年计划,试图打造自己的学术优势,占据汉画像研究和秦汉史尤其是东汉史学研究的制高点。从已经出版的论著的影响看,其原始的意愿已经基本实现了。可以说,前期的成果为后来的研究提供了基础和方向,但自然地也增加了难度。如何超越自己,如何将汉文化研究提升到更高的层次?我想,这是汉文化研究中心的同志们可能要花费很长时间予以思考和践行的问题。至于能否实现超越,就需要学术界的专家同仁予以引领和雅正了。

本丛书的十三种专著中,可以分为两个系列。

一是汉文化研究系列,共八本,主要探究秦汉时期社会历史的发展及其本质特征。郑先兴教授完成了《汉代思想史专题论稿》与《汉代史学思想史》,前者是其阅读汉代元典的心得,以礼治思想、经济思想、王充思想以及其他思想(包括谶纬、汉文化精神、荀悦政治思想)等四个专题,揭示并阐述了汉代的政治思想、经济思想与社会思想;后者则是其长期的历史教学与研究成果的积淀和积累,是对汉代优秀的学术思想文化遗产的发掘和梳理。刘太祥编审完成的《张仲景中医药文化研究》与《汉代政治文明》,前者是其对医圣张仲景在中医药药理、诊治、用方、医德等方面贡献的挖掘和阐释;后者则是其对汉代政治文明的成就比如治国理念、方略、机制的梳理和阐述,寻绎汉代政治文化中的进步和积极因素。冯建志教授等人完成的《汉代音乐文化研究》,主要描述了汉代音乐的内容、类型、发展及其美学思想。曾祥旭教授完成了《西汉后期的文学和儒学》,是其博士论文《论西汉前期的文学和儒学》的延续,阐述了西汉后期文学的发展及其与儒学的关系。杨运秀教授完成了《南阳汉画像与汉代经济研究》,以南阳区域为研究对象,分为两个部分,第一部分是以南阳汉画像为主题,从经济学的角度阐释了汉画像中的经济因素;第二部分是以汉代南阳区域经济为主题,叙述了南阳的农业、水利、手工业、货币、商业等经济状况。高二旺博士完成的《两汉魏晋南北朝人质现象研究》,是以其学位论文修订增补的,以古代人质现象为话题揭示汉代到南北朝时期所普遍存在的人伦和法制真相。

二是汉画像系列,共五种,主要是挖掘和阐释汉画像的内容及其社会意象。其中郑先兴教授完成了《汉画像的社会学研究》和《民间信仰与汉代生肖图像研究》,前者是以远古婚姻进程为线索,透视汉画像中神树、螺女、弓弩、伏羲女娲、西王母、傩等画面的社会历史内涵,后者则是以生肖为线索,阐释汉画像中生肖图像的社会历史意蕴。牛天伟、金爱秀二位完成的《汉代神灵图像考述》,则是从考古学、民俗学的角度,对汉画像中的伏羲女娲、西王母、气象天文、镇宅守墓、祥禽瑞兽以及传说的蚩尤、桑蚕农神等图像予以了阐释。季伟教授完成的《汉代乐舞百戏考述》,是以乐舞百戏为话题揭示汉画像中大量存在的乐舞图像的社会历史内涵,挖掘古代历史中优秀的乐舞文化遗产。徐永斌教授等人完成的《南阳汉画装饰艺术》,描述了南阳汉画像装饰艺术的题材内容、构成风格、技法类型、审美特征,及其在中国传统装饰艺术上的价值等。

毋庸讳言,"汉文化研究丛书"虽然推出了十三种,但与原本的初衷和社会的要求还是有距离的。希望汉文化研究中心的同志们更加努力,拿出更多的成果,拿出更丰富更深刻更具有影响力的汉文化研究论著。

让我们期待着吧!

2015 年 5 月

第一章 绪 论

汉代是我国传统政治文明发展的奠基时期,在批判地继承先秦政治文明成果基础上,不断创新,加强政治文明建设,创造了灿烂的政治文明。首先,提出了"德法并用"的政治理念,一手抓法制建设,一手抓政治教化,选贤任能,执政为民,为政治文明的发展提供了理论依据。其次,不断创新政治体制,合理设置官僚机构,科学配置官吏,分权制衡,初步建立了科学、合理、精干、高效的官僚政治体制,形成了相对独立的决策、咨询、执行、监督的权力结构,为政治文明的发展提供了组织保障。最后,建立和完善各项政治制度,各行政主体通过集议、谏诤、封驳、判署、察举、考试、考课、巡视、审计、举劾、"杂议"、"连带责任"等形式,对官吏人事、司法、财政经济等行政权力进行制约和监督,初步形成了程序严密、制约有效的权力运作机制,体现了一定的公开、民主原则,为政治文明的发展提供了制度保障。总结汉代政治文明建设的成果和成功的经验,对建设具有中国特色的社会主义政治文明有重要的借鉴意义。

第一节 汉代倡导先进的政治理念

汉代对先秦诸子提出的政治理论进行了深入探讨,从理论上阐发了治国方略,提出了"德法并用"的先进治国理念,为政务举措提供了理论基础,促进了政治体制的改革和制度建设。

汉宣帝曾经说过:"汉家自有制度,本以霸王道杂之。"① 所谓"霸道"就是以刑法治国,所谓"王道"就是以仁义治国,"霸王道杂之"就是法治和德治相结合。儒家主张德治,强调为政主体的内在修养和道德人格在政治实践中的重要作用,注重对人民进行伦理道德的教化,主张对人民实施"仁政",反对严刑峻法,实行贤人政治。法家主张"法治",就是以法治国,规定明确的法律制度,公布于众;奖励耕战,严格执行赏罚制度,要求用法律统一人们思想,"以法为教","以吏为师"。他们认为儒家道德感化的说教,过于迂腐,无济于乱世的治理。治国安民的上策莫过于以力制暴。法家重视专制官僚政治理论的研究和规划,提出了制定法律、分官设职、选官考课、奖罚分明等治国的政治举措,建立强有力的国家机器。但法家主张专制主义,视人民为工具而无视其幸福,主张文化专制主义,限制文化自由,排斥知识群体。战国时期各国君主为了富国强兵大都倾向法家的法术,秦始皇就是用商鞅、韩非子等人的法治思想,建立了专制主义中央集权制度,百家学士,尤其儒者遭受了"焚书坑儒"的沉重打击,法制刑罚成为秦朝主要的治国手段。但是,在秦朝的法制中也包含有儒家的德治思想,从《睡虎地秦墓竹简》中记载的法律规范和有关吏治规定看,秦律中体现了儒家的父权和孝道思想,对"乱族"的严厉处罚继续了儒家立法思想,对官吏的必备品格和作风的法律规定体现了"以德治国"的理念②。实际上自先秦开始,儒家的德治和法家的法治都是交互为用的,并不是互相排斥的。孔子主张为政以

---

① 《汉书》卷9《元帝纪》,中华书局1962年版。
② 刘远征、刘莉:《论秦朝法制中儒家法律思想》,《西安建筑科技大学学报》1999年第2期。

德,但他不是一般地反对政令刑法,而是对暴政的否定,他认为"礼乐不兴则刑罚不中,刑罚不中则民无所措手足"①。《说苑》卷7《政理》中所引用孔子一句话说得更明确:"治国之机,刑德是也。"实际就是主张施政要宽猛相济,恩威并用。儒家大师荀子说:"礼者,法之大分,类之纲经。"就是说道德是法的根本,是法律的指导原则。他提出"隆礼而重法",认为"治之经,礼与刑,君子以修百姓宁。明德慎罚,国家既治四海平"②。表明先秦儒家对法制刑罚的作用认识是非常深刻的。而法家尽管"不务德而务法",倡导"禁奸止过,莫若重刑",但并没有完全排斥德治,商鞅认为德与法都是强国、利国的工具,"法者,所以爱民也;礼者,所以便事也"③。韩非子也认为法治与德治互相配合,"明主所以制其臣者,二柄而已矣。二柄者,刑德也。杀义之谓刑,庆赏之谓德"。儒家的"三纲"伦理也是由韩非子提出的:"臣事君,子事父,妻事夫,三者顺则天下治,三者逆则天下乱。"④看来,法家并不废除伦理道德规范原则和社会秩序,反对的只是儒家空谈的"教化"治国思想。所以,班固在《汉书》中指出:"法家者流,盖出于理官,信赏必罚,以辅礼制。"西汉统治者在探讨秦朝短命而亡的原因中,继承并发扬光大了先秦儒法两家的德治和法治的互为补充、相互为用的思想,提出了德法并用的治国理念。陆贾提出了"治以道德为上,行以仁义为本"⑤的理念,倡导"慕义礼之荣,恶贪乱之耻"⑥的社会风尚。他说:"文武并用,长久之术也。"⑦主张文武、仁义教化和法令结合起来,以仁义教化劝善,以法令诛恶,软硬兼施,才能维持封建政权的长治久安。贾谊提出了礼法结合的思想,他说:"夫礼者禁于将然之前,而法者禁于已然之后。"⑧因此,治理国家要先兴礼义教化,然后使用法制刑罚。"道(导)之以德教者,德教洽而民

---

① 《论语·子路》,时代文艺出版社2002年版。
② 《荀子·成相》,时代文艺出版社2002年版。
③ 《商君书·更法》,见《诸子集成》,上海书店1986年版。
④ 《韩非子·忠孝》,见《诸子集成》,上海书店1986年版。
⑤ 王利器:《新语校注·本行》,中华书局1986年版。
⑥ 《汉书》卷43《陆贾传》。
⑦ 《史记》卷97《郦生陆贾列传》,中华书局1959年版。
⑧ 王洲明、徐超:《贾谊集校注·新书·礼》,人民文学出版社1996年版。

气乐;驱之以法令者,法令极而民风衰。"①这种礼法合一思想被文帝采纳,史称文帝时"诸法令所更定,及列侯就国,其法皆谊发"②。董仲舒提出了"德主刑辅"思想,他说:"教,政之本也;狱,政之末也。其事异域,其用一也","刑者,德之辅也;阴者,阳之助也"③。把刑说成是为了德,是德的补充,没有它就达不到德治的目的。汉武帝采纳了他的政治主张,下令"罢黜百家,独尊儒术",并以"德法并用"之术治国④。"作为差别性行为规范的礼,逐渐与公允性行为规范的法交融渗透,以至合流"⑤,"德法并用"的治国理念确立,为以后历代统治者所沿用。在秦汉治国的政治实践中,"德法并用"的理念主要表现在以下四个方面。

一、建章立制,依法行政

汉代制订了一系列的行政法规,设官定责,分权制衡,建立和健全了各项规章制度,对权力进行监督和制约,规范官员行为,要求各级官吏严格依法行政,不得违法行政,保证行政机器的正常运转。秦汉法律文献流传下来的较少,但在出土的云梦睡虎地秦简、居延汉简、江陵张家山汉简等简牍文书中保存了大量的法律条文,有关行政法规的主要有《秦律十八种》、《秦律杂抄》、《为吏之道》、《置吏律》、《除吏律》、《除弟子律》、《效率》、《行书律》等,对官吏的选任、考课、奖惩,公文的传递等行政制度作出了明确的规定,这些行政法规为官吏依法行政提供了法律依据。秦汉法律规定,严禁违法行政,"令曰勿为,而为之",就构成"犯令罪",以及"令曰为之,弗为",就构成"废令罪",官吏依法行使权力,体现了以法治吏的精神。正如张晋藩先生所说:"秦汉时代首创'官律',以法律的形式规定了官吏职务犯罪的类型及惩治方法,这与上古时代的官刑比较,已有了很大的进步。……标志着中国职官立法又迈

---

① 王洲明、徐超:《贾谊集校注·新书·礼》,人民文学出版社1996年版。
② 《汉书》卷48《贾谊传》。
③ 苏舆:《春秋繁露义证·精华》,中华书局1982年版。
④ 刘长江:《略论汉武帝"德法并用"的治国方略》,《山东师范大学学报》2004年第2期。
⑤ 张晋藩:《中国法律的传统与近代转型》,法律出版社1997年版。

向了一个重要的发展阶段。"①

二、推广教化,移风易俗

汉代的教化就是通过灌输和熏陶等手段,把统治阶级的政治伦理道德融入民俗之中,逐渐被民众所仿效,既而成为人们的行为方式、情感依托、价值根基的过程。"教"需明示,"化"需熏陶;"教"是外部灌输,"化"是潜移默化。"教化"的途径主要有两种。一是兴办学校。董仲舒给汉武帝上的"对策"中说:"是故南面而治天下,莫不以教化为大务,立太学以取教于国,设庠序以化于邑,渐民以仁,摩民以谊,节民以礼,故其刑罚甚轻,而禁不犯者,教化兴而习俗美也。"②他认为"教化者为治之本,学校者教化之源"。因此,中央设太学,地方设郡学、县学等,传授封建的伦理道德,教育人民。二是在社会上树立忠孝节义的榜样,主要有三老、孝悌、力田等,乡举里选也重德行,孝廉就是孝子廉吏,也是以德行为先,旌善惩恶,引导人们遵守封建伦理道德,移风易俗,营造良好的道德氛围。这实际上是以政治的手段,以利禄的形式教化人民。教化相当于现代的思想政治教育,解决的是思想问题,能取得刑法手段难以取得的统治效果。

三、民为邦本,执政为民

民本思想是中国传统政治文化的精华,早在殷商至西周就提出了"民为邦本,本固邦宁"、"敬德保民"的思想。春秋战国时期,孔子提出了"以仁治国"、"足食足兵,民信之矣"③。孟子认为"民为贵,社稷次之,君为轻",得其民者,得天下④。荀子提出:"天之生民,非为君也;天之立君,以为民也。"⑤秦汉时期,人民的力量更加充分地表现出来,民本思想进一步发展,执政为民成为治国的基本方略。统治者承担"仁政"

---

① 张晋藩、李铁:《中国行政法史》,中国政法大学出版社1991年版,第54页。
② 《汉书》卷56《董仲舒传》。
③ 《论语·颜渊》。
④ 阮元校刻:《十三经注疏·孟子·离娄上》,中华书局1980年版。
⑤ 《荀子·大略》。

而为民父母,应该把民众的福利作为决策和参考;君主的责任是保障民生,设官分职、政策法令都应该为民谋利,应该对社会太平和民众负责。董仲舒说:"天之生民,非为王也,天之立王,以为民也。"贾谊提出:"闻之于政也,民无不为本也。国以为本,君以为本,吏以为本。故国以民为安危,君以民为威侮,吏以民为贵贱。此之谓民无不为本也。"①班固在《白虎通德论》中说:"列土为疆,非为诸侯,张官设府,非为卿大夫。皆为民也。"②王符提出国家政治中的君主、各级官吏以及一切政策法令,其好坏要由是否为民来决定的,他说"君臣法令之功必效于民"③。正是这种民为邦本、执政为民的理念,才使汉代统治者在执政过程中,保民爱民,藏富于民,"限民名田","抑强扶弱",严禁对人民竭泽而渔,横征暴敛,滥用民力。

四、选贤使能,安民兴国

"天下兴衰,系于用人",人的素质和能力决定着政治的兴衰。孟子说过:"尊贤使能,俊杰在位,则天下之士皆悦而愿立于朝矣。"④汉代统治者把选拔贤才、任官以能作为治国安邦的大事来抓,即所谓"安民在于用贤"。贾谊在《新书·胎教》中说:"无贤佐俊士,能成功立名、安危继绝者,未之有也。""佐不务多,则务得贤者。"董仲舒说,"治国者以积贤为道"⑤,"所任贤谓之主尊国安,所任非其人谓之主卑国危"⑥,任用官吏"论贤才之义,别所长之能"⑦。宣帝在《赐尹翁归子黄金诏》中说,"朕夙兴夜寐,以求贤为右","不异亲疏近远,务在安民而已"⑧,他发出了"与朕共理天下者岂惟良二千石乎"的感叹。左雄在给顺帝的奏章中

---

① 《新书·大政上》。
② 《白虎通德论·封公侯》,上海古籍出版社1993年版。
③ 《潜夫论·本论》,上海古籍出版社1978年版。
④ 《十三经注疏·孟子·公孙丑》。
⑤ 《春秋繁露义证·通国身》。
⑥ 《春秋繁露义证·精华》。
⑦ 《春秋繁露义证·十指》。
⑧ 严可均:《全汉文》卷6《赐尹翁归子黄金诏》,中华书局1958年版。

说:"柔远和迩,莫大宁人,宁人之务,莫重用贤;用贤之道,必在考黜。"①在"选贤使能"的治国方略指导下,汉代统治者采取察举加考试的办法选拔贤才,"练其虚实,以观异能",考课注重实绩,以"利禄"诱导士人,积极参与政治,忧国忧民,维持国家政权的长治久安。

第二节　汉代建立比较科学、合理、精干、高效的官僚政治体制

汉代确立了专制主义中央集权政治体制,皇帝拥有国家一切政务的最后决定权和否决权,但皇帝一人不可能亲自去运用一切权力,亲自去处理一切政务,于是就实行官僚政治,分官设置,把行政权力划分若干部分,分配给不同的机关或人员掌握,行政事务分层负责,依靠程式化方式处理,分权制衡,既防止官吏擅权违法,又防止官吏玩忽职守,维护皇帝垄断行政大权,保障了君主专制主义中央集权体制的正常运行。

一、政府的权力结构日趋合理,功能健全,初步形成了相互制约、适当独立的决策、咨询、执行、监督四大系统

1. 决策系统。汉代国家的最高决策权在皇帝,但丞相受皇帝的旨意参与行政决策,或主持有关官吏参加的决策会议,并将决策的结果上奏皇帝批准后,由皇帝颁布诏书执行。西汉初年,设丞相为丞相府之长,皇帝总是与丞相商议政事,丞相"府有四出门,随时听事,国每有大议,天子车驾亲幸其殿"②。御史府长官御史大夫为丞相之副,协助丞相参与决策,凡军国大事均有二府共同管理。凡政务决策多由丞相或御史大夫主持百官会议讨论决定,广泛听取百官的意见。在宫内设置的侍中、给事中、尚书、博士等皇帝的高级侍从官参加决策会议,对决策方案进行审议,也是对丞相、御史大夫决策的一种制约和监督。如丞相王嘉被尚书弹劾,哀帝下诏朝议,在兼听各派意见的基础上,皇帝独断决

---

① 《后汉书》卷61《左雄传》。
② 《后汉书》志第24《百官一》注。

策①。但百官会议的决策最后都是由丞相领衔奏请皇帝的,表明丞相是有一定的独立决策权的。西汉成帝以后,建立了以大司徒、大司马、大司空为三公的行政中枢决策体制,将丞相府的行政决策权一分为三,三府长官共同参与决策。而内廷的机构尚书台对三府的决策进行监督,凡军国大政由宰相与群众讨论决定后,均由皇帝交尚书台起草诏书,若尚书台认为决策有违政令,可以驳回诏书,逐渐形成了非经尚书台起草便不是诏书、百官可拒绝执行的制度。随着尚书台逐渐外化为行政中枢,参与行政决策,便侵夺了三公的决策权,内廷的侍中寺则"省尚书事",对尚书台的决策监督。从决策体系的变化来看,决策的制约监督机制越来越强,逐渐程式化、制度化②。

2. 咨询系统。汉代设置的咨询系统主要是协助决策系统,为决策提供方案,审议决策方案,纠正决策失误。咨询人员主要设置在宫廷办事机构中,主要有"侍中、大夫、博士、议郎,以言语为职,以谏诤为官"③。他们多数是通今博古的专家,"国有疑事","顾问应对",皆由"名儒宿德"、"旧儒高德,博学渊懿"之人为之。朱礼在《汉唐事笺》卷3中说:"汉置大夫专掌议论,简其事疑似而来决,则合中朝之士杂议之。自两府大臣下至博士、议郎,皆得申其己见而不嫌于卑抗尊也。"他们参议朝政,为国献计献策,汉元帝时,多次为庙祭之事而令"其与将军、列侯、中二千石、博士议郎议",令"其与将军、列侯、中二千石、二千石、诸大夫、博士议"④。郡国也设有相应的议曹、明经、文学等,除了传经之外,也发挥着类似于博士、大夫、议郎的咨询责任。专职的咨询人员,不受行政干预,对军国大政的决策可以无所忌讳的畅所欲言,集思广益,保证了决策的质量。

3. 执行系统。执行系统是行政的主体。汉代建立了比较完备的行政执行系统。中央最高行政执行机关是丞相(司徒)府、御史(司空)府和太尉府,行政工作一分为三,即行政、军政和监察。行政事务机关九卿分别隶属于三公府,三公府对行政执行过程中违法失职官吏奏请处

---

① 《汉书》卷86《王嘉传》。
② 刘太祥:《秦汉中央行政决策体制研究》,《史学月刊》1999年第6期。
③ 《潜夫论·考绩》。
④ 《汉书》卷73《韦玄成传》。

极刑或免其职,保证各级官吏依法贯彻中央的政策法令。但是,三公无权下令九卿,政令是以皇帝诏令的形式下达九卿的,只能监督他们的执行情况。地方行政执行机关是郡、县、乡、里四级政府。行政命令大多由制令机关御史大夫寺(尚书台)发到三公府,三公府下达到郡,郡下达到县,县下达到乡、里,逐级贯彻执行,各行其是,各负其责。据居延汉简的记载,甘露二年(前52年)丞相、御史大夫下达一个追捕外人(丽戎)的律令,五月甲辰(十六日)从中央长安发出,六月间张掖太守就将律令传达到肩水都尉,七月壬辰(初五)肩水都尉传达到肩水候,七月乙未(初八)肩水候下达到金关候长、啬夫。这条律令从中央传达到地方乡一级,仅用36天时间,充分说明汉代行政执行系统是有较高的质量和效率的。上级对下级行政机关工作的监督检查主要通过巡视和上计制度,主要检查行政执行工作的质量和效率。同时,行政执行机关的长官也参与行政决策,监督行政决策,对由皇帝交给御史(或尚书)起草的诏令,若认为违背法令,可以拒绝执行。行政执行工作相对独立,监察机关只有弹劾起诉权,而无行政处置权。

4. 监督系统。汉代设置监督系统对行政决策和执行进行监督检查,保证决策正确和政令的贯彻执行①。汉代设置了纵横交错的多维监督系统。首先是行政监督,又分为行政组织上下级之间的监督,官僚机构之间互相制约。中央政府负责对地方郡的财政、人事、治安等工作监督,郡对县行政工作监督。行政组织内部设置有专职监察官,丞相府的司直、郡府的督邮、县衙的延掾都是专职对本级和下级官吏违法乱纪进行监督检查。其次是专职监督。秦汉中央设置的御史大夫寺,后改为御史台,是中央最高监察机关,在地方设部刺史为地方监察官,实行垂直领导,不受任何行政部门的干预,作为皇帝耳目之司的监察机关,主要职责是:典正法度,掌制律令;纠弹违失,察举非法;考课百官,荐举人才;治理大狱,鞠谳疑案。监察举劾的范围上自王公贵戚,下至普通百官。主要方式是弹劾、纠举、纠正、审计、视察。中央还常派大使代表王权到地方了解民情及官吏为政优劣,惩贪倡廉。

---

① 刘太祥:《汉代行政监督制度探讨》,《南都学坛》1991年第1期。

二、政府机构设置和人员配置比较合理,分权设职,互相制衡

汉代中央政府中皇帝为国家元首,为政府最高首脑,一切军政命令皆发自皇帝。政府是由各级官僚组成的科层组织,中央政府主要以丞相(司徒)、御史大夫(司空)、太尉和诸卿为主干。地方政府以郡、县、乡、里为主干。形成上下层层负责的关系,最后一切服从于皇帝个人,实行君主独裁专制。丞相府(司徒府)是最高中央行政执行机关,负责全国的行政管理工作;御史府(司空府),从名义上讲是协助丞相府处理全国政务,实际上独立行使职权,总领图书秘籍和四方文书,监察百官政事得失,起草皇帝诏书,对丞相府(司徒府)行政工作进行制约和监督。朱博曾说:"置御史大夫,位次丞相,典正法度,以职相参,总领百官,上下相监临。"①就是说御史大夫对丞相的制约。太尉府是掌握军事行政工作的机关,负责军政事务以及有关官吏的考课与监督。三府长官都是宰相,参与皇帝的行政决策,对皇帝权力也是一种制约,特别是汉初丞相权力极大,可独立主持政事,有选任官吏、黜陟课赏之权,对皇帝的诏令也可当廷争论,甚至请皇帝"收回成命",拒绝执行。三公各自独立行使权力,朱博说:"宜建三公官,定卿大夫之任,分职授政,以著功效。"②就是让三公各自发挥其作用;但三公又是互相制衡、共同做好行政工作的。《后汉书》志第 24《百官一》中"太尉"条说:"凡国有大造大疑,则与司徒、司空通而论之;国有过事,则与三公通谏诤之。"尚书台在汉初是隶属九卿之一少府,汉武帝之后逐渐发展成为行政中枢机关,参与皇帝决策,起草皇帝诏书,监督百官为政得失,还可以弹劾三公,对三公府的行政工作实施监督检查。据《后汉书》卷 67《范滂传》载,皇帝令举谣言,"尚书责其(太尉掾范滂)所劾猥多,疑有私故"。三府对尚书起草的诏书也可拒绝执行,东汉后期,曾诏令急捕党人,"案经三府,(太尉)陈蕃却之曰:'今所案者,皆海内人誉,忧国忠公之臣……'不肯平署"③。三公府之下诸卿分担各种具体政务,九卿为中央具体的政务机

---

① 《汉书》卷 83《朱博传》。
② 同上。
③ 《后汉书》卷 67《党锢列传·李膺传》。

关。名为九卿,实则不止九个。主要有太常、光禄勋、少府、卫尉、太仆、廷尉、太鸿胪、太宗正、大司农。九卿分别隶属三公府,两者关系是九卿执事,丞相总之。封建国家中央政府体制和处理政务的工作程序完全建立。

御史台(兰台)是中央最高行政监察机关,主要职责是纠察百官,举劾非法。对三公府和尚书台、九卿处理的政务实施监督与制约,参与官吏的考核和选任,判理疑事重狱,内领侍御史,外督部刺史,可以奏免刺史、郡国守相。《汉书》卷83《薛宣传》说,任御史中丞期间,"数言政事,便宜举奏,部刺史、郡国二千石所贬退称进,黑白分明"。

地方郡县两级政府依中央政府机构序列设有行政、军事、监察三大系统,郡设守、尉、监,县亦设令、尉、监,各有属吏。基层政权则有乡、里、什伍组织,组成遍及全国各地的统治网,将皇帝的政令伸向每一个角落。

汉代对中央地方的分权也较为得当。中央政府直辖一百多个郡国,其层次简洁,反映了控制的有效,也使郡国成为贯彻政务的中心。中央政府赋予地方政府兵、刑、钱、谷之大权,还有自群僚属权和察举权,依法规定了郡、县各级政权的管辖范围和从属关系,有明确的职责权限,有相当的自主权。中央派出的部刺史只有对所部之内贪官污吏进行弹劾和查证权,而不得干预郡的行政工作。而有关地方官的选任、考核、撤免,死刑的执行,军事调动等均请示中央决定,地方既有应变权限和主动性,又受中央的管辖和制约,正确处理了中央集权与地方分权之间的关系。章太炎在《检论》卷七《通法》中说:"太守与天子剖符,而下得刑赏辟除,一郡之吏,无虑千人,皆承流修职,故举事易而循吏多。"[1]这就指出了汉代中央与地方权力分配的合理性。

汉代各级政府内部设置的办事机构和人员配备也比较合理,既互相制约,又共同负责,独立行使职权,权责分明。三公府、尚书台、御史台内部都分曹办事。例如丞相府(司徒府)主要有西曹、东曹、户曹、奏曹、金曹、辞曹、法曹、尉曹、赋曹、决曹、兵曹、仓曹、议曹等,分别处理各类行政事务,每曹掾为正职,属为副职。尚书台分六曹,常侍曹主公卿事,二千石曹主郡国二千石事,民曹主吏民上书事,客曹主外国夷狄事,三

---

[1] 章太炎:《检论》,民国写刻《章氏遗书》本。

公曹主断狱,吏部曹主选举,各曹以尚书为长官,共设 36 名尚书郎起草诏书。各卿官署分科办事,例如奉常属员有太乐、太祝、太宰、太史、太卜、太医六令丞;大司农属官有太仓、均输、平准、都内、籍田五令丞,斡官、铁市两长丞。地方郡、县也分曹办事,郡上承中央设有议曹、功曹、决曹、贼曹、仓曹、户曹、计曹、比曹等,与中央不同的是计曹管上计,相当于会计,比曹负责审计。分曹办事,科层结构清晰,职责明确,有利行政工作的正常有序进行。在各级政府内部,一般设长官 1 人,副长官 1~2 人,有的只有长官而无副长官,例如,三府中只设丞相、御史大夫、太尉为长官,并无副长官;尚书台设尚书令为长官,左右仆射各 1 人为副长官,副长官有独立的权限,对尚书令是一种制约,尚书令"主赞奏,封下书",而仆射"署尚书事";九卿的官署也只设长官 1 人。这样便于事权的统一,责任明确,不致产生权责不分的流弊。一般各级政府设有"丞"总判府事,辅助长官;设有专职监察官、勾检稽失的官、分判众曹的官,互相制约,互相监督。例如,丞相府设长史"职无不监",相当于御史府的丞及中丞,御史府的二丞,中丞外督部刺史,内领侍御史,举劾案章,纠举不法。丞相府设司直"佐丞相举不法"。尚书台左右丞各 1 人,左丞总领纲纪,监台内非法,录文书期会,右丞掌假署印绶,及财用库藏。九卿官署中长官之下二丞,如大司农下设丞 2 人,负责财政收支的统计财会事务。主簿 1 人"省录众事",就是负责登记检查各类政务处理的稽与失。各郡在郡守之下设郡丞、郡长史为辅佐,与丞相府的丞和长史相对应;主簿拾遗补阙,勾检稽失;五官掾分判众曹行政事务;督邮分部监察各县行政工作。县设令 1 人,丞"署文书",设廷掾分部监察各乡行政工作。

第三节　汉代建立和完善程序严密、制约有效的权力运作机制

汉代在权力运行的过程中,为了防止权力的滥用,建立了规范可行的制度,使人事权、财政权、司法权、决策权等权力在实现过程中有法定程序,每一程序有明确的责任和权力,体现出一定的公开、民主原则。

一、决策制度

汉代的行政决策依法规定了较为严格的程序,体现了一定的民主性,主要形成了以下三种制度。

1. 集议制度。凡皇帝需要决定的军政大事,一般都要交有关官吏集体讨论,主要采用廷议、朝议、中朝议、二府议、三府议、四府议、五府议,有司议、专题会议等形式,广泛听取群臣意见,集思广益,为皇帝独断决策提供依据。

2. 谏诤制度。汉代在宫廷办事机构中设置了侍中、大夫、博士、议郎等一批谏官,他们以谏诤为正式职责,专门对皇帝的决策进行审议,提出合理化建议。不仅专职谏诤的官吏审议政令,而且百官也可以"据道谏君",廷诤面折,知无不言地提出自己的政治见解。董仲舒举贤良时上的"天人三策",促成了儒术的独尊;盐铁会议上儒生纵论时政,横斥公卿,当政者无可奈何,依然部分地听取了其意见,并任之为官;谷永、匡衡曾上书论后宫妃德,刘向曾上书论薄葬,连皇帝的私生活甚至死后丧葬,百官都可以谏诤了。谏诤制度弥补了皇帝决策的失误。

3. 封驳制度。西汉初年的御史大夫等和西汉中期以后的尚书台,是制令机关,凡不经"御史"和尚书起草的诏书就不成为诏书。起草诏令时,御史或尚书要严格审议,若违背法令制度,就可以指出错误,退回皇帝。《后汉书》卷41《钟离意传》载,他任尚书仆射,"独敢谏诤,数封还诏书"。而对尚书台制出的诏书,行政执行机关也要认真审查,若违背政令,可封还诏书。《汉书》卷86《王嘉传》载,王嘉拜丞相,哀帝欲封宠臣董贤时,诏"下丞相、御史……嘉封还诏书"。封驳制度也是对皇帝决策的一种制约。

由上述汉代决策的三项制度看,决策一般要经过由部门或大臣提出问题,上奏皇帝,皇帝据奏折拟定决策方案,或由皇帝咨询人员提出议案,再经丞相主持的官吏会议讨论后上奏皇帝,谏诤之官进行审议,皇帝批示后由御史或尚书拟制诏书,送丞相府下达执行,程序比较严格,而且在集议和审议时,充分发扬民主,不论职务高低,只要言之有据,便可被皇帝采纳。如秦始皇初并天下,丞相王绾等请封诸子为王,始皇下其议于郡臣,争论中,"群臣皆以为便",唯有廷尉李斯独持异议。秦始皇认为"廷尉议是",就没有实行分封制①。

二、巡视制度

巡视是上级对下级监督的重要形式之一。战国就建立了自上而下的行政巡视制度,加强对地方行政工作的监督和视察。汉代确立和完善了地方行政视察制度,其主要特点有三个。

一是分层与分部巡视相结合,职权分明,各负其责。皇帝是政府最高行政首脑,亲自巡视州郡行政,中央监察机关御史台巡察州郡行政,地方监察官刺史分部巡视郡级行政工作。郡以下的行政机关由郡国首相、县令长、乡村逐级进行巡视,《全后汉文》卷74还保留有蔡邕的《陈留太守行县颂》。在各郡、县级政府内部分别设督邮、廷掾等专职监察官,分部巡视,举劾贪官污吏。中央根据需要随时派遣代表皇权的使臣巡视地方州郡,形成了严密的监督网络体系。

二是巡视形式多样化。秦汉行政巡视既有皇帝、刺史、郡国守相、县令长等行政首脑的巡视,又有行政组织内部司直、督邮、廷掾等专职官吏的分部巡视,还有兼职的大使行政巡视;既有法定的定期巡部、巡县,又有随时的巡视地方行政;既有公开的、耀武扬威的刺史巡部、郡守巡县,也有微服私访的巡部巡县。多种多样的巡视形式,有利于通过不同渠道了解社情民意,调查官吏的为政情况。

三是"远视广听",举劾官吏。行政巡视劝课农桑,推广教化,审理刑狱,考察官吏政绩,主要是举劾贪官污吏。刺史行部"二千石有罪,定时举奏"②。郡守巡县"览观民俗,考长吏治迹"③。而"举劾"官吏,"考长吏治迹"都要有实事为依据,这就需要"远视广听",才能"纠察善恶"④。据史书记载,"远视广听"的形式主要二种,并且有严格的程序。一是先了解民情,倾听舆论,然后实地考察其政绩。《汉书·何武传》载:"行部先即学官,见诸生,试其诵论,问以得失,然后入传舍,出记问垦田顷亩,五谷美恶,已,乃见二千石,以为常。"二是"亲录囚徒"。"录

---

① 《史记》卷6《秦始皇本纪》。
② 《汉书》卷86《何武传》。
③ 《汉书》卷76《尹翁归传》。
④ 《后汉书》卷31《贾琮传》。

囚徒"就是亲自审查案件,看囚徒中有无冤假错案,从而考察地方官吏的为政优劣和地方社会治安的好坏。何武任扬州刺史行部"录囚徒",张禹任扬州刺史"亲录囚徒"①,隽不疑任京北尹"每行县录囚徒还"②。"录囚徒"还可以平反昭雪冤狱,维护社会稳定。

三、公文传递制度

文书是传达贯彻统治阶级政策法令、联系和处理上下左右行政机关公务的一种工具。文书的处理也是一种政治权力,汉代"以文书御天下"③,形成了文书的审核和平署等制度。从出土的秦汉简牍的数量可以看出,行政文书的流通量是非常大的,文书的种类也很多,下行的文书主要有制、诏、策、戒敕,上行的文书主要有章、奏、表、议等,官府平行文书有记、教、举书、檄、传、奏记等。尚书台制作皇帝诏令,要严格审核,诸尚书郎充分发表自己意见,然后要签署名字。发布诏书时,尚书令掌"封",仆射掌"署"。三府在执行尚书台发布的皇帝诏书时,也要审检并签署意见,否则百官就无法执行,东汉灵帝时,下诏书逮捕李膺忠心为国的党人,"案经三府",太尉陈蕃就"不肯平署"。对文书的判署既是一种权力,也是一种责任,判是判行处置,署就是署名。从出土的简牍文书资料看,州郡县诸曹上呈或下行文书除本曹长官和丞判署外,都有长史、主簿、录事、五官、令史等官吏签署姓名,然后才能运行。为了对文书的署名负责任,就要对文书严格检查,并形成制度,主要检查文书的稽缓与失误,若文书有误而判署是要负法律责任的,若稽缓文书,就是拖期延文书也要治罪的。文书的传递都有"程"的规定,据已公布的汉简材料,"程"有昼夜160里、180里、450里、590里、720里、1000里等不同规定,日行千里以上都算是紧急文书,"行命书及书署急者,辄行之;不急者,日鬵(毕),勿敢留,留者,依律论之"④。可见文书的运行及判署都有明确的时间要求,非常注重行政效率。对上行的章、奏、笺、

---

① 《后汉书》卷44《张禹传》。
② 《汉书》卷71《隽不疑传》。
③ 《论衡·别通》,上海人民出版社1974年版。
④ 睡虎地秦墓竹简整理小组:《睡虎地秦墓竹简·秦律十八种·行书律》,文物出版社1990年版,第61页。

记等文书也有制度可遵,一般臣民章奏则有公车司马令接收,谒者台有"上章报问"之责,就是把所受章奏递呈皇帝。御史台的侍御史"受公卿群吏奏事,有违失者举劾之"①,即检查奏章有无违反统治思想和法律规定之处。至于中央文书处理的中枢,当然就是尚书台了。文书制度保证了行政信息的上通下达。

四、文官制度

人才的质量决定着权力运作的质量和效率。汉代选贤任能,论功升进,形成了一套教育、选任、考课等文官制度。

1. 教育制度。教育是培养人才的基地。汉代从中央到地方普遍设立学校,而且提倡兴办私学,教育相当发达。中央的太学,设博士为教师,学生来源一是由太常选"民年十八以上,仪状端正者,补博士弟子",二是地方贡举"有好文学,敬长上,肃政教,顺乡里,出入不悖"的平民子弟。这就有孔子"有教无类"的思想,体现了养士的宗旨。各级学校培养的人才,通过考试,合格就可以授以相应的职务,这就是"学而优则仕",国家通过"利禄"诱导学生勤奋学习,为国家的政治服务。

2. 选任官吏制度。秦废除了世卿世禄制度,大多数官吏都是靠军功而得到爵位和官职的,也有从皇帝侍卫中选拔或由官吏推荐而被任用的,还有朝廷征召入仕的。秦始皇明确提出了"审民能,以赁(任)吏"的为吏之道,依法规定了选用官吏的道德标准"必精悫(洁)正直",不谋私利。对任用官吏非其人的追究法律责任,"任人而所任不善者,各以其罪罪之"②。汉承秦制,选举制度包括察举、皇帝征召、公府与州郡辟除、私人荐举、任子、纳赀等多种形式,主要是察举征群制。察举是考察后予以荐举,其科目主要有孝廉、荐才、贤良方正和文学、明经、明法等,其标准是德才兼备,"德行高妙,志节清白","学通行修,经中博士","皆有孝弟廉公之行"。(1)考试制度。凡经地方推荐的人才,到中央都要进行考试。每年州郡依法推荐的孝廉和茂才,三公府进行审查,尚书台进行考试,考试内容是"诸生试家法,文吏课笺奏"。对贤良文学等进行

---

① 《后汉书》志第26《百官三》。
② 《史记》卷79《范雎蔡泽列传》。

策试,又称对策和射策,相当于现代的抽签考试。公府与州郡辟除之士、三署郎官、博士及博士弟子也要依诏令进行考试。考试合格的任以官职,不合格的罢退。(2)审查制度。选用官吏有严格的程序,层层把关,各负其责。汉代荐举人才,由丞相府司直"察能否以惩虚实",三公府任用官吏,尚书台"澄洗清浊,覆实虚滥",然后任职。《后汉书》卷78《吕强传》说:"三府有选,参议掾属,咨其行状,度其器能,受试任用,责以成功。若无可察,然后付之尚书。尚书举劾,请下廷尉,覆按虚实,行其诛罚。"陈蕃上书的奏章中说:"尺一选举委尚书三公,使褒责诛赏,各有所归。"①《后汉书·安帝纪》载,诏令郡国有清廉、孝顺,经邦济世之才者,"国相岁移名,与计偕上尚书,公府通调,令得外补"。看来,三公府选用人才,必须经过尚书台的审核,两者相互制约,共同对人才质量负责。(3)选用官吏连带责任制度。有才必举,不举有罪,二千石"不举者,不奉诏,当以不敬论,不察廉,不胜任也,当免"②。举不以才,其举主也要依法治罪,汉代荐举人才的诏书常有"不如诏书,有司奏罪名,并正举者"的记载。任用非其人也要负连带责任,据《睡虎地秦墓竹简·效律》载,"司马令史掾苑计,计有劾,司马令史坐之,如令史坐官,计劾然",就是司马令史的下属会计犯罪,司马令史也要依法惩处。

3.考课制度。有官必有课,有课必有赏罚。考课是对官吏的有效监督形式之一,又是官吏晋升和奖惩的依据。秦首次将官吏考绩称为"课",在《厩苑律》中规定了考课的时间和标准,实行"殿"、"最"二级,凡因奖其功而赐劳若干的考功方式,都被汉代所使用。汉代的考课注重官吏的实绩,"各计县户口垦田,钱谷出入,盗贼多少,上集(计)簿",上计簿都是量化的标准。汉代的官吏考课有严格的程序,各部门长官考核其属吏,上级对下级逐级考核,其方法是下级将政绩计簿(亦名集簿)呈报上级,由长官负责认真考核。中央三公府只负责对郡国长官的考核,"课其殿最,奏行赏罚"③。丞相府的东、西曹,郡、县的功曹负责平时对官吏的考察和记载,部刺史对郡国的政绩材料"上计簿"进行核实,上奏皇帝,御史大夫也要对上计簿察其虚实,尚书台的三公曹负责官吏

---

① 《后汉书》卷66《陈蕃传》。
② 《汉书》卷6《武帝纪》。
③ 《汉书》卷74《丙吉传》。

的考课,互相制约。中央对郡国守相的考核均采用会议的形式,公开举行评议,主考官提出问题,受考者根据实绩回答,以防偏私。汉代考核还非常重视民众舆论对官吏的评价,皇帝常派大使出巡,举谣言与行风俗,评价官吏的政绩。若考核不以实绩,就要反坐其罪。如大司空宋弘"坐考上党守无所据"而被免官①。

五、司法审判制度

汉代为了维护社会的稳定,依法规定了严格的司法审判程序和明确的司法审判责任制,防止草菅人命和滥用司法权力。中央最高司法机构是廷尉,相当于现代的最高法院,负责全国司法,审理皇帝命令审理的案件和地方上送审的疑难案件。尚书台设有三公曹主断狱,贼曹掌盗贼辞讼罪法,御史台负责监察及提起公诉,属官治书侍御史"凡天下诸谳疑事,掌以法律当其是非"。中央廷尉、尚书台、御史台三个机构互相制约。汉代地方长官郡守、县令兼有司法权,设决曹主罪法、辞曹主辞讼、贼曹主盗贼。县是最基层的司法机关,负责"禁奸惩恶,理讼平贼",处理一般轻微案件,疑难案件要上报郡守,郡守不能决者,报廷尉,廷尉不能决,即上奏皇帝。对重大案件的审理采用"杂治"制度,即派一批官员共同审断,若罪名已定的,就派有关朝臣共议其罪,称为"杂议"制度。对一般案件的审理先进行审讯,得到口供,三日后进行复审,叫"传复",让受审者有更正供辞的机会,复审后就进行判决。判决后向被告人宣读判辞,叫做"读鞫";若被告人称冤,允许本人或其家属请求复审,即所谓"乞鞫"。复审一般法定时间为三个月,超过三个月就不能复审了。复审是对司法官吏执法情况进行审查的制度。司法官员在判案中有"不直"、"纵囚"、"失刑"等论狱失刑罪要依法惩处,处以流放或劳役②。

六、举劾制度

汉代的监察官有举劾权,就是"察举非法"、"举劾犯罪",实际上各

---

① 《后汉书》卷26《宋弘传》。

② 张晋藩、李铁:《中国行政法史》,中国政法大学出版社1991年版,第51页。

级行政长官对部内违法犯罪者都有举劾权。汉代依法规定了各级官吏举劾犯罪的责任。秦朝《语书》中说:"今且令人案行之,举劾不从令者,致以律,论之令、丞。有(又)且课县官,独多犯令,而令丞弗得者,以令丞闻。"①这就是派人巡视郡县,"举劾"违犯法令的官吏,并且连坐令丞。监察官举劾失职的要追究法律责任,"其见知而故不举劾,各与同罪,失不举劾,各以沴论"②。监察官举劾的范围也有明确的分工,"武帝时以中丞督司隶,司隶督丞相,丞相督司直,司直督刺史,刺史督二千石以下墨绶"③。而郡守督察县令丞以下黄绶。汉武帝时,由张汤、赵禹"条定法令,作见知故纵、监临部主之法"。师古注释说:"见知人犯法不举告为故纵,而所监临部主有罪并连坐也"④。东汉时皇帝下诏书命令刺史对部内犯罪不举劾的守、令长严加惩处,《后汉书》卷7《桓帝纪》载,"长吏赃满三十万而不纠举者,刺史、二千石以纵避为罪,若擅相假印绶者,与杀人同,弃市论"。目的是加强各级官吏举劾犯罪的责任制。

七、财政经济制度

汉代建立了较为严格的财政经济制度。汉承秦制,西汉初年中央设少府和治粟内史两个部门,管理国家财政经济,中央行政最高机关丞相府通过"上计"制度对财政工作进行监督。汉武帝以后,国家财政管理机构由治粟内史改为大司农,"掌诸钱谷金帛货币。郡国四时上月旦见钱谷簿,其逋未毕各具别之。边郡诸官请调度者,皆为报给,损多益寡,取相给足"⑤。下设太仓、均输、平准、都内等部门。但大司农要接受丞相府(司徒府)的领导,丞相府内设有户曹主民户祭祀、农业经济,金曹管货币、盐铁,仓曹主仓库,通过诸曹监督大司农的财政经济工作。尚书台也有监督财用和库藏出纳之权,据《后汉书》卷41《钟离意传》载,"时诏胡子缣,尚书案事,误以十为百,帝见司农上簿,大怒",这就是尚

---

① 睡虎地秦墓竹简整理小组:《睡虎地秦墓竹简·语书》,文物出版社1990年版,第13页。
② 《晋书》卷30《刑法志》。
③ 《通典》卷24《职官六》。
④ 《汉书》卷23《刑法志》。
⑤ 《后汉书》志第26《百官三》。

书对钱物出纳的检查。监察机关御史台也要督察财政法规的执行情况,汉宣帝时,因上计财物计簿多不实,就派御史大夫"按之",这是御史对三公府"上计簿"的监督检查。地方财政是郡县二级,即守、县令都兼有财政权,郡设有仓曹主仓谷,金曹主货币盐铁,计曹主上计事,市曹主市政,还有比曹对一郡的财政收支进行审计。汉代刺史巡视郡国就有两条涉及财政问题,一是侵渔百姓,聚敛为奸;二是阿附豪强,通行贿赂。汉代各级政府的钱物收纳都要记载入簿,每一季度郡国还要上报财政主管部门大司农,年终县把收支情况上报郡,郡把收支情况上报中央,层层接受审计,中央丞相府设有计室掾史,郡国设有比曹是专司审计之官,上级要对下级依上报账簿核实库藏实物,若不符要依法治罪的。

第四节　汉代采用多种多样的政治参与形式

汉代政治参与是汉代民众通过一定的方式和渠道参与政治发展的言论和行动,它以直接或间接的方式影响汉代的政治决策。汉代政治参与来源于极强的参与意识。汉代的政治参与意识是汉代政治参与机制的心理基础,是人们政治心理的反映。强烈的政治意识和政治追求是汉代政治参与意识产生的心理基础,它决定了人们的人生定位和政治价值取向。早在先秦,诸子百家就十分积极地追求政治,"不仕无义"、"学而优则仕"成为士人学子的行为准则;儒家文化代表人物孔子和孟子的政治实践为后人提供了典范。"士而怀居,不中为士也"的思想已通过各种渠道和形式渗透到汉代普通民众的心理深层。儒家文化中的"内圣外王"和"修齐治平"是理想的政治社会。"内圣"就是说,人们要在个人的道德修养上以圣为目标,努力向着达到圣化之境而用功不已。即使不能成圣,也立誓要做圣人之徒。"外王"就是说,在"内圣"有成的基础上,将内在的圣德推而广之,及于社会,建立理想的"王道"政治。孔子说的"修己以安百姓",就是关于内圣外王的一种比较形象的说法。"修己"就是"内圣","安百姓"就是"外王",这是儒家文化设计的理想的人生目标,而《中庸》、《大学》中提出的"修齐治平"就是这一人生目标的具体化,是实现"内圣外王"的必经阶段。在这几个阶段中修身是最重要的。《中庸》说:"知所以修身,则知所以治人。知所以治人,则知所以治天下国家矣。"《大学》也说:"身修而后家齐,家齐而后国治,国治而后天下平。"个人的道德和个人人格的完善是实现政治理想的基础。"外王"和"治国平天下"的政治追求,就要求文人士子通过"仕"来实现,通过为政施教以兼济天下。在政治价值的追求上,一方面重道义轻名利,加强个人道德修养,表现为"笃信好学,守死善道",忠君爱民;另一方面重功利讲实效,化理性认识为社会实践,从内圣走向外王,从善己到兼善天下,表现为建功立业、名垂青史。文人士子们时刻不忘"致君尧舜上,再使风俗淳",称颂孔孟治国养民之道,希望君主清明、励精图治、纳谏如流、用尽忠良、勤政爱民,对人民怀着深厚的同情。文人士子们这种主体自觉性和实践意识,凸显出以天下为己任的社会责任感、历史使命感,"天下兴亡,匹夫有责",表现出忧国忧民的忧患意识,形成积极的政治参与心理取向。忧患意识是汉代人们对国家、民族命运困患的警觉和为消除、缓解这种困患所表现出来的强烈的责任感,这种忧国忧民的情怀是汉代政治参与意识产生的又一心理基础。张岂之《历史上的忧患意识》①一文认为,中国历史上忧患意识在先秦已经产生,主要表现在国家倾危忧患意识、忧国忧民意识、文化忧患意识等方面,汉代先秦的这些忧患意识已经深入到文人士子心理之中。西汉初年贾谊心系国运,在汉政权日益巩固、经济迅速发展的形势下,以思想家敏锐的观察力,数上疏陈政事,忧心忡忡地指出,"进言者皆谓天下已安已治矣,臣独以为未也",认为时势"可谓痛哭者一,可谓流涕者二,可谓长太息者六,若其他北(背)理而伤道者,难遍以疏举"②。他深虑诸侯坐大危及社稷,建"众建诸侯而少其力"之言,提出了解决社会矛盾的良策。贾谊的"痛哭"、"流涕"、"长太息",并非无痛呻吟,而是高度的社会责任感及其表现。西汉后期,士大夫忧国忧民意识更为强烈,哀帝时鲍宣对丁、傅用事与奸佞当政、权臣跋扈、民不聊生的社会政治颇为忧虑,他指出,"凡民有七亡"、"又有七死","民有七亡而无一得,欲望国安,诚

---

① 张岂之:《历史上的忧患意识》,《炎黄春秋》2001年第11期。
② 《汉书》卷48《贾谊传》。

难;民有七死而无一生,欲刑措,诚难"①。鲍宣对政治时弊进行无情地揭露,把民众的疾苦与国家兴亡联系起来,要求哀帝去奸佞、任贤臣、蓄民力。东汉士大夫"乐以天下,忧以天下"的意识更为丰富和深化,他们对政治的清浊、社稷的安危、民众的生活更加关注,充满了深深的忧国忧民意识,更激发了他们以天下为己任的庄严责任感和使命感。陈蕃年十五即有"清世志",并发出豪言壮语"大丈夫处世当扫除天下",出仕为官,"言为士则,行为士范",大有"澄清天下之志",他在给桓帝的上书中,自陈忧思所致,"寝不能寐,食不能饱",实忧"内患渐积,外难方深",他强调自己"位列台司,忧责深重,不敢尸禄惜生,坐观成败"②。范滂"少厉清节,为州里所服",为官后到冀州按察灾荒情况,"登车揽辔,慨然有澄清天下之志",而李膺更是"风格秀整,高自标持,容则天下是非风教为己任"③。汉代士大夫以天下为己任的忧国忧民意识,使他们在政治实践中表现出极强政治参与意识,他们关注社会发展,关注国家盛衰,关注民生疾苦,探讨治国方略。司马迁编撰《史记》,提出的"究天人之际,通古今之变",就是探讨社会发展规律,寻找"治世之道";陆贾、贾谊、晁错、王符、仲长统、荀悦等政治家论道经邦,都是为了阴阳和谐以维持阳尊阴卑的社会等级秩序;司马相如、班固、张衡等文人作诗赋也是为了助人君、顺阴阳、行教化;而董仲舒、杨雄等哲学家也以为现实政治服务为己任,以天时阴阳之序的政治哲学论证君主专制主义中央集权制度的合法性,维护封建社会政治的持久稳定。

正是汉代民众这种极强的政治参与意识,汉代统治者通过立法的形式疏通并拓宽政治渠道,建立了多种多样的参与形式,主要有言论和活动两种形式,根据不同的政治参与主体、内容和作用具体表现为七种形式:奏章是各级官吏向皇帝表达政治见解的书面材料,召对是文人士子向帝王提出的治国之道的语言材料,集议是百官对军政大事经集体讨论后提出的决策方案,诣阙上诉是民众赴京向统治者表达政治见解的行动,谣谚是以百姓为主体表达政治见解的言论,清议是以知识分子为主体表达政治见解的形式,著书立说是文人士子创造文学精品的政治

---

① 《汉书》卷72《鲍宣传》。
② 《后汉书》卷66《陈蕃传》。
③ 《后汉书》卷67《党锢列传》。

参与形式。① 汉代建立健全了文书传递制度、决策制度、文官管理制度、监察和司法制度、审计制度等政治参与保障制度,用功名利禄有效地吸引和疏导民众积极参与政治,形成了良好的政治参与机制,调节了利益分配,化解了社会矛盾,有效地制约和监督了权力的运行,为汉代社会的和谐发展奠定了良好的政治心理基础。

第五节 汉代开拓儒家政治社会化的新途径

政治社会化是政治文化形成和改变的过程,对个人来讲是政治态度、政治感情、政治价值观和政治认知模式的形成过程,影响一个人的政治参与行为,对社会来讲是一定政治文化传播和延续的过程。汉代形成以儒家为核心的政治文化,统治阶级通过广泛的途径、多样的形式把儒家的政治知识、政治价值规范和政治行为准则传播到社会生活的各个领域,形成政治思维和政治心理,成为人们共同遵守的政治规范、政治价值和政治生活准则,形成了讲义守范、诚信友爱的良好社会风气,为社会的和谐发展营造了良好的社会氛围。正如范晔在《后汉书·儒林列传下·蔡玄》中所说:"人识君臣父子之纲,家知违邪归正之路。"司马光也说:"东汉之风,忠孝廉耻及于三代矣。"② 提高了汉代社会成员的政治素质,促进了社会的和谐发展。汉代政治社会化的途径和形式主要有以下六种:一是通过从中央到地方的行政渠道,利用舆论引导的形式,大力提倡和宣传儒家政治文化;二是通过社会教育、学校教育和家庭教育的渠道,利用灌输的形式,传播儒家政治观念;三是通过著书立说、创造文学艺术精品的途径,利用大众传播的形式,传递和传播儒家政治文化;四是通过立法的途径,采用引礼入法、建章立制的形式,为儒家政治文化的传播提供法制保障;五是通过社会表彰忠孝、示范引导的途径,采用激励的形式,促进政治文化的传播;六是通过生活礼仪和节日礼俗建设的途径,利用大众娱乐的形式,潜移默化地传播儒家政治

---

① 刘太祥:《汉代政治参与机制》,《南都学坛》2008年第2期。
② 司马光:《稽古录》卷30,北京师范大学出版社1988年版。

文化。①

汉代儒学政治社会化具有以下三个显著特征。一是汉代正式的政治社会化途径和非正式的政治社会化途径互相配合,协调一致,形成了纵横交错的政治社会化网络,把儒家政治文化灌输、渗透到社会生活的方方面面。汉代政治社会化的实施途径,不但有通过各级政府、学校、传播媒介等机构进行的政治社会化的正式途径;还有通过家庭、家族、同辈群体、民间社区和民间组织、社会团体等进行的政治社会化的非正式途径,两种途径互相结合,各自在政治社会化的过程中发挥重要的作用。汉代从中央到地方大力提倡儒学政治,兴办学校,推行教化,灌输儒家伦理道德思想,这是汉代政治社会化的主渠道。学校培养出来的士人阶层,既是官僚队伍的后备力量,也是传播政治文化的工具。学校与士人阶层的完美结合,为汉代社会的政治稳定和和谐发展奠定了牢固的社会基础。同时,汉代也非常重视家庭、家族、同辈群体、社会团体在政治社会化过程中的作用,大力提倡孝悌忠义,极力表彰仁爱和睦,以榜样为示范引导人们实践儒家伦理道德规范。汉代家庭和家庭内部的政治教化主要表现在长辈对后代以及同族兄弟姐妹之间教育,东汉名将马援教育兄子马严和马敦要他们效法贤士,改变"轻薄子"的行为,按照儒家伦理道德行事。班昭作《女诫》提出妇女必须遵守的七条道德规范,用以教化"诸女";马融就令其妻女学习《女诫》。名臣邓禹用儒家经典"教养子孙","有子十三人各使守一艺"(袁宏《汉记》说"各命通一经")。窦融对其子"朝夕教导以经义"。郑均对利用职权收受贿赂、谋取私利的兄长反复劝诫。汉代的强宗大族在乡里对本宗族进行管理,宗族设置的祠堂就有教化本族成员的功能,祠堂内刻画有宣扬孝的画像石图像,宗族一年四季都要在祠堂祭祀祖先,正如张衡《南都赋》所说"纠宗绥族,禴祠蒸尝"。族人在祭祀时,颂扬祖先的丰功伟绩,接受图画的熏陶,形成忠孝观念。这些汉代非正式政治社会化的途径通过家庭成员、同辈群体、政治社会团体的群体交往、世代相传,更有利于传播和传递儒家政治观念和伦理道德,使汉代基层社会"宗族称孝,乡党归

---

① 刘太祥:《汉代政治社会化的途径和形式》,《史学理论研究》2007年第4期。

仁"①,出现大量的官僚世家和经学世家,这就充分说明了非正式社会化途径的作用。二是汉代政治社会化社会宣传教育和个人激励机制相结合,充分发挥政治社会化过程中社会和个人两个积极性。政治社会化的过程是个体与社会双向互动过程,汉代不仅重视社会宣传教育,利用舆论引导和理论灌输等形式传播儒家政治文化,而且特别重视调动个体在政治社会化过程中的积极性和主动性,主要表现在把政治社会化的价值导向与个人利益结合起。"人们奋斗所争取的一切,都同他们的利益有关"②。汉代把儒家经学和儒家伦理道德作为选拔官吏的标准,录用人才要"皆有孝悌廉公之行",就是只要遵行纲常名教,奉礼守道,就能平步青云,致位通显,得到功名与富贵。用利益的实惠引导个体在政治社会化的过程中发挥内在作用,激发其学习并实践儒家政治文化的兴趣、动机、持久性和能动性,将社会教化的内容内化到自己的观念结构和行动结构之中。这样的用人导向,使凡有志于参与政治、谋求政治前途的人不得不学习儒家经典,接受儒家政治文化的价值观念,以儒家的政治道德标准评价是非善恶,以儒家政治文化塑造自己信仰。三是明示的政治社会化形式与暗示的政治社会化形式相结合,注重寓政治社会化于日常生活之中,具有浓厚的文化色彩,提高了政治社会化的有效性。汉代明示的政治社会化形式主要有灌输、宣传教育、示范引导等,都是公开交流和传递有关政治文化的政治理念、政治信仰和政治情感等。而汉代暗示的政治社会化方式主要是在日常生活习惯的培养、行为方式的养成等非政治性的教化中潜移默化地影响人们的政治观念、政治态度和政治行为,表现在汉代引礼入法、建章立制,以法律制度规范人们的政治行为,通过节日礼俗、祭祀庆典、乐舞绘画等暗示形式对社会成员在日常生活中进行道德教化,培养社会成员"孝"、"悌"等品行,由"孝"、"悌"等日常生活中行为规范的养成而达到"忠君爱国"这一基本儒家政治人格。汉代为了使政治社会化的形式达到最佳的效果,非常重视政治社会化的载体建设,不断创新政治文化的内容,用先进的政治思想武装人,不断创造文学艺术精品,用优秀的作品鼓舞人,不断加强祭祀、庆典、舞乐、绘画等文化娱乐设施建设,使人们在"愉悦"的日

---

① 《资治通鉴》卷60,岳麓书社1990年版。
② 《马克思恩格斯全集》第1卷,人民出版社1957年版,第82页。

常生活中形成政治意识。汉代政治社会化途径和形式的这些特点,为汉代社会的和谐和经济的持续发展营造了良好的思想舆论氛围。

综上所述,汉代政治文明建设取得了丰硕的成果,不仅提高了行政管理的质量和效率,促进了社会的和谐和可持续发展,而且产生了较大的影响。首先,对汉以后历代王朝的政治文明建设产生了较大的影响。德法并用的治国理念被历代王朝沿用,察举与考试相结合的选官制度直接孕育了隋唐的科举制,三公九卿与尚书台的行政管理体制发展成了三省六部二十四司的新体制,决策中的集议制、谏诤制、封驳制,财政经济中审计制度,官吏任用的连带责任制等都被后代所继承和发扬光大。其次,对世界政治文明的发展也产生了一定的影响。"民为邦本"、"用人之道"、"考试制度"、"教育制度"、"监督制约机制"对欧洲的民主思想、民主体制、文官制度、三权分立制度等都产生过深刻的影响,成为资产阶级开创近代民主的重要思想文化资源。最后,对我国现代政治文明建设产生了一定影响。汉代政治文明建设中体现出的一定的公开、民主、法制、程序等政治原则和行政管理体制及各项政治制度中的制约与监督机制,也为我国现代政治文明建设提供了有益的借鉴。

第二章 汉代"文武并用"的治国方略

《史记》卷 97《郦生陆贾列传》载:"陆生时时前说称《诗》、《书》。高帝骂之曰:'乃公居马上而得之,安事《诗》、《书》!'陆生曰:'居马上得之,宁可以马上治之乎?且汤武逆取而以顺守之,文武并用,长久之术也。昔者吴王夫差、智伯极武而亡;秦任刑法不变,卒灭赵氏。乡(向)使秦已并天下行仁义,法先圣,陛下安得而有之?'"陆贾提出的"文武并用"的治国方略,是对先秦和秦朝治国历史经验的总结,也是汉代统治者对治国方略的改革与创新。马王堆《老子》乙卷本前古佚书《经法·论约》认为自然规律分文武,"始于文而卒于武,天地之道也"。这里文指生长,武指肃杀。《经法·君正》从天人关系进一步说明:"因天之生也以养生,胃(谓)之文;因天之杀也以伐死,胃(谓)之武。"作者一再强调统治者必须文武兼备,"审于行文武之道,则天下宾也",就是根据客观形势的变化推行文武之道,那么天下就安定了。文指文治,就是德治,是由孔子创立的,打着先王之道的旗帜,重视礼乐制度建设,崇尚礼义,提倡"三纲五常"道德规范,强调为政主体的内在修养和道德人格在政治实践中的重要作用,注重对人民进行伦理道德的教化,教育人民安分守己,主张对人民实行"仁政",反对严刑峻法,实行贤人政治,建立和谐社会,巩固统治秩序。武指武功,就是法治,用权威、暴力和刑罚治国,强调依法治国,一切由法裁断,规定明确的法律制度,公布于众;奖励耕战,严格执行赏罚制度,要求用法律统一思想,"以法为教","以吏为师",反对儒家的道德政治教化,在实践上重视专制主义中央集权政治理论的研究和规划,强化君主专制和独裁,提出了制定法律、分官设职、选官考课、监督检查、奖罚分明的政治举措,建立强有力的国家机器,奖励耕战,加强武备,但忽视思想文化建设。春秋战国时期,诸子百家从不同的角度提出治国方略,各国统治者从中选取有利于自己统治的政治学说,支持自己的兼并战争。秦国采用法家"武功"的治国方略,变法图强,奖励耕战,成为实力最强的国家,终于统一了全国,全面建立了君主专制主义中央集权制度。但是,秦王朝面对统一的中央集权的大帝国,仍然采用依靠暴力打天下的法家治国思想,继续穷兵黩武,征战四方,过分强调严刑峻法,没有在"治天下"的新的形势下采用新的治国方略,致使这个煊赫一时的庞大帝国仅享祚16年就土崩瓦解了。汉初承亡秦之敝,面对新建立的统一的中央集权的大帝国,就如何治天下的治国方略进行了不懈的探索,陆贾提出"马上"得天下,不能"马上"治天下;贾谊认为"取与守不同术",于是采用了"清静无为"的黄老思想,重视礼乐教化,让农民休养生息,这和先秦的儒家仁政思想是一脉相承的,成功地实现了由秦尚"武功"重进取的"革命"理论向尚"文治"重"守成"的"建设"理论的转变,的确促进了农业生产的发展,使农民安居乐业。但是这种"文治"的治国思想仍有很多的社会问题得不到解决,豪强大族横行乡里,官吏贪污腐败、欺压百姓,皇权衰弱,地方势力尾大不掉,北方匈奴不断骚扰边关,内忧外患使汉王朝潜伏着极大的社会危机,于是汉朝统治者又继承了秦朝崇尚"武功"的以法治国思想,最终确立了"文武并用"的治国思想。汉代"文武并用"的治国思想就是刚柔、王霸并用,正如汉宣帝所言:"汉家自有制度,本以霸王道杂之。"① 把握文武之道的刚柔治术,礼法并用,德主刑辅,民为邦本,义利统一,分权制衡,富国强兵,是汉代"文武并用"治国方略的具体实践。"文武并用"治国方略不仅为汉朝的许多皇帝所遵守,促进了汉代社会的和谐和经济的发展;而且被后代的大多数王朝的统治者所继承,成为治国方略的最佳选择;也为我国社会主义治国方略的选择提供了有益的借鉴。

---

① 《汉书》卷9《元帝纪》。

第一节 礼法并用：礼是法的内容，法是礼的保障

礼和法都是治理国家的重要工具。礼是儒家思想的核心，指礼乐制度和伦理纲常。法就是法家的思想精髓，指法律规范。战国时期各国君主为了富国强兵，都倾向富于进取的法家用法律治国的理论，秦始皇就是采用商鞅、韩非子的法治思想，建立了专制主义中央集权制度。实际上自先秦开始，儒家的礼治和法家的法治都是交互为用的，并不是互相排斥的。孔子主张为政以德，德是礼之本，但不是一般地反对政令刑罚，而是对暴政的否定，他认为"礼乐不兴则刑罚不中，刑罚不中则民无所措手足"①，就是主张施政要宽猛相济，恩威并用。儒家大师荀子说："礼者，法之大分，类之纲纪也。"②就是说道德是法的根本，是法律的指导原则。他提出"隆礼而重法"，认为"治之经，礼与刑，君子以修百姓宁。明德慎罚，国家既治四海平"③。而法家尽管"不务德而务法"，倡导"禁奸止过，莫若重刑"，但没有完全排斥礼治，商鞅认为礼与法都是强国利国的工具，"法者，所以爱民也；礼者，所以便事也"④。韩非子认为礼与法在治国中互相配合，"明主所以制其臣者，二柄而已矣。二柄者，刑德也。杀戮之谓刑，庆赏之谓德"。儒家的"三纲"伦理也是韩非提出的："臣事君，子事父，妻事夫，三者顺则天下治，三者逆则天下乱。"⑤看来法家也并不废除伦理道德规范和社会秩序。因此，班固在《汉书》中说："法家者流，盖出于理官，信赏必罚，以辅礼制。"汉代统治者在探讨秦朝短命而亡的原因中继承并发扬光大了先秦儒法两家的礼治与法治互为补充、相互为用的思想，提出礼法并用的治国理念并付诸政治实践。陆贾就主张，礼法并用才能维持政权的长治久安，提出："文武并用，长久之术也。"贾谊认为，治理国家要先兴礼义教化，防患于未然，然

---

① 《论语·子路》。
② 《荀子·劝学》。
③ 《荀子·成相》。
④ 《商君书·更法》。
⑤ 《韩非子·忠孝》。

后使用法制刑罚,他在《治安策》中说:"夫礼者禁于将然之前,而法者禁于已然之后。"①桓谭提出治国的核心是王霸并用,以王道喻礼治,以霸道喻法治,二者缺一不可,"夫王道之治,先除人害,而足其衣食,然后教以礼仪,而威以刑诛,使知好恶去就,是故大化四凑,天下安乐,此王者之术;霸功之大者,尊君卑臣,权统由一,政不二门,赏罚必信,法令著明,百官修理,威令必行,此霸者之术也"②。王充认为治国之道有二:"一曰养德,二曰养力。养德者,养明高之人,以示能敬贤;养力者,养气力之士,以明能用兵。此所谓文武张设,德力具足者也。事或可以德怀,或可以力摧。外以德自立,内以德自备。"③养德就是礼治,养力就是法治,也是强调的礼法并用。礼治强调的是人们内心的仁义修炼,其具体政治实践是礼乐制度建设和政治教化;法治强调的是外在实力的扩张,其具体政治实践是法制建设和赏罚。在汉代"作为差别性行为规范的礼,逐渐与公允性行为规范的法交融渗透,以至合流"④,形成了礼法并用的治国方略。汉代礼是法的主要内容,没有礼就没有法,法是礼的保障,没有法也就没有礼。据于振波《秦汉法律与社会》⑤的研究,汉代引礼入法,法律中有大量的维护伦理纲常和礼乐等级制度的内容。

汉代的礼乐制度建设主要表现在以下三个方面。一是制定了三纲五常的道德规范。"三纲"是约束人们行为的规范和准则,它强调自上而下的等级秩序,保障等级秩序的和谐;"五常"是汉代社会的价值标准和为人处世的道德准则,它强调的是人与人之间、事与事之间的横向关系的处理原则,促进人际关系和群体关系的和谐。二是提出了修身正己的理论。汉代非常重视个人道德的修养,《大学》提出"修身、齐家、治国、平天下",把修身作为治国之本,只有修身,才能创建伟业,实现人的政治道德价值。修身表现出内在和外在的和谐统一,思想和行为的和谐统一,个体与社会的和谐统一。三是制定了节俗礼仪。西汉时期叔孙通制礼仪、董仲舒以《春秋》决狱、匡衡依据儒家《礼》对国家祭祀礼仪

---

① 《汉书》卷48《贾谊传》。
② 《新论·王霸》。
③ 黄晖:《论衡校释·非韩》,中华书局1990年版。
④ 刘长江:《略论汉武帝"德法并用"的治国方略》,《山东师范大学学报》2004年第2期。
⑤ 于振波:《秦汉法律与社会》,湖南人民出版社2000年版。

进行了大幅度的改革。东汉光武帝提倡庆氏《礼》学,为朝廷制定了封禅、七郊、辟雍、明堂、大射、养老等礼仪,崔寔《四民月令》、应劭的《风俗通义》都对汉代节俗礼仪有详细记载。汉代节俗礼仪主要通过祭祀或庆典活动,用乐舞等形式宣传伦理纲常。

汉代的法制建设主要表现在以下两个方面。一是制定了一系列的行政法律法规,设官定责,分权制衡,建立健全各项规章制度,对行政权力进行监督和制约,依法行政,保证国家机器的正常运转。汉代的法律流传下来的较少,但在出土的云梦睡虎地秦简、居延汉简、江陵张家山汉简等简牍中保存了大量的法律条文,有关行政法律法规的有《秦律十八种》、《为吏之道》、《置吏律》、《除吏律》、《效律》等,对官吏的选任、考课、奖惩、等行政制度作出了明确的规定,以律令行政,体现了"严治吏"的立法原则。二是不断强化君主专制主义中央集权制度,削弱地方割据势力,保证国家政令的贯彻执行。西汉武帝刘彻和东汉光武帝刘秀是礼法并用的典型代表,刘彻"导民以礼,风之以乐",使民"仁行而从善,义立而俗移"①,同时,他又严刑酷法,说:"刑罚所以防奸也。"可谓礼法并用。刘秀奖用儒生,兴学教化,自称用"柔道"治国,说白了,就是用礼乐仁义治国;他还加强中央集权,严格选用和考核官吏,以法制刑名节制群僚百官。范晔说刘秀:"峻文深宪,责成吏职","观其治平临政,课职责咎,将所谓'导之以政,齐之以刑'者乎!"②这与刘彻的礼法并用的汉家制度一脉相承。

第二节 德主刑辅:教化为主,惩罚为辅

汉代确立的"德主刑辅"的治国思想,其中的"德"是指德教,也就是教化,用现代的话说就是"政治思想教育","刑"是指刑罚,用现在的话说就是"以法惩治不法行为"。把德治教化和刑暴惩恶作为治国不可或缺的两手,标本兼治,用现在的话说就是预防为主、惩罚为辅,促进社会

---

① 《汉书》卷6《武帝纪》。
② 《后汉书》卷22《马武传》。

的和谐稳定。德主刑辅的治国思想是由董仲舒首先提出的,他说:"教,政之本也;狱,政之末也。其事异域,其用一也。"①"刑者,德之辅也;阴者,阳之助也。"②他吸收了申商韩学说中的治国思想,把刑说成是为了德,是德的补充,无刑就达不到德教的目的。《白虎通》在讲到治国的思想时说:"圣人治天下,必有刑罚何?所以佐德助治顺天之度也。"③说明强调的也是德主刑辅。教化政策是汉代总结秦灭亡于严刑重法的暴政而首创的政治举措,它通过灌输和熏陶等手段把统治阶级的政治伦理道德融入民俗之中,逐渐被民众所仿效,既而成为人民的行为方式、情感依托、价值根基。教需明示,化需熏陶;教是外部灌输,化是潜移默化。教化的途径主要有两种。一是兴办学校,灌输封建伦理道德。董仲舒在给汉武帝对策中说:"是故南面而治天下,莫不以教化为大务,立太学以教于国,设庠序以化于邑,渐民以仁,摩民以谊,节民以礼,故其刑罚甚轻,而禁不犯者教化兴而习俗美也。"④汉武帝采纳董仲舒和公孙弘的建议,选用儒学之士,在中央设立太学,立五经博士和博士弟子,地方郡县也普遍设立学校。到汉平帝时正式建立地方学校系统,郡国一级称学,县、道、邑一级称校、各置经师一人;乡一级称庠,聚一级称序,各置《孝经》师一人。到东汉由五经博士发展到十四经博士,太学生人数也不断增加,最多时达到三万多人。地方郡国守相也以兴办学校为务,据《后汉书》记载,丹阳太守李忠"为起学校,习礼容";山阳太守秦彭"崇好儒雅,敦明庠序"。由于从中央到地方政府对学校的重视,私人办学也迅速发展,西汉后期,经学大师韦咸、疏广等人都家居教授。到了东汉私人教授的学生多的达到万人以上,王充、马融教授的学生也"常有千数"。汉朝政府通过学校教育系统有意识地、连续地灌输儒家政治价值观,用儒家经典培育人,使"人识君臣父子之纲,家知违邪归正之路"⑤,提高了汉代社会成员的素质。二是表彰忠孝,示范引导,激励人们争做忠臣孝子、义夫节妇。汉代各级政府都把教化工作当做头等大事来抓,中央的司徒掌教化,"凡教民孝悌、逊顺、谦俭、养生送死之事,

---

① 《春秋繁露·精华》。
② 《春秋繁露·天辨在人》。
③ 班固:《白虎通德论·五刑》,上海古籍出版社1993年版。
④ 《汉书》卷56《董仲舒传》。
⑤ 《后汉书》卷79下《儒林列传·蔡玄传》。

则议其制,建其度"①,郡守推举孝廉,县令长"显善劝义,禁奸罚恶",乡三老负责教化,"凡有孝子顺孙,贞女义夫,让财救患,及学士为民法式者,皆扁表其门,以兴善行"。汉代主要通过图画肖像、升官加爵、封妻荫子、赐物赏金等物质和精神激励形式引导人们践履封建伦理道德。汉代为古代圣贤、当时勋臣、孝子烈女绘画肖像、树碑立传,例如《后汉书·陈纪传》载,陈纪以孝父"至行"被豫州刺史"表上尚书,图象百城"。《后汉书·烈女传》载,皇甫规妻不为董卓所辱,死于董卓车下,"后人图画,好为礼宗"。汉代察举征辟必采名誉,"皆有孝弟廉公之行",举孝廉就是选拔孝子廉吏,任以官职,取得功名利禄,获得荣华富贵。黄霸以"贤良"、"行义",卓茂以"执节淳固",皆封官加爵,荫及子孙,并给予极高的礼遇。"三老"是乡里推举的德高望重的人,"孝弟,天下之大顺也;力田,为生之本",都是政府树立的典型,政府给予"复勿徭戍"、"复其身",就是可以免除徭役和算赋,而且还赏赐给他们一定的帛、米等用品。东汉毛义以孝行著名,章帝下诏褒奖,"赐谷千斛","加赐羊酒"。汉代政府用利禄的实惠、光宗耀祖的荣誉、丰厚的物质赏赐、减免赋税徭役的待遇吸引人们倾慕仿效这些榜样的道德行为。汉代的刑罚主要是依法惩治贪官污吏,以刑罚的力量促使官吏依法行政,保证伦理纲常的贯彻执行。汉代法律规定,严禁违法行政,"令曰勿为而为之"就构成"犯令罪","令曰为之,弗为",就构成"废令罪"。汉代以法令的形式规定了官吏职务犯罪的类型及惩治方法,对官吏的行政处罚主要有三种:一是诤;二是贳;三是免,废。对官吏的职务犯罪要追究其刑事责任,主要有以下职务犯罪:一是贪赃枉法罪,二是玩忽职守罪。对行贿受贿罪规定:"通一钱,黥城旦罪。"②即行贿一钱就处以黥城旦之刑,《汉书·刑法志》载,汉文帝十三年曾颁诏规定:"吏坐受赃枉法,守县官财物而即盗之,已论命复有笞罪者,皆弃市。"按当时律条,"凡赃至十金,则至重罪"③。对于私自挪用公家金钱,以盗窃罪论。传送公文应立即送达,搁压者依法论处。任用官吏不依程序,不应任用而任用或不符合规定

---

① 《后汉书》志第24《百官一》。
② 睡虎地秦墓竹简整理小组:《睡虎地秦墓竹简·法律答问》,文物出版社1990年版,第137页。
③ 《汉书》卷83《薛宣传》。

先就任行使职权及私下谋划派出就任者均依法论处。《除吏律》规定："任法（废）官者为吏，赀二甲。"就是任用被撤职并宣告永不叙用的人做吏，要罚二甲；"除士吏、发弩啬夫不如律……尉赀二甲。"①就是任用士吏或发弩的啬夫，如不合法律规定也要罚县尉二甲。官吏判案"不直"，以"纵囚"罪和"失刑"罪论处。官吏诈称君命擅自行事"律，矫诏大害，要斩"，就是要判处死刑。汉代对官吏利用职权谋取私利而损害了统治阶级整体利益，法律加以禁止甚至给予非常严厉的惩罚，保证了官吏能够执政为民，协调了官民关系。

第三节　民为邦本：爱民利民，执政为民

汉代的民本观念是相对于君本、官本而言的，其原意是指明君、贤臣为维护和巩固其政治统治，而提出的一种"以民为国家之本，以民为政权之基"的治国理念，其基本思想主要表现为重民、贵民、爱民、仁民、安民、保民、富民、便民等，并要求统治者顺民之意、从民之欲、恤民之苦、惜民之力，从而博民之心、取民之信，进而求得政权之稳固，谋国家之安宁。民本思想是中国传统文化的精华，早在殷商至西周就提出了"民为邦本，本固邦宁"、"敬德保民"的思想。春秋战国时期，孔子提出了"以仁治国"、"足食足兵，民信之矣"②。孟子认为"民为贵，社稷次之，君为轻"，得其民者，得天下③。荀子提出："天之生民，非为君也；天之立君，以为民也。"④汉建立以后，总结秦速亡的历史教训，秦朝"内兴功作，外攘夷狄，收泰半之赋，发闾左之戍"，终于导致陈胜、吴广农民大起义，推翻了秦朝，得出了"牧民之道，务在安之而已"⑤的结论，人民的力量更加充分地表现出来，民本思想进一步发展，执政为民成为汉治国的基本

---

① 睡虎地秦墓竹简整理小组：《睡虎地秦墓竹简·秦律杂抄》，文物出版社1990年版，第79页。

② 《论语·颜渊》。

③ 阮元校刻：《十三经注疏·孟子·离娄上》，中华书局1980年版。

④ 《荀子·大略》。

⑤ 《汉书》卷48《贾谊传》。

方略。统治者承担"仁政"而为民父母,应该把民众的福利作为决策的参考;君主的责任是保障民生,设官分职、政策法令都应该为民谋利,应该对社会太平和民众负责。董仲舒说:"天之生民,非为王也,天之立王,以为民也。"贾谊提出:"闻之于政也,民无不为本也。国以为本,君以为本,吏以为本。故国以民为安危,君以民为威侮,吏以民为贵贱。此之谓民无不为本也。"①班固在《白虎通德论》中说:"列土为疆,非为诸侯,张官设府,非为卿大夫。皆为民也。"②王符提出国家君主、各级官吏以及一切政策法令,其好坏要由是否为民来决定,他说"君臣法令之功必效于民"③。汉朝统治者把民视为邦国之本,甚至把自己和民众的关系比做舟和水的关系,目的在于通过整合民意,以维护、巩固和强化统治秩序和社会秩序。汉代的民为邦本、执政为民的理念,不仅表现在思想家的宣传与著作中,而且深深地影响了汉代的实际政治。民为邦本思想在汉代政治实践上主要表现在以下几个方面。一是富民,就是人民物质财富的满足。得民心者得天下,要得民心,就必须让民有吃有穿,满足民的基本生存要求,民富则安,民贫则乱。所以"治国之道,必先富民",按照民的要求和意志施政,君才能得到民的支持和拥护,国家才能长治久安。二是爱民,就是爱惜民力,轻徭薄赋,给民一个比较自由的生产环境。民常常面临破产流亡的危险,其主要原因是频繁的自然灾害、繁重的赋税徭役和地主的土地兼并,民困则国危,因此必须采取"均平"政策。这就是董仲舒在《限民名田疏》中提出的:"限民名田,以赡不足,塞并兼之路。盐铁皆归于民。去奴婢,除专杀之威。薄赋敛,省徭役,以宽民力。"三是教民,就是对民众教化。一方面就是君主要身正,身正才能教育百姓,否则教化就无从谈起,先正己后正人;另一方面就是更多地使用德教,教化民众尽量减少刑罚的使用,"王者承天意以从事,故任德教而不任刑"④。汉代的"民本"思想蕴涵着丰富的治理谋略和政治智慧,揭示了深刻的执政规律,发挥了积极的社会作用。其一,顺应了民意,约束了专制权力。一方面统治者主动以"民本思想"

---

① 王渊明,徐超:《贾谊集校注·新书·大政上》,人民文学出版社1996年版。
② 《白虎通德论·封公侯》。
③ 《潜夫论·本论》。
④ 《汉书》卷56《董仲舒传》。

自律，谨慎运用权力；另一方面众多思想家及民众要求统治者从民欲、重民意，以"民本"约束"君本"和"官本"。其二，维护了社会秩序，保持了国家稳定。汉代统治者凭借"礼法"来维系"以民为本"的统治观并通过政治社会化的路径强化"民本"理念，从而缓冲了民与君、民与官之间的利益冲突和政治矛盾，这有利于整合民意，减少民怨。

第四节　以人为本：选人用人，为政在人

"人本"思想应从两个方面去理解。一是从"人"与"神"的对立关系中去把握，人本思想并不等于无神论，它并不要求人们在思想上排除对于神的信仰，而只要求人们在处理神人或天人关系时以人为本①。二是从人与自然的对立关系中去把握，即在处理人与自然的关系时以人为本。"中国的学术之主要出发点，乃是一种人本位主义，亦可说是一种人文主义。其主要精神，乃在面对人群社会中一切人事问题之各项实际措施。"②"以人为本"是指以人为价值的核心和社会的本位，重视人的作用，把人的生存与发展作为最高的价值目标，一切为了人，一切服务于人。先秦时期思想家们就将人事与自然相比附，荀子就认为，人是能够与天地相参的，"天有其时，地有其财，人有其治，夫是之谓能参"③，十分重视人在天地间的地位，是万物之灵。荀子还非常重视人在治国中的作用，他认为人是法、礼、政策的主体，"法不能独立，类不能自行；得其人则存，失其人则亡。法者，治之端也；君子者，法之源也"④，这与《中庸》所说的"为政在人"是一致的。汉代人本思想继承了先秦儒家的思想，主要表现在人与神的关系上体现为"天地人性人为贵"的人格肯定和"未能事人焉能事鬼"的轻神重人态度。在汉代建立起来的"天人感应"的政治理论中，打着神学的旗号，人的地位更加重要。董仲舒说：

---

① 刘家和：《〈左传〉中的人本主义与民本主义》，《历史研究》1995年第6期。
② 钱穆：《中国历史研究法》，三联书店2001年版，第78页。
③ 王先谦：《荀子集解·天论》，中华书局1988年版。
④ 《荀子集解·君道》。

"天地之精,所以生物者,莫贵于人。人受命乎天地……唯人独能为仁也。"①他认为,人受命于天,天与人是合一的,人能明于天性,是群生更为高贵的,人的修养就是要认识天性,达到明于天性的境界,就能重仁义、贵礼节,成为圣人君子,就可以按天意而行仁义。《白虎通义》也说"天地之性人为贵"②。宗教信仰和迷信活动是各个民族都存在的事实,今天也仍是这样,两汉时期也大量存在。但这并不影响"人本"思想的蓬勃发展,人们已逐渐从宗教和迷信的混沌中走出来,从人事角度来解释历史与现实。在《史记》中司马迁就首先表达了对"天命"的不信任:"余甚或焉,傥所谓天道,是邪非邪?"③并根据这一认识对项羽的失败作出了实事求是的解释,责问项羽:"身死东城,尚不觉悟寤,而不自责,过矣。乃引'天亡我,非用兵之罪也',岂不谬哉!"④东汉初期的王充更是高举"理性"的旗帜对现实生活里的不合理现象进行了批判,他认为"天道"是自然无为的,所以说祭祀是无用的,一切迷信活动都是荒唐的,"夫论解除,解除无益;论祭祀,祭祀无补;论巫祝,巫祝无力。竟在人不在鬼,在德不在祀,明矣哉"⑤。"圣王先成民而后致力于神。民事未定,郡祀有阙,不为尤矣。"⑥东汉末年的仲长统更进一步提出了"人事为本,天道为末"的口号,"故审我已善,而不复恃乎天道,上也;疑我未善,引天道以自济者,其次也;不求诸己,而求诸天者,下愚之主也"⑦。其实早在荀子之时已经对此有了清醒的认识,"雩雨,何也?无何也,犹不雩而雨也。故君子以为文,而百姓以为神。以为文则吉,以为神则凶"⑧。由此可见,有关祭祀鬼神的仪式不过是起一种文饰的作用,即将这些仪式作为一种具有人文意义的"礼"仪来看待,而不要将其视为求助于神灵的宗教信仰仪式⑨。汉代人本思想重视人在治国中的作用,在政治实践

---

① 《春秋繁露·人副天数》。
② 陈立:《白虎通疏证·诛伐》,中华书局1994年版。
③ 《史记》卷61《伯夷列传》。
④ 《史记》卷7《项羽本纪》。
⑤ 黄晖:《论衡校译·解除》,中华书局1990年版。
⑥ 《申鉴·时事》,见《诸子集成》,上海书店1986年版。
⑦ 严可均:《全后汉文》卷88《昌言》,中华书局1958年版。
⑧ 《荀子集解·天论》。
⑨ 楼宇烈:《论中国传统文化的人文精神》,见《国学研究》(第三卷),北京大学出版社1995年版。

上表现为培养人才和选贤使能,充分发挥人的积极性。"天下兴衰,系于用人",人的素质和能力决定着政治的兴衰。孟子说过:"尊贤使能,俊杰在位,则天下之士皆悦而愿立于朝矣。"①汉代统治者把选拔贤才、任官以能作为治国安邦的大事来抓,即所谓"安民在于用贤"。贾谊在《新书·胎教》中说:"无贤佐俊士,能成功立名者,安危继绝者,未之有也";"佐不务多,则务得贤者"。董仲舒说:"治国者以积贤为道"②;"所任贤谓之主尊国安,所任非其人谓之主卑国危"③;任用官吏"论贤才之议,别所长之能"④。宣帝在《赐尹翁归子黄金诏》中说,"朕夙兴夜寐,以求贤为右","不异亲疏远近,务在安民而已"⑤。他发出了"与朕共理天下者岂惟良二千石乎"的感叹。左雄在给顺帝的奏章中说:"柔远和迩,莫大宁人,宁人之务,莫重用贤;用贤之道,必在考黜。"汉代为了达到选贤使能、安邦兴国的目的,推行察举征辟制度,选拔人才,地方郡县推荐贤才到中央,中央进行考试,"练其虚实,以观异能",根据成绩优劣任以相应官职,确实选拔出不少优秀人才。有一位日本学者说:"中国对世界的最大功绩,就是汉代的察举制度。因为这种不依据特定的家世和财产,而是依据其学问和才能选举人才的制度,是非常合理的现代化的人才选拔制度。"⑥据黄留珠先生统计,汉代察举科目的岁举孝廉,今可考见的汉世孝廉中,大约 8.7% 为贫民出身者⑦。这种察举选拔人才制度给汉代社会带来了生机和活力,充分肯定了人的独特的历史作用,体现了以人为本的治国思想。同时,汉代在人本思想的基础上,为了保障人的利益,提出了分权制衡的治国理念,建立了具有一定民主性的法律制度。

---

① 阮元校刻:《十三经注疏·孟子·公孙丑》,中华书局1986年版。
② 《春秋繁露义证·通国身》。
③ 《春秋繁露义证·精华》。
④ 《春秋繁露义证·十指》。
⑤ 严可均:《全汉文》卷6《赐尹翁归子黄金诏》,中华书局1958年版。
⑥ 黄留珠:《中国古代选官制度述略》,陕西人民出版社1989年版,第9～10页。
⑦ 黄留珠:《中国古代选官制度述略》,陕西人民出版社1989年版,第7页。

第五节　分权制衡：分官设职，制约权力

分权制衡是现代民主法制社会的政治观念，在中国制衡的观念起源也很早，至迟在西周已经有了明确的认识，史官伯阳父就用"和与同"说明政治中的制衡关系，认为君主应当"择臣取谏工而讲—多物"，臣对君的决策和选择要能有所异议，在君与臣之间形成一定的制约关系，方能保证政策的相对准确，促进政治的和谐与稳定。春秋齐国的晏子也认为，"和"就是"济其不及，以泄其过"，意即事物之间的补充与调节，在政治上就是臣对君的可否提出自己的意见。有学者认为这是"道义制衡"，就是群臣以道义为原则，通过道德约束和舆论制约的形式，对君主的决策和行为形成某种制约。在中国传统制衡观念中，只有这种"道义制衡"，而没有"权力制衡"①，这有点失之偏颇。实际上法家主张建立君主专制主义中央集权制度，是"事在四方，要在中央，圣人执要，四方来效"②。"君主独制四海之内"，"臣毋或作威，毋或作利，从王之指"③，君主独揽大权，采取考课监察的方法，限制大臣的权力，削弱地方政府的权力，这就是法家的权"术"，实际也就是权力制约。在汉代君主专制主义中央集权制度不断加强，皇帝拥有国家一切政务的最后决定权和否决权，但皇帝不可能都亲自去处理，更不可能去行使一切权力，于是就实行官僚政治，分官设置，把行政权力划分若干部分，分配给不同机关或人员掌握，行政事务分层负责，依靠程式化方式处理，分权制衡，既防止官吏擅权违法，又防止官吏玩忽职守，保证勤职尽责，维护皇帝的行政大权。为了防止行政权力的滥用，依法规定了规范可行的政治制度，初步形成了程序严格、制约有效的权力运作机制，具有明确的责任和权力，惩治政治权利腐化，体现出一定的公开、民主原则，促进了社会公正公平、安定有序地和谐发展，为富国强兵提供了政治保障。

---

① 葛荃：《中国政治文化教程》，高等教育出版社2006年版，第232～234页。
② 《韩非子·扬权》。
③ 《韩非子·有度》。

(一) 分权设职、互相制衡的政府机构设置和人员配备

汉代中央丞相府(司徒府)是最高中央执行机关,负责全国的行政管理工作;御史府(司空府),从名义上讲的是协助丞相处理全国政务,实际上独立行使职权,总领秘书图籍和四方文书,监察百官政事得失,起草皇帝诏书,对丞相府(司徒府)行政工作进行制约和监督。朱博曾说"置御史大夫,位次丞相,典正法度,以职相参,总领百官,上下相监临"①,"监临"就是说御史大夫对丞相的权力是一种制约。太尉府是掌握军事行政工作的机关,负责军事政务及有关官吏的考核和监督。三府长官都是宰相,参与皇帝的行政决策,对皇帝权力也是一种制约,特别是汉初丞相权力极大,可独立主持政事,有选任官吏、黜陟课赏之权,对皇帝的诏令也可当廷争论,甚至请皇帝"收回成命",拒绝执行。三公各自独立行使权力,朱博说:"宜建三公官,定卿大夫之任,分职授政,以著功效。"②就是让三公各自发挥其作用。但三公又是互相制衡、共同做好工作的。《后汉书》志第24《百官一》中"太尉"条说:"凡国有大造大疑,则与司徒、司空通而论之;国有过事,则与三公通谏诤之。"尚书台在汉初是隶属九卿之一的少府,汉武帝之后逐渐发展成为行政中枢机关,参与皇帝决策,起草皇帝诏书,监督百官为政得失,还可以弹劾三公,对三公府的行政工作实行监督检查。据《后汉书》卷67《范滂传》载,皇帝令举谣言,"尚书责其(太尉掾范滂)所劾猥多,疑有私故"。三府对尚书起草的诏书也可拒绝执行,东汉后期,曾诏令急捕党人,"案经三府,(太尉)陈蕃却之曰:'今所案者,皆海内人誉,忧国忠公之臣……'不肯平署"③。三公府之下诸卿分担各种具体政务,九卿为中央具体的政务机关。名为九卿,实则不止九个。主要有太常、光禄勋、少府、卫尉、太仆、廷尉、太鸿胪、太宗正、大司农。九卿分别隶属三公府,两者关系是九卿执事,丞相总之。封建国家中央政府体制和处理政务的工作程序完全建立。御史台(兰台)是中央最高行政监察机关,主要职责是纠察百官,举劾非法。对三公府和尚书台、九卿处理的政务实施监督与制约,参与官吏的考核和选任,判理疑事冤狱,内领侍御史,外督部刺史,可以奏免

---

① 《汉书》卷83《朱博传》。
② 同上。
③ 《后汉书》卷67《党锢列传·李膺传》。

刺史、郡国守相。《汉书》卷83《薛宣传》说,任御史中丞期间,"数言政事,便宜举奏,部刺史、郡国二千石所贬退称进,黑白分明"。

地方郡县两级政府依中央政府机构序列设有行政、军事、监察三大系统,郡设守、尉、监,县亦设令、尉、监,各有属吏。基层政权则有乡、里、什伍组织,组成遍及全国各地的统治网,将皇帝的政令伸向每一个角落。秦汉各级政府内部设置的办事机构和人员配备也比较合理,既互相制约,又共同负责,独立行使职权,权责分明。三公府、尚书台、御史台内部都分曹办事。地方郡、县也分曹办事,郡上承中央设有议曹、功曹、决曹、贼曹、仓曹、户曹、计曹、比曹等,与中央不同的是计曹管上计,相当于会计,比曹负责审计。分曹办事,科层结构清晰,职责明确,有利于行政工作的正常有序进行。在各级政府内部,一般设长官一人,副长官一至二人,有的只有长官而无副长官,例如,三府中只设丞相、御史大夫、太尉为长官,并无副长官;尚书台设尚书令为长官,左右仆射各一人为副长官,副长官有独立的权限,对尚书令是一种制约,尚书令"主赞奏,封下书",而仆射"署尚书事";九卿的官署也只设长官一人。这样便于权力的统一,责任明确,不致产生权责不分的流弊。一般各级政府设有"丞"总判府事,辅助长官;设有专职监察官、勾检稽失的官、分判众曹的官,互相制约,互相监督。各郡在郡守之下设郡丞、郡长史为辅佐,与丞相府的丞和长史相对应;主簿拾遗补阙,勾检稽失;五官掾分判众曹行政事务;督邮分部监察各县行政工作。县设令一人,丞"署文书",设廷掾分部监察各乡行政工作。

(二) 程序严密、制约有效的权力运作制度

秦汉时期在权力运行的过程中,为了防止权力的滥用,建立了规范可行的制度,使人事权、财政权、司法权、决策权等权力在实现过程中有法定程序,每一程序有明确的责任和权力,体现出一定的公开、民主原则。(1)决策制度。主要有三种:一是集议制度,二是谏诤制度,三是封驳制度。凡决策要经过广泛的集体讨论,听取百官意见,然后由谏官审议,这就是皇帝"兼听"意见,然后由皇帝拍板定案,颁布执行,就是皇帝"独断","兼听独断"是汉代帝王决策的主要形式,相当于现代的"民主集中制",体现了一定的民主性与和谐的君臣关系,保证了决策的正确性。(2)行政巡视制度。汉代不仅有皇帝巡狩、大使巡行、刺史行部、郡守行县等多种行政巡视类型,而且有专职或兼职官吏、定期或不定期、

或明或暗等多种行政巡视形式。不同类型和形式的行政巡视,互相制衡,使行政巡视起到了惩恶除奸、布善施德的作用,维护了社会的公平和正义。(3)公文传递制度。汉代形成了公文的审核和平署制度,保证文书的上通下达,沟通了各方面的信息,有助于行政管理工作的正常有序进行。(4)文官制度。汉代选贤任能,论功升进,依绩奖惩,形成了教育制度、选任官制度、考课制度等,保证了在用人问题上的公正与公平。(5)司法监察制度。汉代依法规定了司法审判的程序和复审、复核制度,监察官吏要依法"察"举非法,防止滥用司法监察权力,保证了社会的安定有序和司法监察的公平正义。(6)财政经济制度。汉代建立了中央对地方的财政审计制度,设有专职的"比曹"对财政收支进行审计。保证了经济领域内权力的正确行使和经济工作的正常有序运行。

(三)"道义制衡"

法家强调君主集权,倡导"独断"精神,而儒家强调纳谏,倡导"兼听"精神。荀子在《君道》之中说,"兼听齐明则天下归之","兼听齐明而百事不留",在《不苟》中说"公生明,偏生暗",这就是"兼听则明,偏听则暗"。君主要广泛听取听取大臣意见,自觉接受大臣的制约,然后君主作出决定,形成"兼听独断"①,兼听下属各方面的意见,以防臣下蒙蔽,独断则可以防止大臣专权,相当于现代的"民主集中制",在汉代"兼听独断"是"道义制衡"的主要形式。汉代倡导君权神授,维护君权至上,但君权来自天,代表天治理人间,要替天行道,遵循天的法则,若君主违背天道,滥用权力,天就要降灾异给予惩罚,这就就是"天谴"说,成为大臣批评君主的工具,利用"天道"的权威制约君主的权力。汉代"道义制衡"的具体形式有三个:一是廷议,凡是国临大政或疑难,便由君主下令召集朝臣集议,以求最佳决策方案;二是谏官制度,对君主的决策进行审议,指出错误,提出正确建议;三是上书言事,臣民通过"上书"、"上疏"、和"上封事",向皇帝进言,提出自己的政治见解。臣民们通过这三种形式,凭借"明王君国子民之道",或曰"治国之道",尽心尽责地抒发政见,给执政者带来一种道德压力,从而将君主决策限制在众议可行的范围之中。

---

① 《说苑》卷13《权谋》。

第六节 义利统一:以利导义,以义求利

义利观是治国的基本方略,是关于仁义道德与功名利禄之间关系的思想和观点,义是指思想行为符合仁义道德准则,利是指追求物质利益的功名利禄。义利观起源于西周之际,春秋时期已成为普遍探讨的问题,《尚书》记载,"八政"就"食货"为先;《国语》说,利是百物所生,"义所以生利";《左传》说,"德义,利之本也","礼以行义,义以生利,利以平民"。儒家讲义利首推孔子,他主张重民利,"见利思义",先利后义,反对求利忘义。孟子认为,"富,人之所欲",只有让人民获得实际利益,才能行仁义。他说:"今也制民之产,仰不足以事父母,俯不足以蓄妻子,乐岁终身苦,凶年不免于死亡,此惟救死而恐不赡,奚暇治礼义哉?"①但是,他也认为,先义后利,以义导利,"舍生取义"。荀子认为好利恶害是人的本性,主张谋利富民,限制利欲,先利后义。法家主张重利轻义,他说:"利之所在民归之,名之所彰士死之。"②就是说名利是动员民众、治理国家的重要办法。秦国以法治国,就重功利轻伦理③。汉代继承了先秦儒家的先义后利、以义求利、舍生取义和法家的重功利、轻伦理的功利观的精华,并有所创新,实现了仁义道德和功名利禄的内在统一,主要表现在以义求利和以利导义两个方面。首先,我们看以利导义,就是用功名利禄引导人们去履行仁义道德。汉代人们认为,追求名利是人之本性,"富者,人之情性,所不学而俱欲者也",人们从事形形色色的活动,归根到底都是为了利,司马迁说:"天下熙熙,皆为利来,天下攘攘,皆为利往。"④利是仁义的基础,只有利才会有仁义,"何以孝悌为?财多而光荣。何以礼义为?史书而仕宦,何以谨慎为?勇猛而临官"⑤。所

---

① 《孟子·梁惠王上》。
② 《韩非子·外储说左上》。
③ 刘宝才,梁涛:《论重功利轻伦理的秦国文化》,见祝瑞开主编:《华夏传统和秦汉文化》,学林出版社1993年版。
④ 《史记》卷129《货殖列传》。
⑤ 《汉书》卷72《贡禹传》。

以说,"仓廪实而知礼节,衣食足而知荣辱","礼生于有而废于无","人富而仁义附焉"。只有富贵与仁义结合起来,才是光荣的,"无岩处奇士之行,而长贫贱,好语仁义,亦足羞也"①。既然人们的活动都是为了利益,利益是仁义的基础,那么人们就要通过各种途径发财致富,用利益引导人们践行仁义道德。汉代把儒家经学和儒家仁义道德作为选拔官吏的标准,表彰忠孝仁义,用高官厚禄的实惠引导人们学习并实践儒家的仁义道德。汉代太学中的博士弟子通过考试,根据通经的多少授以相应的官职,博通五经是对太学生的最高要求。汉代选举人才以儒家仁义道德为精神导向,以利禄为物质诱惑,激励世人学习儒家经学。班固记载西汉经学之盛说:"自武帝立五经博士,开弟子员,设科射策,劝以利禄,迄于元始,百有余年,传业者寖盛,枝叶番滋,一经说至百万余言,大师众至千余人,盖禄利之路然也。"②夏侯胜就训导诸生:"士病不明经术,经术苟明,其取青紫如俯拾地芥耳。"③而邹鲁民间也有谚云:"遗子黄金满籝,不如一经。"④重用经学人才促进了儒家仁义道德的普及和推广。汉代选用人才常用的"孝廉"、"贤良方正"、"贤良文学"、"茂才(秀才)"等科目,其名号采用的都是儒家道德标准;光禄举"四行"的标准是敦厚、质朴、逊让、节俭⑤也是道德标准;四科取士中的"德行高妙,志行清白"、"经明行修,能任博士"两条,同样为道德标准。特别是汉代每年一次的孝廉之举,就是选拔孝子廉吏,"孝"为立身之本,"廉"为从政之方,显然涵括儒学仁义道德的政治标准。根据黄留珠的统计,"两汉孝廉的个人资格以儒者为最多,儒和兼有儒、吏双重身份的人合计起来,在孝廉中所占的比例接近二分之一"⑥。地方政府也以选用具有仁义道德的儒学人才为己任。据《后汉书》记载,任延任武威太守,"造立校官,自掾吏子孙皆诣学受业,复其徭役。章句既通,悉显拔荣进之"。杨仁为什邡县令,"劝课掾史弟子悉令就学。其有通明经术者,显之右署,或贡之朝"。汉代地方政府"凡有孝子顺孙,贞女义妇,让财救

---

① 《史记》卷129《货殖列传》。
② 《汉书》卷88《儒林传》赞。
③ 《汉书》卷75《夏侯胜传》。
④ 《汉书》卷73《韦贤传》。
⑤ 《后汉书》卷64《吴佑传》注引《汉官仪》。
⑥ 黄留珠:《秦汉仕进制度》,西北大学出版社1985年版,第143页。

患,及学士为民法式者,皆扁表其门,以兴善行"。三老是年龄在五十以上、"有修行,能率众为善"的人担任,在乡里社会推行教化中发挥着重要的作用。《后汉书》卷3《明帝纪》注疏"三老"的职责时说"劝导乡里,助成风化"。汉代在乡里社会还设立孝悌、力田等典范,孝悌是"为仁之本",是遵守封建伦理纲常、和睦家庭的榜样,力田是生产劳动致富的模范,他们受到皇帝的优待和嘉奖,就是鼓励民众修德行善以教化乡里。政府经常下令郡国举荐乡里孝悌有义之人予以表彰,《后汉书》卷2《章帝纪》载:"三老,尊亲也,孝弟,淑行也,力田,勤劳也。国家甚体之,其赐帛人一匹,勤勉农功。"由此可见,汉代表彰有德行仁义之人,给予名利的实惠,就是在社会上诱导人们实践儒学政治仁义道德价值观。其次,以义求利就是以仁义道德求得功名利禄。汉代仁义治天下重义轻利,主张"正其谊不谋其利,明其道不计其功"①。汉代提倡内圣外王与修齐治平,把它作为人生理想,终生执著追求。"内圣"是说,人们要在个人的道德修习上要以圣人为标准,努力向着达到圣化之境而用功不已,即使不能成圣,也立誓要做圣人之徒,也就是说人生追求的目标首先要达到圣人的仁义道德境界。"外王"是说,在"内圣"仁义道德有成的基础上,将内在的仁义道德的圣德推而广之,取得功名利禄,在社会上建立理想的"王道"政治,这就是孔子说的"修己以安百姓"。《中庸》中说:"知所以修身,则知所以治人。知所以治人,则所以治天下国家。"这就是把个人的道德和人格的完善作为取得功名利禄,实现政治理想的基础。也就是是用个人修养的仁义道德取得功名利禄,以义取利,"君子生财,取之有道",不义之财坚决不要。汉代人修养自己的仁义道德,取得好的名声,或被推荐为"孝廉",从而获得功名利禄,或被推举为"三老"、"孝弟"、"力田"等社会的榜样而获得功名利禄。而对不义之财坚决拒绝,东汉时期外戚宦官交替专权,士人对他们的辟用,认为是"不义"之举,即使给予高官厚禄也拒绝不就。而且汉代士人有着"慎独"精神,据《后汉书》卷54《杨震传》载,杨震在赴任东莱太守任的途中,经过昌邑县,县令王密是他举荐的茂才,夜间送他十金,他坚决不收,王密说没人知道,他说:"天知,神知,我知,子知,何谓无知!"不论有人、无人,从不接受无义之财,可见是以义取财。汉代把仁义道德与功名利禄结

---

① 《汉书》卷56《董仲舒传》。

合起来,以利禄激励人们践行仁义道德,促进了良好社会风气的形成,对功名利禄的追求也调动了社会各方面的积极性,促进了物质文明建设。

第七节　　富国强兵:奖励耕战,增强实力

富国强兵是春秋战国时期诸子百家提出的治国方略,就是强调以发展经济实力治理国家。国富民安,国泰民安,就是说国家富裕、平安,人民才能安居乐业。然而,国家要富裕和平安,就需要大力发展经济,加强武备建设,对内消灭分裂割据势力、镇压农民起义,对外抵御游牧民族的入侵。儒家的代表人物荀子认为,经济问题是政治问题的基础,君臣都应该以富国富民为己任,国富民富而后国强,要处理好国家财政与经济的关系,经济生产是财政的基础,"田野县鄙者,财之本也"①,因此,要大力发展农业生产。法家的代表人物商鞅认为,社会政治关系在很大程度上是由力量的对比决定的,"国之所以重,主之所以尊者,力也"②,而力量来自于民,如何调动民力呢?就是用赏罚换取民力,实行耕战政策:一是鼓励农耕,其方法是"驱以赏",用粮食换取官爵,还利用价格和税收鼓励农耕,把粮食看成是财富的主要标志;二是奖励军功,用赏和罚的办法鼓励人们去打仗,重赏之下必有勇夫,严刑之下变怯为勇③。《管子·轻重篇》主张商业治国,只有善于理财,才能拥有雄厚的经济实力,专制国家要垄断、控制货币及主要商品,从中牟利,扩大国家的财政收入,增强国家的经济实力,从而解决社会矛盾。汉代在继承了诸子百家富国强兵的治国方法的同时又有所创新。首先,表现在重农政策上。汉代统治者把农业作为立国之本,晁错说,"粟者,王者之大用,政之本务","明君贵五谷而贱金玉"④。汉文帝下诏说,"夫农,天下

---

① 《荀子·国富》。
② 《商君书·慎法》。
③ 《商君书·外内》。
④ 《汉书》卷24《食货志第四上》。

之本也","民所以持以为生也"①。昭帝也说"天下以农桑为本"②。因此,汉代帝王屡下"务农桑"、"力农"、"劝农桑"等诏书,鼓励农业生产。林甘泉先生指出了汉代发展农业生产的五项措施:兴修水利灌溉事业,推广先进的生产工具和耕作技术,督促农民从事农副业和家庭手工业生产,救灾备荒和安置流民,颁布纳粟可以拜爵和赎罪的制度③。这些措施,特别是纳粟拜爵制度,提高了农民的政治地位,的确大大调动了农民的积极性。但是,林先生讲得还不够全面,汉代还有一项建立农产品储存和调拨流通机制的措施,合理流通、稳定粮价对农业生产的发展有重大的影响,汉武帝推行均输、平准政策,汉宣帝建立了常平仓制度和均输漕运制度,都是利用国家的权力,调节粮价、节制市场、减少漕运费用、打击富商大贾的活动,促进商品的流通,备荒赈恤,稳定粮价,从而保护农民农业生产的积极性。其次,表现在财政政策上。汉代统治者实行富民政策,不仅是为了安民,建立稳定的社会秩序,而且更重要的是为了保证赋税收入,增加国家的财政经济实力,达到富国强兵的目的。汉代的财政收入主要是土地税、人头税和代役钱,由郡县征收后上缴中央大司农,留一部分由郡县自己支用,郡县的主要职责是管理人口户籍和土地的收授,征收租税。而盐铁税、商业税、财产税等工商业税,均由中央派人征收,直接归入中央财政。汉代中央御史监察机构通过"上计"制度对中央到地方的财务行政工作进行检查,对"侵渔百姓,聚敛为奸"的贪官污吏依法严惩不贷。最后,表现在军事政策上。军事力量是一个国家实力的象征,担负着国家安全和稳定的重任。汉代建国之后,地方割据势力渐成尾大不掉之势,敌对势力蠢蠢欲动,周边少数民族特别是北方匈奴不断骚扰边疆,直接威胁到国家的稳定与安全。汉初贾谊在《治安策》中就指出,可痛哭者有两条:一指诸侯坐大,危及皇权;二指匈奴侵边,内地不安。晁错也指出,"盗贼不衰,边境未安"④,于是就提出了迁民实边和择良将守边的武备措施。汉代统治者在加强武备,发展军事力量方面主要采取了以下措施。首先是徙民实

---

① 《汉书》卷 4《文帝纪》。
② 《汉书》卷 7《昭帝纪》。
③ 林甘泉:《中国古代政治文化论稿》,安徽教育出版社 2004 年版,第 161 页。
④ 《汉书》卷 49《晁错传》。

边,以"赐高爵,复其身"的优厚待遇,并解决衣食住行、嫁夫娶妻,使他们久安边塞,一面种田,一面训练,保卫边关①。汉代在边塞屯田既解决了军费问题,又提高了部队的战斗力。其次是实行鼓励养马政策,"民有车骑马一匹者,复卒三岁"②,国家在长安附近养马,《汉旧仪》说,"天子六厩","马皆万匹"。在北边、西边设诸牧苑36所,"以郎为苑监,官奴婢三万人,养马三十万匹"③,养殖战马,提高了部队的战斗力。再次是继承秦国的军功爵制,奖励军功,提高部队的战斗力。在战争中立过军功的人可以爬上王侯将相、封君食邑的高位,甚至一般士卒也可以通过军功爵制获得一小块土地,或取得一些法律上和赋役方面的优待④。复次扩大兵种,增加兵员。汉武帝组建了二支直接保护皇帝的军队,即侍从军和禁卫军。侍从军由郎中令调遣,禁卫军守卫京师,由八支部队组成,分别由八校尉统率,开招募兵之先河。在地方军队中,增设楼船(水军)等为常备兵种,在边境有大量的屯田兵。而且大量使用少数民族将士,特别是匈奴的骑射兵、南越的楼船兵更有极强的战斗力。最后是增加军费开支与管理。军队的战斗力取决物质即经济的条件,据有关专家研究,汉代总兵力在100万人左右,每年军官俸禄、衣粮供给与转输费、军械装备及军马费等经常性费用三十余亿,约占国家财政总收入比例的26.75%、大司农收入比例的80.25%。对军费的收支建立了比较完备的财务管理组织体制、财务上计制度、会计簿籍管理体系及财务平衡调剂制度等,提高了军费使用的质量和效率,增加了部队的战斗力⑤。汉景帝平定吴楚等七国之乱,汉武帝北击匈奴,南平夷越,取得决定性的胜利,两汉边疆的相对稳定,都与汉代富国强兵的治国方略有关。

---

① 《汉书》卷49《晁错传》。
② 《汉书》卷24《食货志第四上》。
③ 《汉书》卷5《景帝纪》。
④ 朱绍侯:《军功爵制研究》,商务印书馆2008年版。
⑤ 上官绪智:《秦汉时期军费开支、筹措与管理问题研究》,《南都学坛》2005年第6期。

第三章 汉代"兼听独断"的行政决策

行政决策是行政管理活动的中心,只有决策以后才能付诸执行。汉代确立了皇帝制度,皇帝集行政、司法、立法、军事等大权于一身,拥有国家行政最高决策权。但这并不意味着皇帝一人治理国家。皇帝为了保证自己最高决策权的正确行使,建立了相应的决策体制,设置决策机构和人员,形成了较为严密的组织体系。每遇到军国政务,皇帝总要采用不同类型的决策方式和法定程序,召集有关大臣进行讨论,集思广益,从而选择一种最佳的方案付诸实施,并用法律制度保证重大决策不发生或少发生失误,用集体的智慧来弥补皇帝专断的缺失,推动封建国家机器的正常运转。

第一节 汉代中央行政决策的体系

汉代的中央行政决策体系是指在决策整个过程中的各个层次、各个部门在决策活动中的决策权限、组织形式、机构设置、调节机制、监督方法的整个体系。汉代基本形成了决策中枢系统、顾问系统、信息系统、执行系统和监督系统。

一、决策系统

决策系统是决策体制的核心,由负责决策责任的决策者所组成,具有最终决策权。秦汉的最高决策权在皇帝,但丞相受皇帝的旨意,参与行政决策或主持有关官吏参加的决策会议,并将决策讨论的结果上奏皇帝批准后,由皇帝颁布诏书执行。西汉初年,中央设丞相为丞相府之长官,是正宰相,凡军国大政,皇帝总与丞相商议,对丞相的意见也比较尊重,丞相"府有四出门,随时听事……国每有大议,天子车驾亲幸其殿"①,对"丞相所请,靡有不听"②。御史府长官御史大夫为副宰相,协助丞相参议决策。凡军国大政都由丞相和御史大夫共同管理,无论选举、按吏、捕盗贼,全是二府共管。如,京兆尹赵广汉有罪,"事下丞相、御史案验甚急"③。凡政务决策,皆由丞相或御史大夫主持百官会议讨论议定,然后上奏皇帝取旨。据《史记》卷60《三王世家》载,丞相庄青翟和御史大夫主持集体讨论决策会议;《汉书》卷23《刑法志》又载,丞相张苍、御史大夫冯敬曾主持废除肉刑一事的决策讨论会议。丞相在主持百官讨论决策之后,领衔奏请皇帝。如,据《史记》卷56《陈丞相世家》载,在太尉周勃和朱虚侯刘章除诸吕之后,立代王刘恒为帝,右丞相"陈平本谋也"。《汉书》卷4《文帝纪》载,自代王入京,又是丞相陈平领衔拜请:"臣谨请与阴安侯、顷王后、琅邪王、列侯、吏二千石议,大王高皇帝子,宜为嗣。愿大王即天子位。"即使在中朝形成之后,掌朝政实权的霍光与群臣联名奏废昌邑王贺,尚书令读奏章的开头仍说"丞相陈敞等议"④,表明丞相仍有主持决策会议的权力。但是丞相或御史大夫主持的群臣决策会议是在皇帝的严格控制之下进行的。只有皇帝发布命令才能举行群臣决策会议,任何人不能擅自召集公卿会议决策。在特殊的情况下,垂帘听政的皇太后和顾命大臣或权臣戚宦也有召集公卿决策的事例。如《后汉书》卷63《李固传》载,质帝崩,外戚梁冀"乃召三公、中二千石、列侯大议所立"。为了显示群议决策的严肃性和控制决

---

① 《后汉书》志第24《百官一》注。
② 《后汉书》卷46《陈宠传》附《陈忠传》。
③ 《汉书》卷76《赵广汉传》。
④ 《汉书》卷68《霍光传》。

策大权,皇帝有时也亲自光临廷中裁决或主持群臣决策会议。如《汉书》卷8《宣帝纪》载,石渠阁会议时,宣帝"亲称制临决";同书卷52《韩安国传》载,汉武帝也曾主持讨论与匈奴和战问题的群臣决策会议。有时皇帝也派遣中朝官等人为特使前往决策会议监议或主议,对群臣决策会议情况进行遥控指挥。如汉宣帝甘露年间,石渠阁会议时,就有皇帝使者监议,颜师古注曰:"(使者)谓当时诏遣监议者也。"①《后汉书》卷56《陈球传》也载:"诏公卿大会朝堂,令中常侍赵忠监议。"《资治通鉴》卷36"汉平帝元始元年"载:"侍中、奉车都尉甄邯即时承制罢议也。"皇帝还在宫廷内设置中朝官,主要有侍中、给事中、尚书等高级侍从官,一方面"顾问应对",为皇帝提供决策方案,另一方面"掌议论",参加丞相或御史大夫主持的群臣决策会议,对决策方案进行审议,对以丞相为首的朝廷官员构成的外朝的行政决策进行监督。如,汉哀帝时,丞相王嘉被尚书弹劾,哀帝下诏令朝官会议决策,在兼听各派意见之后,最后作出独断②。西汉末年,又建立了以大司徒、大司马、大司空为三公的行政中枢决策体系,共同对皇帝负责,即所谓"分职授权"、"以著功效"③,行政决策权一分为三。至东汉,内廷机构尚书台对三公的行政决策进行监督,凡军国大政决策由宰相与群臣讨论后交尚书起草诏书,否则无效,百官可拒绝执行。并且,尚书台逐渐外化为行政决策中枢,参与行政决策,侵夺了宰相的决策权。而内廷的侍中则对尚书的决策进行监督。

二、信息系统

汉代在各级决策系统周围设置有专门的搜集、统计、储备、传布等有关情报资料信息的机构和专职人员,这些主管信息的机关大都设在宫廷内部,负责人员大多是皇帝身边的亲信。西汉初年,御史府是全国的信息总汇机构,负责信息上传下达。副丞相御史大夫的属官御史中丞受理全国各地呈报的政治、军事、经济等各种动态信息。《汉书》卷42

---

① 《汉书》卷88《儒林传》。
② 《汉书》卷86《王嘉传》。
③ 《汉书》卷83《朱博传》。

《张苍传》载:"秦时为御史,主柱下方书。"如淳注曰:"方,板也,谓事在板上者也。秦置柱下史,苍为御史,主要事,或曰:主四方文书也。"颜师古据此认为,本传"下云苍自秦时为柱下御史,明习天下图书计籍,则主四方文书是也"。这说明汉初基本沿用秦时御史掌管文书制度。《汉书》卷65《东方朔传》说"孔丘为御史大夫",应劭注曰,"御史大夫职典制度文章"。《汉书》卷19《百官公卿表》说,御史大夫的主要属官御史中丞,"在殿中兰台,掌图籍秘书","受公卿奏事,举劾案章"。东汉因御史中丞升为御史台的长官,便由治书侍御史"受公卿群吏奏事,有违失举劾之"。在皇帝下达文书中,有的须先交御史大夫寺起草诏令,《汉书》卷1《高帝纪》十一年(前196年)王先谦补注引沈钦韩曰:"是时未有尚书,则凡诏令,御史起草,付外施行。"起草诏令就是直接参与了行政决策。在文书信息传递过程中,宫廷内还设有尚书负责其事。《唐六典》卷1说,在秦代"天下之事皆决丞相府,置尚书于禁中,有令、丞通章奏而已,汉初因之"。所谓"通章奏",大概是各类奏请、言事文书送入宫内后,先由御史中丞接受,检查是否有违法之处,然后经尚书送交皇帝审批,在审批之后下达有关部门,主要由丞相府、御史府执行。御史大夫寺起草的诏令,也要由尚书送皇帝阅定,用玺后尚书予以登记印封,再下达御史府发往全国。《汉书》卷52《灌夫传》载,汉武帝时,窦婴上书称曾受景帝遗诏,藏在家中,"书奏,案尚书大行无遗诏……乃劾婴矫先帝遗诏"。这便是尚书在下达诏书时曾登记在案,以备检查的明证。到了汉武帝时,尚书虽仍然担任传递文书之事,但已可以对收到的文书先进行评议,提出初步的决策方案或处理意见。到了昭、宣帝以后,尚书的权力进一步扩大,负责各类文书的上奏与下达,尚书台就成了信息总汇机构,而御史大夫寺的职能转变为专司监察百官。胡三省说:"汉尚书职典枢机,凡诸曹文书,众事皆由之。"凡中央和地方官吏的奏章都要通过尚书才能上达皇帝,并且尚书有拆发阅读奏章之权。西汉规定,诸上书皆为封,"署其一曰副,领尚书者先发副本,所言不善,屏去不报"。可见,尚书决定着百官奏章的命运。东汉尚书在端门受臣下奏章,而奏章的开头必云:"臣某奏事尚书。"蔡邕《独断》也说:"群臣有所奏请,尚书令奏之。"到了东汉,起草诏令的权力也转归尚书,《后汉书》志第26《百官三》说,尚书令"掌凡选署及奏下尚书文书众事",形成了非经尚书起草,诏令下达便无效的制度。如,《后汉书》卷33《周章传》

载,殇帝死后,司空周章"密谋闭宫门……劫尚书,废(邓)太后于南宫"。周章之所以要劫尚书,就因为只有尚书起草和下达的诏令,方能废除邓太后。同书卷54《杨震传》载,外戚耿宝荐中常侍李闰兄于震说:"李常侍,国家(安帝)所重,欲令公辟其兄,宝唯传上意耳。"杨震听后大怒,说:"如朝廷欲令三公辟召,故宜有尚书敕。"于是他就没有应允。由上可知,秦汉建立了畅通的信息渠道和较严密的信息传递程序,不仅为中央行政决策提供了依据,而且对行政决策也进行了有效的监督。足以说明信息系统在决策中的重要作用。

三、顾问系统

顾问系统是汉代设置的专门为决策服务的研究咨询系统,它是广泛开发智力、协助决策系统决策的组织形式,由专家学者组成的顾问官集团组成,主要为决策者提供方案或对方案进行审议,纠正决策违失。

汉代确立君主专制主义中央集权制度,帝王拥有至高无上的权力,设置公卿大臣辅佐自己处理军国政务,又在宫廷办事机构中设置一批顾问官吏,主要有太中大夫、中大夫、谏大夫、光禄大夫等诸大夫,有侍中、中常侍、散骑常侍等诸常侍,还有议郎、给事中和博士等,"以言语为职,谏诤为官",史称"言谏官",又称为"议臣",主要职能是"顾问应对",为帝王提供咨询服务。《后汉书·百官志二·光禄勋》说:"凡大夫、议郎皆掌顾问应对,无常事,唯诏令所使。"应劭《汉官仪》说大夫"职在言议"。诸大夫皆属九卿之一的光禄勋,是帝王的高级顾问,《文献通考》卷64《职官十八》说,光禄大夫"银章青绶,掌议论,属光禄勋,门外特施,行马以旌别之,无常事,唯顾问应对,诏命所使,无员"。博士设在九卿之一太常卿,据司马彪《续汉书·百官志》注说,博士"国有疑事,掌承问对","有大事则与中二千石会议",就是可以参加行政决策会议。议郎又称郎官,据《汉官解诂》说,"(议郎)不属署,不直事,国有大政、大狱、大礼则与二千石、博士会议",这就是说可以参加决策会议,讨论决策方案。侍中、散骑常侍、中常侍等侍从天子,出入禁中,"赞导众事,顾问应对","献可替否",属九卿之一的少府。王先谦《后汉书集解》引蔡质《汉仪》说,侍中、常侍"仰占俯视,切问近对,喻旨公卿"。给事中是秦朝所设,为加官,主要加在大夫、博士、议郎之上,"掌顾问应对,位次中常侍"。秦汉帝王顾问官多为"加官","无员",无机构,无常事,"无印绶",出入禁中,侍从帝王,专职为帝王出谋划策,防公卿大臣之蒙蔽,由帝王"独断",维护君主专制制度,保障了君主专制行政机器的正常运转。

(一) 汉代顾问官的基本特征

秦汉顾问官是专职的帝王咨询参谋人员,是帝王的侍从官,独立于决策和执行机构之外,没有具体的行政职务,多为帝王的亲信和有才华的士人兼任,可以独立行使职权,充分发挥在决策中的匡正朝政、拾遗补阙的作用。

1. 汉代顾问官多在宫廷内或在宫廷附近某地方待诏或轮流值班,等待帝王咨询,多为兼职,不是中央行政管理机构,无办公衙署,无具体行政事务,只能为帝王出谋划策,唯帝王之命是从,不侵犯皇权,有利于帝王兼听独断朝政。

据《汉书》卷19上《百官公卿表第七上》载,西汉时的"大夫"、"议郎",在汉武帝太初元年(前104年)前隶属郎中令,其后隶属光禄勋,郎中令(光禄勋)"掌宫殿掖门户",就是看守宫殿大门的,"大夫掌论议,有太中大夫、中大夫、谏大夫,皆无员,多至数十人","武帝元狩五年初置谏大夫,秩比八百石,太初元年更名中大夫为光禄大夫,秩比二千石,太中大夫秩比千石如故","议郎、中郎秩比六百石","有议郎、中郎、侍郎、郎中","皆无员,多至千人"。到东汉时期"大夫"、"议郎"仍属宿卫宫殿门户的光禄勋,据《后汉书》志第25《百官二》载,"郎官皆主更直执戟,宿卫诸殿门,出充车骑。唯议郎不在直中",就是议郎不值班宿卫。

"凡大夫、议郎皆掌顾问应对,无常事,唯诏令所使。凡诸国嗣之丧,则光禄大夫掌吊。"光武帝刘秀改谏大夫为谏议大夫,秩六百石,有光禄大夫、太中大夫、中散大夫、议郎,本注皆曰"无员",注引《汉官》曰,光禄大夫3人、太中大夫20人、中散大夫30人、谏议大夫30人、议郎50人。"本注曰:……旧有左右曹,秩以二千石,上殿中,主受尚书奏事,平省之。世祖省,使小黄门郎受事,车驾出,给黄门郎兼。"从《汉书》和《后汉书》对"诸大夫"的记载来看,设置的数量是"无员"或《汉官》说的分别为3~50人不等,就是人数不固定,根据需要,时多时少;无固定的职掌,只说"掌论议"、"顾问应对",但"无常事",就是没有具体的行政事务,只是奉诏行事,而且没有办公的"官署",应劭《汉官仪》称为"不属署,不直事"①。崔寔在《谏议大夫箴》中说:"防人之口,譬诸防川,岂不速止,溃乃潺湲,潺湲尚塞,言拥为贼,默默之患,用颠厥国。谏臣司议,敢告执翼。"②就是认为谏议大夫为专职进献帝王谏言的谏官,也没有印绶,凡有具体职责的官吏都有印绶,"凡秩比二千石以上,皆银印青绶,光禄大夫无。秩比六百石以上,皆铜印黑绶,大夫、博士、御史、谒者、郎无"③。诸大夫中最重要的是光禄大夫和谏议大夫,而光禄大夫,秩二千石,级别比较高,在西汉还有议论、谏诤的职能,参议朝政,例如,夏侯胜任博士、光禄大夫,"会昭帝崩,昌邑王嗣立,数出",就是昌邑王多次出宫游玩,于是夏侯胜就谏曰:"天久阴而不雨,臣下有谋上者,陛下出欲何之?"但在西汉光禄大夫都要加授"领尚书事"、"给事中"、"侍中"、"左右曹"、"尚书令"、"都尉"、"将军"等其他职务或职衔,从而参议内朝政治。孔光任光禄大夫、给事中,自称"备内朝臣,与闻政事"④。多数光禄大夫是奉诏出使地方和邻国的使臣加衔的专用职务,而且到东汉光禄大夫的地位不断提高,灵帝、献帝时光禄大夫可直接晋升三公。而谏议大夫在西汉逐渐成为专司谏诤的官吏,东汉品秩只有六百石,没有固定的行政职务,为帝王提供咨询,称为"访"、"问"。《后汉书·儒林列传》载:"丁恭习《公羊严氏春秋》。建武初,为谏议大夫、博士,封关内侯。十一年,迁少府。当世称为大儒。二十年,拜侍中祭酒,骑都尉,与侍中刘昆俱在光武左右,每事咨访焉";"包咸举孝廉,除郎中。建武中,入授皇太子《论语》,又为其章句。拜谏议大夫、侍中、右中郎将。永平五年,迁大鸿胪。每进见,赐以几杖,入屏不趋,赞事不名。经传有疑,辄遣小黄门就舍即问"。谏议大夫也常加散骑、常侍、给事中等加官,而成为内朝官,又称中朝官,参加帝王决策的中朝集议。文献记载,刘向为谏大夫、散骑、给事中,孔光亦为谏大夫、常侍,车千秋为谏大夫、给事中,这些人都以谏大夫之职,侍从帝王,献纳谏诤。

《汉书》卷19上《百官公卿表第七上》载:"侍中、左右曹、诸吏、散骑、中常侍,皆加官,所加或列侯、将军、卿大夫、将、都尉、尚书、太医、太

---

① 严可均:《全后汉文》卷34《应劭》,商务印书馆1999年版。
② 严可均:《全后汉文》卷45《崔寔(一)》,商务印书馆1999年版。
③ 《汉书》卷19上《百官公卿表第七上》。
④ 《汉书》卷18《孔光传》。

官令至郎中,亡员,多至数十人。侍中、中常侍得入禁中,诸曹受尚书事,诸吏得举法,散骑并乘舆车。给事中亦加官,所加或大夫、博士、议郎,掌顾问应对,位次中常侍。中黄门有给事黄门,位从将大夫。"这说明西汉时侍中、左右曹、诸吏、中常侍、给事中可以出入"禁中",即出入后宫,"皆加官"是说这些官吏为兼职,只是所加官吏的范围不一样,侍中、左右曹、诸吏、散骑、中常侍所加官吏为自列侯以下至郎中,"亡员"是说无员额的限制,而给事中所加为"或大夫、博士、议郎",但实际所加官的范围更广。钱大昕在《三史拾遗》中说:"武帝时终军以谒者给事中。宣帝时田延年以大司农给事中,杜延年以太仆给事中,魏相以御史大夫给事中。元帝时萧望之以关内侯给事中,刘更生以宗正给事中。成帝时辛庆忌以右将军给事中。哀帝时董贤为大司马给事中。是三公、列将军、九卿皆得加之,不止大夫、博士、议郎也。"①他明确列举了几个有代表性的官员,指出了《班表》存在的不足。《钦定历代职官表》更为深入地指出了《班表》存在的问题:"《汉书》所载膺此职者,如韦贤、匡衡、萧望之、刘向、魏相、孔霸、平当、张禹、龚胜、谷永、张敞……之类,甚众。其本职或以博士,或以谒者,或以谏大夫,或前将军,或以右将军,或以宗正,或以中大夫……盖皆如今之内廷行走,而非其官号。故自两府、九卿、中二千石、二千石,以至比六百石,皆得为之。与齐隋以降设为额阙者不同。"②据对西汉给事中加官的统计,以博士、大夫加给事中者共占71.4%,其他官加给事中者占28.6%③。也就是说"三公、列将军、九卿"皆可加给事中,可以直接朝见皇帝,"侍从左右","顾问应对"。到了东汉时期,诸常侍明确隶属于少府,少府是皇帝的大管家,在宫中办事,"掌中服御诸物,衣服宝货珍膳之属"。《后汉书》志第26《百官三》所载:"侍中,比二千石。本注曰:无员。掌侍从左右,赞导众事,顾问应对";"中常侍,千石。本注曰:宦者,无员。后增秩比二千石。掌侍左右,从入内宫,赞导内众事,顾问应对给事";"黄门侍郎,六百石。本注曰:无员。掌侍从左右,给事中,关通内外";"小黄门,六百石。本

---

① 钱大昕:《嘉定钱大昕全集·三史拾遗》,江苏古籍出版社1997年版。
② 永瑢等:《文渊阁四库全书·钦定历代职官表》,台湾商务印书馆1983年版。
③ 张岩、杨军辉:《西汉给事中考略》,《和田师范专科学校学报》2006年第4期。

注曰:宦者,无员。掌侍左右,受尚书事"。东汉灵帝时设立侍中寺,脱离少府,而成为独立机构,到汉献帝时,"初置侍中、给事黄门侍郎,员各六人。出入禁中,近侍帷幄,省尚书事"①。可见东汉侍中、中常侍、黄门侍郎、小黄门皆侍从皇帝左右,"顾问应对",取消西汉侍中、左右曹、诸吏、散骑、常侍、中常侍、给事中的加官制度,进一步规范诸常侍的职能和管理,但仍然无固定员额和具体职掌。在诸常侍中,侍中是最重要的,所以称为侍中,就是因为入殿中侍奉天子,为皇帝出谋献策,匡正失误。应劭《汉官仪》卷上说:"侍中便蕃左右,与帝升降,卒思近对,拾遗补阙,百僚之中,莫密于兹。"②西汉的侍中多为加官,赏赐给外朝职位不高的大臣,一方面提高他们的政治地位,另一方面为他们参与机密打开了方便之门。但也有不少专职侍中,长期在帝王左右,顾问应对,拾遗补阙。东汉的侍中多为专职,应对进谏是其基本职责,光武帝时侍中祭酒、骑都尉丁恭与侍中刘昆但在光武帝左右,"每事咨访焉"③;光武帝曾对侍中戴凭说:"侍中当匡补国政,勿有隐情。"④但侍中作为"使持节"之官,"喻旨公卿",常作为诏使大臣出巡地方的职衔。胡广《侍中箴》说:"皇矣圣上,神君天处,勤求俊良,是弼是辅,匪懈于位,庶工以序。昔在周文,创德西邻,勋闻上帝,赖此四臣。辛尹是访,八虞是询。济济多士,乂用有勋。文公钦若,越兴周道,亦惟先正,克慎左右。常伯常任,实为政首。降级厉王,不祗不恪,昵彼宗夷,用肆其虐,惟败天命,寇戎并作。圮坠宗绪,寝庙靡托,无曰我贤,不选至亲,无曰我仁,妄用嬖人,籍闳饰颜,秽我神武,邓通擅铸,不终厥后。中书窃命,石弘作祸,高安断袂,哀用无主,侍中司中,敢告执矩。"⑤这就是说侍中为政之首,侍从帝王,规谏献纳,关系朝政的兴衰,应选拔德才兼备的人担任。

2. 汉代帝王顾问官都是皇帝钦定的,不论职务、品级,也不问有无官爵,所重者才能,大多是博才多艺,具有"顾问应对"、"拾遗补阙"的能力,忠君报国,维护皇权,竭诚为帝王出谋献策,保障了帝王决策的质量和效率。

---

① 《后汉书》志第26《百官三》注引《献帝起居注》。
② 孙星衍等:《汉官六种》,中华书局1990年版,第136页。
③ 《后汉书》卷79下《儒林列传·丁恭传》。
④ 《后汉书》卷79上《儒林列传·戴凭传》。
⑤ 《全后汉文》卷56《胡广》。

王符在《潜夫论》中谴责某些"侍中、博士、谏议之官,或处位历年,终无进贤嫉恶、拾遗补阙",足以说明顾问官吏是顾问应对、直言切谏,对顾问官吏提出了较高的素质要求。《后汉书·朱穆传》说:"议郎、大夫之位,本以式序儒术高行之士。"又《太平御览》卷243"光禄大夫"条引《汉官解诂》说:"武帝以中大夫为光禄大夫,与博士俱以儒雅之选。"应劭《汉官仪》说:"登高能作赋,可以为大夫。感物造端才知深美,可与国事,故举列大夫。"看来,顾问官吏皆以儒术高行有才之士充任。儒者侍中大多先从博士、议郎、谏议大夫、太中大夫做起,是硕德大儒。李固在给皇帝上书中说:"一日朝会,见诸侍中并皆年少,无一宿大人可顾问者,诚可叹息。"他极力推荐起用光禄大夫周举和侍中杜乔,认为二人才谟高正,学深行直,可"访以言议"。王先谦《后汉书集解》引蔡质《汉仪》说:"侍中、常伯,选旧儒高德,博学渊懿。"可以看出侍中必须具有高尚的品德和渊博的学识。这从侍中的冠带也能看得出来。应劭《汉官仪》卷上载:"侍中金蝉左貂,金取坚刚,百炼不耗,蝉居高食洁①,目在腋下②,貂内劲悍而外温润③。貂蝉不见传记者,因物论议④,予览《战国策》乃知赵武陵王胡服也,其后秦始皇破赵,得其冠以赐侍中,高祖灭秦,亦复如之。侍中冠武弁大冠,亦曰惠文冠。加珰,附蝉为文,貂尾为饰,谓之貂蝉。"⑤《太平御览》卷944"蝉条"引崔豹《古今注》曰:"貂蝉胡服也;貂者取其有文而不焕,外柔而易,内刚而劲也;蝉者取其清虚而识时变也;在位者有文而不自耀,有武而不示人,清虚自守,识时变而动也。"⑥见于文献记载,出任侍中的名士大儒,西汉时期有孔安国、吾丘寿王、徐乐、师丹、欧阳地余,据笔者统计东汉就有59人,如郑玄、贾逵、张衡、蔡邕、荀悦、孔融、丁鸿、淳于恭等出任过侍中。诸大夫皆是名儒宿德为之人,深受帝王的宠幸。东汉初年,陇西隗嚣广置职位,郑兴止之曰:"夫太中大夫,使持节官,皆王者之器,非人臣所当置也。"胡广也说:"谏议、光禄、太中、中散大夫,此四等于古礼,皆天子之下大夫,列国之

---

① 按:《晋书·舆服志》引作"饮清"。
② 《续汉志》补注引作"口在腋下"。
③ 按:《晋书·舆服志》引"温润"作"柔缛"。
④ 按:"者"上当有"说"字,"论"当作"生"。依《续汉志》补注引。
⑤ 孙星衍等:《汉官六种》,中华书局1990年版,第136~137页。
⑥ 杨鸿年:《汉魏制度丛考》,武汉大学出版社1985年版,第53页。

上卿。"①王先谦《后汉书集解》引《齐职仪》说,谏议大夫和中大夫"皆名儒硕德为之"。东汉章帝时韦彪曾上书谏诤说:"谏议之职,应用公直之士,通才睿正,有补益于朝者,今或从征试辈为大夫。"指出了谏议之职的基本要求是公直有才。《汉书·艺文志》载:"汉兴,长孙氏、博士江翁、少府后仓、谏大夫翼奉、安昌侯张禹传《孝经》,各自名家。"《汉书·儒林传》说:"张生兄子游卿为谏大夫,以诗授元帝。"《后汉书》卷79上《儒林列传》载,曹曾"从(欧阳)歙受尚书,门徒三千人,位至谏议大夫";尹敏"初习《欧阳尚书》,后受《古文》,兼善《毛诗》、《穀梁》、《左氏春秋》","除郎中,迁谏议大夫"。博士和议郎多为通今博古的大儒,承秦制,仍有备君主顾问及参与朝议等职责,而议郎也是名儒,是皇帝左右的侍从文官,顾问奉使,职在言议,二者同出明经科,诏选谏大夫、议郎、博士、诸侯王傅、仆射、郎中令,皆取明经,如眭弘、翟方进俱以明经为议郎,而博士则必取明经,由议郎可迁补博士。据《后汉书·儒林列传》所载,曾拜为议郎的有刘昆、张驯、李育、何休、谢该、蔡玄诸人,其中除李育外其他均未为博士,但诸人皆明经大儒,堪为博士。而待诏也多为精通经术之士。《汉书·儒林传》载,张禹受《春秋左氏传》,后被太子太傅萧望之推荐给宣帝,宣帝"征禹待诏。未及问,会疾死。授尹更始,更始传子咸及翟方进、胡常。常授黎阳贾护季君,哀帝时待诏为郎"。东汉时章帝曾下诏选高才生受古文诸经,《后汉书·儒林列传》叙其事说:"诏高才生受《古文尚书》、《毛诗》、《穀梁》、《左氏春秋》。虽不立学官,然皆拉翟高第为讲郎,给事近署,所以网罗遗逸,博存众家。"据宣帝时立《穀梁》议郎讲习《穀梁》一事推之,此讲郎殆即议郎或接近议郎之职。《后汉书·灵帝经》光和三年:"诏公卿举能通《尚书》、《毛诗》、《左氏》、《穀梁春秋》各一人,悉除议郎。"正如清人张金吾所说:"两汉之制,立于学官者置博士,未立学官者,西汉曰议郎,亦曰待诏,《儒林传》所谓《穀梁》议郎尹更始,待诏刘向、周庆、丁姓是也;东汉曰讲郎,《儒林传》所谓擢高第为讲郎是也。"②据《宋弘传》载,他推荐桓谭任议郎、给事中,侍从皇帝鼓琴唱歌,宋弘知道后,就批评桓谭"欲令辅国家以道德",不让朝廷"耽悦郑声",希望能"忠正导主",随后就不让桓谭任给事中了。从

---

① 《通典》卷36《职官十八·文散官》。
② 葛志毅:《汉代的博士与议郎》,《史学集刊》1998年第3期。

文献记载看,博士为经学大师自不必论,任议郎者卢植、桓彬、何休、蔡邕、桓谭等皆为名儒,任待诏者叔孙通、东方朔、贾捐之、梁丘贺、桓谭、鲁恭、公孙弘、刘歆、蔡义、冀奉、杨雄等人皆有"材艺",为一代文士名儒。汉代帝王顾问官的主体是硕德名儒,但由于没有固定的政务,却又能侍从帝王,出入宫廷,是一种荣誉和特权,也多授予或加授予帝王的亲信、功臣和外戚,以示优宠。两汉的皇太后、皇后,妃嫔的父亲、兄弟、子侄等外戚也多任侍中、给事中、光禄大夫等顾问官。例如元帝皇后王政君的兄弟王凤、王音、王商,侄王舜、王况、王莽、王邑,外甥淳于长等,"王氏子弟皆卿大夫、侍中、诸曹,分据势官满朝廷"①;东汉和帝邓皇后兄弟邓弘、邓阊、邓骘,侄邓凤等任"侍中、将、大夫、郎、谒者不可胜数,东京莫与为比"②。尚公主者任侍中的有伏完、邓干、邓蕃、岑熙、贾建、耿良、冯柱等。功臣勋旧子弟任侍中光禄大夫的有金日䃅、张安世等人,《汉书·张汤传》说:"及(霍)禹诛灭,而安世子孙相继,自宣、元以来为侍中、中常侍、诸曹、散骑,列校尉者凡十余人,功臣之世,唯有金氏、张氏,亲近宠贵,比于外戚。"作为皇族子弟任侍中的有刘歆、刘叠等人。受皇帝宠幸的人任侍中的有董贤等人。在这些外戚、功勋、宠臣、顾问官中,有些人本来就是名儒,王凤、王商、邓骘、邓阊、王莽等人也是精通经术之士,当然有一定的参政议政能力,有些就是当世名臣,如金日䃅、张安世等人,也有参议政事能力,他们可以为帝王顾问应对,拾遗补阙;但大多数是不具备顾问应对能力的,只是作为一种荣宠,出入宫廷,侍从帝王而已。

(二) 汉代咨询顾问官的形式

汉代帝王顾问官利用"侍从帝王"之便,采用问对、上封事、参加集议等形式直接向帝王提供咨询服务,为帝王出谋献策、匡正阙失、进献谏言。

1. "问对"是汉代帝王召见顾问官帮助解决军国大政疑难问题的咨询形式。

据《汉书·孔光传》载,孔光曾任谏大夫、博士、诸吏光禄大夫,光禄勋领尚书、诸吏给事中,"凡典枢机十余年,守法度,修故事。上有所问,

---

① 《汉书》卷98《元后传》。
② 《后汉书》卷10上《皇后纪·和熹邓皇后》。

据经法以心所安而对,不希旨苟合"。就是皇帝有所问的时候,孔光都能做出正确回答,并不苟合天子之意。东汉光武帝时戴凭任侍中,"数进见问得失",帝谓凭曰:"侍中当匡补国政,勿有隐情。"凭对曰:"陛下严。"帝曰:"朕何用严?"凭曰:"伏见前太尉西曹掾蒋遵,清亮忠孝,学通古今,陛下纳肤受之诉,遂致禁锢①,世以是为严。"帝怒曰:"汝南子欲复党乎?"凭出,自系廷尉,有诏敕出。后复引见,凭谢曰:"臣无謇谔之节,而有狂瞽之言,不能以尸伏谏②,偷生苟活,诚惭圣朝。"帝即敕尚书解遵禁锢,拜凭虎贲中郎将,以侍中兼领之。桓帝时,爰延任侍中,陪从桓帝游上林苑,桓帝从容问爰延说:"朕何如主也?"对曰:"陛下为汉中主。"帝曰:"何以言之?"对曰:"陈蕃任事则治,中常侍、黄门豫政则乱,是以知陛下可与为善,可与为非。"帝曰:"昔朱云廷折栏槛,今侍中面称朕违,敬闻阙矣。"③灵帝时,杨奇为侍中,灵帝问杨奇说:"朕何如桓帝?"奇对曰:"陛下之于桓帝,亦犹虞舜比德唐尧。"帝不悦,曰:"卿强项,真杨震子孙。"④上举数例说明,顾问官吏侍从帝王,常接受皇帝的当面咨询,回答帝王提出的问题,表达自己的政治见解,匡正帝王的过错,可谓直言不讳,忠君为国。但也有用奏章的形式回答帝王问题的,顺帝时,翟酺任光禄大夫,"屡因灾异,多听匡正",注引《益部耆旧传》曰:"时诏问酺阴阳失序,水旱隔并,其设销复兴济之本。酺上奏陈图书之意曰:'汉四百年将有弱主闭门听难之祸,数在三百年之间。斗历改宪,宜行先王至德要道,奉率时禁,抑损奢侈,宣明质朴,以延四百年之难。'帝从之。"贾捐之、苏武、翼奉等人在待诏期间,就多次受到帝王的召见,"言多采用"。

2. "上书"是汉代顾问官规谏君主,表达自己政治见解的咨询形式。

顾问官职掌"论议","以言语为职",以"谏诤为官",史称"言谏官",又称"议臣",可直接给帝王上书言事,指陈朝政得失,反映民情社意,为

---

① 按:《论语》孔子曰:"肤受之诉。"注云:"谓受人之诉辞,在皮肤之外,不深知其情核也。"

② 按:《韩诗外传》曰"昔卫大夫史鱼病且死,谓其子曰:'我数知蘧伯玉之贤而不能进,弥子瑕不肖而不能退,死不当居丧正堂,殡我于侧室足矣。'卫君问其故,子以父言闻于君,君乃召蘧伯玉而贵之,弥子瑕退之,徙殡于正堂,成礼而后去。"

③ 《后汉书》卷48《爰延传》。

④ 《后汉书》卷54《杨震传》。

帝王建言献策。汉高祖刘邦令太中大夫陆贾总结秦亡的教训,陆贾写了12篇,"每奏一篇,高帝未尝不称善,左右呼万岁,称其书曰《新语》"①。贾谊由博士升任太中大夫,"文帝数问以得失",他针对当时形势,屡次上疏陈事,后集为"陈政事疏"。元帝时贡禹为谏大夫,"数虚己问以政事。是时,年岁不登,郡国多困,禹奏……自禹在位,数言得失,书数十上"②。龚胜任谏大夫、光禄大夫,"数上书求见,言百姓贫,盗贼多,吏不良,风俗薄,灾异数见,不可不忧。制度泰奢,刑罚泰深,赋敛泰重,宜以俭约先下"③。鲍宣为谏大夫,"宣每居位,常上书谏诤,其言少文多实",上书谏外戚丁、傅专权,人民水深火热④。东汉和帝时,侍中李法上疏,"以为朝政苛碎,违永平建初政事;宦官权重,椒房宠盛","又讥史官记事不实"⑤。宋登为侍中,"数上封事,抑退权臣,由是出为颍川太守"⑥。延笃任侍中,桓帝"数问政事,笃诡辞密封,动依典义"⑦。刘儒任侍中,因连续出现灾异,桓帝下诏求直言,乃"上封事十条,极言得失,辞甚忠切"⑧。陈咸18岁为郎,有异材,抗直、数言事,刺讥近臣,"书数十上,迁左曹"⑨。平当为博士,任给事中,"每有灾异,当辄傅经术,言得失"⑩。耿育在哀帝时为议郎,上书《言便宜因冤讼陈汤》,上疏《请宽赵氏》。乐恢为议郎,上书谏窦宪出击匈奴。蔡邕为议郎,在光和元年七月与光禄大夫杨赐、谏议大夫马日磾、议郎张华、太史令单飏到宫中对灵帝诏问灾异八事,他"别状"上奏,指陈朝政得失。桓谭在光武帝时为议郎、给事中,给光武帝上《陈时政疏》、《抑谗重赏疏》,撰有《新论》17卷。

3. "集议"是汉代顾问官"议论"朝政,匡正得失,提供决策议案的咨询形式。

---

① 《汉书》卷43《陆贾传》。
② 《汉书》卷72《贡禹传》。
③ 《汉书》卷72《龚胜传》。
④ 《汉书》卷72《鲍宣传》。
⑤ 《后汉书》卷48《李法传》。
⑥ 《后汉书》卷97上《儒林列传·宋登传》。
⑦ 《后汉书》卷64《延笃传》。
⑧ 《后汉书》卷67《党锢列传·刘儒传》。
⑨ 《汉书》卷66《陈万年传》附《陈咸传》。
⑩ 《汉书》卷71《平当传》。

第三章　汉代"兼听独断"的行政决策

汉代帝王在遇到军国大政需要决策时,总是亲自或委托宰相主持召开有关官吏会议,进行集体讨论,集思广益,为决策提供依据,这就是集议制度。集议是帝王决策的必经程序,据《资治通鉴》卷26"汉宣帝神爵元年"(前61年)载,"赵充国屯田奏每上,辄下公卿议"。据《东汉会要》卷22《职官四·集议》载,东汉帝王也多把需要决策的政事"下公卿详议"、"诏下公卿朝臣议"、"诏公卿、博士、朝臣议"、"事下公卿议"、"召百官议朝堂"等。根据决策的内容、范围、参加人员是和决策地点、历史阶段的不同,主要分为廷议、朝议、中外朝议、二府议、三府议、有司议和专题会议等类型。秦汉最主要的集议形式就是以丞相为首的公卿大臣会议,又称"外朝议"、"公卿议",参加人员是以丞相为首的政府官员,上至三公,下至六百石的议郎、谏大夫、博士。《汉书》卷77《刘辅传》注引孟康曰:"丞相以下至六百石为外朝也。"而帝王顾问官侍中、待诏有时也列席公卿会议。《汉官解诂》说议郎的职能是"不属署,不直事,国有大政、大狱、大礼则与二千石、博士会议"。司马彪在《续汉书·百官志》注说,"博士国有疑事,掌承问对","有大事则与中二千石会议"。朱礼在《汉唐事笺》卷3中说:"汉置大夫专掌议论,苟其事疑似而未决,则合中朝之士杂议之。自两府大臣而下至博士、议郎,皆得申其己见,而不嫌于卑尊也。"据《汉书》卷68《霍光传》、卷73《韦玄成传》载,朝廷举行的"朝议",除了丞相、御史大夫和二千石诸卿外,尚有"大夫、博士"、"博士、议郎"参加会议。甚至"待诏"也参加朝廷举行的公卿决策会议,《汉书·公孙弘传》说他任博士时,"待诏金马门,每朝会议,开陈其端,使人主自择"。汉武帝把严助、主父偃、朱买臣、东方朔等人擢为中大夫,加上给事中等称号,到宫中承明殿值班,随时召见,咨询政道,让他们参加公卿大臣决策会议,公开讨论公卿决策的优劣,为帝王决策服务。这些人为内朝官的一部分,内朝官还有辅佐帝王的司马、将军、侍中、常侍、散骑、诸吏等,在昭宣时形成了内朝集议制度,一般属朝廷机密的军政大事先在省中诸殿由内朝官集议,提出方案,然后交宰相执行,有时候中外朝还要合议,实际是对宰相为首的外朝议的一种制约。《汉书》的《王嘉传》、《萧望之传》中都有帝王把事情交与中朝讨论的事例;《后汉书·黄琼传》载,元嘉元年(151年),"桓帝欲褒崇大将军梁冀,使中朝二千石以上会议"。安帝延光二年(123年)公卿集议历法,参议人员就有太尉、侍中、博士、大行令、河南尹、尚书令等。建武二年(26年)三月,光武帝下诏议省刑罚,参加的就有中二千石、诸大夫、博士、议郎等。《后汉书》卷3《章帝纪》载,建初四年(79年),章帝"下太常、将、大夫、博士、议郎、郎官及诸儒会白虎观,讲《五经》同异",这就是白虎观会议。参加白虎观会议的就有尚书、侍中李育,大鸿胪光禄大夫、五官中郎将魏应,郎官杨终,侍中、骑都尉淳于恭,司徒太尉兼卫尉丁鸿,博士、议郎、光禄勋、侍中鲁恭,侍中、奉车都尉、太常桓郁,左中郎将、侍中、领骑都尉贾逵等人,章帝亲自参加。

(三)汉代顾问官的职能

汉代帝王顾问官的职能主要表现四个方面:一是参谋,为帝王出谋划策,提供决策方案;二是论议,审议帝王决策,驳正违失,拾遗补阙,保障决策质量;三是著述,探讨治国之道,为帝王决策提供智力和理论支持;四是出使,了解社情民意,为帝王提供决策信息。著述和出使是为参谋和论议服务的,因而参谋和论议是最主要的职能。

1. 参谋:为帝王出谋划策,提供决策方案和治国方略。

汉代帝王在遇到军国大政需要决策时总要咨询顾问官的意见,顾问官"进对陈政",建言定策,而帝王是有则改之,无则加勉。西汉著名的太中大夫贾谊、陆贾、盖宽饶等人都为帝王提供了正确的决策方案。陆贾说高祖刘邦以长治久安之策,提出了"文武并用"的治国方略,并著有《新语》,总结秦亡的教训,强调以仁政治国。贾谊二十多岁,由博士超迁至太中大夫,"诸法令所更定,及诸侯就国,其说皆谊发之"①。《汉书》卷9《元帝纪》载,初元三年(前46年),"珠厓郡山南县反,博谋群臣。待诏贾捐之以为宜弃珠厓,救民饥苦。乃罢珠厓",汉元帝正是采纳了待诏贾捐之提供的方案,作出了放弃珠厓的决策。《汉书》卷100上载,成帝在禁中设宴与赵、李诸常侍狂欢饮酒,侍中班伯正值侍从成帝,借"画纣醉踞妲姬,作长夜之乐"的屏风,力谏成帝应以史为鉴,防止"沉湎于酒"、"微子所以告去"的情况发生。《后汉书·杨厚传》载,"及至,拜议郎,三迁为侍中,特蒙引见,访以时政"。《后汉书·宋登传》载,(宋登)任侍中"数上封事,抑退权臣"。灵帝时,何休任议郎"侍从帷幄,屡陈忠言"。刘淑任侍中,"朝夕建议,竭忠于朝,补政二百余事,悉有篇

---

① 《汉书》卷48《贾谊传》。

章,朝廷有疑事,密咨问焉"①。向栩任侍中,"每朝廷大事,侃然正色,百官惮之",黄巾起义之后,他上言"颇讥刺左右,不欲国家兴兵,但遣将于河上北向读《孝经》,贼自当消灭"②。《太平御览·职官部》引谢承《后汉书》曰:"公孙晔拜博士、侍中,有疑事常使进见,问其得失,所陈皆据经依义,补益国家,深见省纳。"赵典任侍中,谏桓帝"欲广开鸿池","非所以崇唐虞之约己,遵孝文之爱人也"③。《后汉书·周举传》载:梁太后临朝,诏以殇帝幼崩,庙次宜在顺帝下。太常马访奏宜如诏书,谏大夫吕勃以为应以昭穆之序,先殇后顺。诏下公卿议。周举议曰:"殇帝在先,于秩为父,顺帝在后,于亲为子,吕勃议是也。"太后就采纳了谏大夫吕勃提出的议案。

2."论议":审议帝王政令得失,拾遗补阙,献可替否。

汉代帝王顾问官论议朝政,审议帝王决策,匡正得失,进献谏言,纠正错误,对帝王个人素质和道德也提出许多规劝和建议。《汉书·佞幸传·董贤传》载,汉哀帝置酒麒麟殿款待宠臣董贤父子亲属,侍中王闳侍宴,"王闳兄弟侍中中常侍皆在侧。上有酒所,从容视贤笑,曰:'吾欲法尧禅舜,何如?'闳进曰:'天下乃高皇帝天下,非陛下之有也。陛下承宗庙,当传子孙于亡穷,统业至重,天子无戏言。'上默然不悦"。这说明侍中、中常侍在宫中侍从皇帝,又有谏诤、匡正皇帝之职责。《汉书·匡衡传》载,在元帝时匡衡任博士、给事中,上疏言政治得失,有《上疏言治性正家》、《上疏戒妃匹劝经学威仪之则》。《汉书》卷72《鲍宣传》说,鲍宣在哀帝时任谏议大夫,当时丁、傅外戚用事,奸佞当政,权臣跋扈,民不聊生,他在《上书谏哀帝》中指出,"凡民有七亡","又有七死",其因在于"陛下取非其官,官非其人",应该罢除奸佞之臣方阳侯孙宠、宜陵侯息夫躬,任用傅喜、何武、师丹、孔光、彭宣、龚胜等博学多谋、品德高尚之贤臣,以蓄民力。《后汉书·郑兴传》载,郑兴在光武帝时任太中大夫,建武七年(31年)三月日食,他给光武帝的《日食上疏》中说,"国无善政,则谪见日月,变咎之来,不可不慎","其道务三而已。一曰择人,二曰因民,三曰从时,此应变之要也",陛下"亦留思柔克之政,垂意洪范

---

① 《太平御览》卷467《举职》。
② 《后汉书》卷81《独行列传·向栩传》。
③ 《后汉书》卷27《赵典传》。

之法,博采广谋,纳群下之策","因人之心,择人处位",不宜专用功臣①。张衡在顺帝时任侍中,在阳嘉二年(133 年)上呈顺帝《驳图谶疏》,针对当时图谶之学作为太学必读之书,他认为图谶虚妄不经,非圣人之法,有辱儒家经典,儒者争学图谶,只是作为沽名钓誉的资本,"宜收藏图谶,一禁绝之;则朱紫无所眩,典籍无瑕玷矣"②。《册府元龟》卷460《治省部·正直》载,陈禅在安帝时为谏议大夫,在永宁二年(121年)的元会上,安帝观看西域诸国音乐和杂技,他起身离席,对安帝说:"帝王之庭不宜作夷狄之乐。"秦汉帝王顾问官参加重大事务的集议,提出各种解决方案,供皇帝参考。《汉书》卷 64 上《主父偃传》载,汉武帝时中大夫主父偃建议设立朔方郡:"朔方地肥饶,外阻河,蒙恬筑城以逐匈奴,内省转输戍漕,广中国,灭胡之本也。"武帝看罢即"下公卿议",以御史大夫公孙弘为代表的公卿大臣"皆言不便",认为这是"罢弊中国以奉无用之地"。而刚任中大夫的朱买臣,起而"难诎",驳斥公孙弘等人的意见,支持主父偃的建议,于是就设置了朔方郡。《汉书·王嘉传》载,王嘉任丞相有罪,"事下将军中朝者",光禄大夫孔光等劾奏"嘉迷国罔上不道,请与廷尉杂治"。在中朝官集议的基础上,又经中外朝合议,参加者有"骠骑将军、御史大夫、中二千石、二千石、诸大夫、博士、议郎",讨论结果分为三种意见,其中有"议郎龚等以为'嘉言事前后相违,无所执守,不任宰相之职,宜夺爵土,免为庶人'"。另如《朱博传》载,朱博任丞相,有罪,"诏左将军彭宣与中朝者杂问",后又经外朝官议,参加者为"将军、中二千石、二千石、诸大夫、博士、议郎",形成两种意见,其中有谏大夫龚胜等 14 人,"以为……晏……宜与博、玄同罪,罪皆不道"。西汉京房提出"考课官吏"法,上奏天子,"上令公卿朝臣与房会议温室(师古曰:殿名),皆以房言烦碎,令上下相司,不可许。上意乡之。时部刺史奏事京师,上召见诸刺史,令房晓以课事,刺史复以为不可行。唯御史大夫郑弘、光禄大夫周堪初言不可,后善之"③。据《东汉会要》卷22《职官四·集议》载:安帝时,亶诵言当用甲寅元历,梁丰言当用"太初"历,于是"下公卿议",侍中施延等议,甲寅元历与天相应,可施行;博

---

① 严可均:《全后汉文》卷 22《郑兴·日食上疏》,中华书局 1958 年版。
② 《后汉书》卷 59《张衡传》。
③ 《汉书》卷 75《京房传》。

士黄广等人认为如《九道》法；而河南尹祉等认为《四分历》最正，不应该改；太尉刘恺等人认为，应该用《太初》历。最后经过讨论，安帝就采用了侍中施延的议案，改用甲寅元历。"熹平六年（77年），北地太守夏育请发兵出塞击鲜卑。大臣多有不同，（灵帝）乃召百官议朝堂。议郎蔡邕曰：'虽或破之，岂可殄尽。'"①"中平二年（185年），关陇扰攘，发役不供。司徒崔烈欲弃凉州。议郎傅燮进曰：'斩司徒，天下安。'尚书郎杨赞奏燮廷辱大臣，有诏问本意。对曰：'无凉州则三辅危，三辅危则京都薄矣。'遂从燮议。"②

3. 著述：探讨治国之道，为帝王决策提智力和理论支持。

汉代没有设置专门负责著述的机构和官职，著述则是帝王顾问官的职能之一，目的是研讨治国之道，更好地为帝王提供咨询服务。著述主要表现在奉帝王之旨校书、撰述。据《汉书·成帝纪》载，"光禄大夫刘向校中秘书"；《平帝纪》载"诏光禄大夫刘歆等杂定婚礼"。《后汉书·蔡邕传》载："召拜郎中，校书东观。迁议郎。邕以经籍去圣久远，文字多谬，俗儒穿凿，疑误后学，熹平四年，乃与五官中郎将堂谿典，光禄大夫杨赐，谏议大夫马日磾，议郎张驯、韩说、太史令单飏等，奏求正定《六经》文字。灵帝许之，邕乃自书丹于碑，使工镌刻立于太学门外。"这就是历史上著名的"熹平石经"。《后汉书·文苑传上·李尤传》载："侍中贾逵荐尤有相如、扬雄之风，召诣东观，受诏作赋，拜兰台令史。稍迁，安帝时为谏议大夫，受诏与谒者仆射刘珍等俱撰《汉记》。"《后汉书》《文苑列传上·王逸传》说，"顺帝时为侍中，著《楚辞章句》行于世，又作《汉诗》百二十三篇"。《汉书·儒林传·房凤传》："大司马骠骑将军王根奏除补长史，荐凤明经通达，擢光禄大夫，迁五官中郎将。时光禄勋王龚以外属内卿，与奉车都尉刘歆共校书，三人皆侍中。"《后汉书·伏湛传》附《伏无忌传》载，顺帝时侍中伏无忌与议郎黄景奉诏校定中书《五经》、诸子百家、艺术；桓帝时伏无忌又奉诏与黄景、崔寔等共撰《汉记》。献帝时令侍中荀悦依《左氏传》体撰写《汉纪》30篇。汉代帝王顾问官整理图书，校正错讹经书，促进了汉代的文化建设。

4. 出使：了解社情民意，监督地方行政，为帝王提供决策信息。

---

① 《后汉书》卷8《灵帝纪》。
② 《后汉书》卷58《傅燮传》。

汉代顾问官作为帝王近侍或者近臣,还经常被任命为持节使臣到地方巡视行政工作,这大概就是"唯诏令所使"、"喻旨公卿"。顾问官太中大夫、光禄大夫、谒者、谏议大夫、议郎都被皇帝临时差遣为出巡大使,即使以他官出巡也要冠以顾问官的身份。阎步克先生认为两汉时期只有加上"大夫"号奉使出差才算名正言顺①,这可能因为他们是代表王权,不受其他行政部门的干预,独立行使职权,能更好地了解民情,监察地方行政工作。其职责一是检查地方赈济灾民工作。《汉书·成帝纪》载,"遣光禄大夫博士嘉等十一人行举濒河之郡",赈济灾民。《汉书·哀帝纪》载,河南、颍川郡水灾,"遣光禄大夫循行举籍",救济灾民。《后汉书·安帝纪》载,三次遣光禄大夫"分行"、"循行"、"案行"灾民。《后汉书·顺帝纪》有三次遣光禄大夫"案行"灾民。其职责二是检查地方行政工作的优劣,奖勤罚懒。《汉书·元帝纪》载,"遣光禄大夫褒等十二人循行天下,存问耆老、鳏、寡、孤、独、困乏、失职之民,延登俊贤,招显侧陋,因览风俗之风"。这是观察社会风俗,抚贫招贤。据《后汉书·周举传》、《后汉书·顺帝纪》和《后汉书·杜乔传》载,汉顺帝遣侍中杜乔,光禄大夫周举,守光禄大夫周栩,前青州刺史冯羨、尚书栾巴、侍御史张纲、兖州刺史郭遵、太尉长史刘班并守光禄大夫,"分行州郡,班宣风化,举实臧否","其刺史、二千石赃罪显明者,驿马上之;墨绶以下,便辄收举。其有清忠惠利,为百姓所安,宜表异之,皆以状上"。这八使"皆素有威名者","天下号曰八俊",其中周举"劾奏贪猾,表荐公清,朝廷称之"。《后汉书·献帝纪》和注引袁宏《汉纪》曰,三辅大旱,献帝使侍御史侯汶开仓赈济灾民米豆,给灾民做粥,但数天之后仍有灾民饿死,献帝令侍中刘艾取米豆做粥,证明侯汶做粥时偷工减料。于是,献帝"使侍中刘艾出让有司","诏尚书曰:'米豆五升,得糜三盂,而人委顿,何也?'","于是尚书令以下皆诣省阁谢,奏收侯汶考实","自是之后,多得全济"。这是侍中作为帝王的特使对尚书台工作的监督。帝王顾问部官还有持节出使外族的,还有奉命率军出征的,还有奉命参与大案审议的,还有奉命赏赐功臣贵幸的,都是帝王诏命所使。

---

① 阎步克:《品位与职位——秦汉魏晋南北朝官阶制度研究》,北京大学出版社2000年版,第204页。

(四) 汉代顾问官的作用

1. 加强了行政权力制约与监督,保证了帝王"兼听独断"。

汉代确立了君主专制主义中央集权制度,地方权力集中到中央,中央的权力集中到君主,君主拥有至高无上的权力,但君主不可能一个人治理国家,这就需要设官分职,各负其责,这就是中央的三公九卿制度。在三公九卿制度中最重要的是宰相(三公)制度,皇帝既要保证独断朝政,又要兼听大臣意见,防止奸臣专擅朝政。帝王就要依靠以宰相为首的三公九卿辅佐治理国家,而宰相定员,是国家政治体制中法定的最高行政长官,不仅有参议决策权,而且拥有行政执行权,指挥行政机关,总理国家行政事务。为了避免宰相专断朝政、王权旁落的现象出现,秦汉帝王就通过设立侍从顾问官吏和机构来调节与以宰相为首的中枢行政机构的关系,制约和监督中枢行政的权力,以便帝王独揽朝政。在帝王的侍从顾问官中主要有宦官、外戚、佞幸和文人学士,而以文人学士为主体的顾问咨询人员在秦汉时期是有制度和法令依据的,在《汉书》和《后汉书》中有明文规定,光禄、谏议诸大夫,侍中、散骑诸常侍,"顾问应对"、"侍从帝王"、"应对"、"言议",专职议论朝政,拾遗补阙,保证了帝王顾问官的咨询职能作用的发挥。正是由于顾问官知无不言、进献谏诤的"谋",使帝王能够"兼听"大臣意见,集思广益,制约和监督了以宰相为主体的议政决策权力,才提高了帝王"独断"朝政的能力,弥补了皇帝"专制"的缺失,维护了君主专制制度。秦、西汉初年设丞相为正宰相,御史大夫为副宰相,二府互相制衡,构成了中央决策中枢机构,凡军国大政由丞相与百官议定,上奏皇帝取旨,御史草诏转交丞相府执行。但到了汉武帝时期,擢拔许多贤良之士兼任侍中、给事中、尚书等帝王顾问官,出入宫廷,参与决策,分割了以宰相为代表的中枢行政机构的决策权,加强了对以丞相为首的外朝官的制约与监督。宫中替皇帝管理书籍文墨的小官——尚书取代了中枢机构御史的草拟诏书、批答奏章和出纳帝令的权力,而且权力不断扩张,外化为中枢行政机构,到东汉就成为全国的最高政务机构,与宰相三公相制衡。《通典》卷21《职官三》说,"则丞相府乃宣行尚书所议之政令耳,而尚书非丞相之司存焉"。而随着尚书台外化为行政中枢机构,帝王又设侍中,侍从皇帝左右,顾问应对,平议尚书奏事,东汉时侍中与给事黄门侍郎组成侍中寺,出入禁中,省尚书事,就是说侍中寺的侍中监督尚书台的行政工作。汉武帝盛世的出现,昭宣之治局面的出现,光武、明章之治局面的出现都与帝王充分发挥顾问官的咨询参谋作用有密切的关系。就是到了东汉后期,政治腐败,外戚侍中和儒者侍中还对政局起到一定的作用,窦武与陈蕃谋除宦官,儒者侍中刘瑜就起不少作用,他上书太后请"急防"奸人(宦官),并致书窦武等人"宜速断大计",又承担内奏之责,直接上达收捕曹节等人之请①,因为侍中有直接奏事权,不致泄密和受阻。总之,汉代帝王顾问官制度在一定程度上起到了"进贤嫉恶"、拾遗补阙、匡正朝政、维护君主专制的作用。

2. 沟通帝王与知识分子的关系,为知识分子参政、议政和文化建设提供了制度保障。

汉代帝王顾问官制度,也为儒家知识分子提供了参政议政、跻身行政中枢的政治保障。西汉有不少儒学大师就是通过待诏、议郎、博士、谏议大夫、光禄大夫、侍中、给事中等途径而致位公卿的,西汉的公孙弘、孔光、贡禹、翟方进、鲍宣、龚胜,东汉的郑弘、杨秉、杨赐、刘宽、杨彪都是由顾问官而成为高层儒者官僚集团的一员。而顾问官又是著名的儒学大师,他们对经学都有精深的研究,又参加校书,撰写史著,不但总结了历代治国的经验,丰富了政治智慧,促进了政治文明建设,而且推动了中华文化的发展,为中华文化作出了极大的贡献。

3. 对汉代以后的君主专制政治制度的完善和发展起到了奠基作用。

汉代待诏官到魏晋南北朝时期就发展为学士,在宫中某殿待诏,等候帝王咨询,到唐宋时期除了有待制官之外,学士待诏翰林院,成为翰林学士,一直到明清的内阁大学士和军机处大臣也都是在宫中某殿阁待诏,等待帝王召见咨询。这些皆是承秦汉帝王顾问官之制,为兼官,在宫中值班,不论职品高低,只问才能德行。而秦汉的谏议大夫、给事中到唐宋以后却成为专职谏官,封驳帝王诏命,审议帝王决策。而秦汉的侍中到魏晋隋唐成为三省之一的门下省的长官,专职审查帝王决策。由此可见,汉帝王顾问官制度对中国古代君主专制政治制度的影响是很大的②。

---

① 《后汉书》卷69《窦武传》。
② 刘太祥:《中国古代帝王顾问制度》,《南都学坛》2009年第1期。

四、监督系统

汉代设置监督系统对行政决策和执行决策进行监督检查,并帮助决策系统实现自我调节,以保证正确决策、指令贯彻执行和决策目标的顺利实现。

(一) 对决策过程的监督

决策机关和审议机关互相监督,主要是审核章奏和诏令的违失,确保决策无误。秦汉时期丞相府(司徒府)、御史(司空)府、太尉府为行政决策的中枢,它们之间既分权制约又互相合作。《后汉书》志第24《百官一》"太尉"条下说:"凡国有大造大疑,则与司徒、司空通论之;国有过事,则与三公通谏净之。"可见,三公对行政决策的优劣是要共同负责的,而尚书台对三公的决策有权进行监督。据《后汉书》卷39《刘般传》附《刘恺传》载,太尉马英、司空李郃为讨好大将军邓骘,解除了犯罪的邓氏党羽、征西校尉任尚的禁锢,"后尚书案其事,二府并受谴咎"。同书卷67《范滂传》载,桓帝时令举谣言,"尚书责(太尉府掾范滂)所劾猥多,疑有私故"。少府设立的侍中寺,不但侍从皇帝左右"顾问应对",而且还对尚书台的行政决策进行监督,参与皇帝的行政决策,这就是"省尚书事"。而三公府对尚书依决策结果起草的诏书也拥有封驳权,甚至拒绝执行。这样,决策中枢机关互相制衡,保证了决策正确。

(二) 对决策执行的监督

行政执行机关内部和上下级之间互相监督,行政组织内部设有专司监督行政执行工作的官吏。秦汉的丞相府内设有司直、郡府设督邮、县衙设廷掾监督本级行政组织内和下级行政机关在行政决策执行过程中出现的稽缓和违失,目的在于提高行政管理的质量和效率。

(三) 对决策执行效果的监督

汉代的御史大夫寺是中央行政监察机关,在地方设州刺史,实行垂直领导,不受行政部门的干预。作为皇帝耳目之司的行政监察机关,对各级行政部执行决策的政令情况及时反馈到中央,检验决策的正确与否,修正和调整行政决策。其行政监察的方式和手段,一是弹劾,二是纠举,三是纠正,四是审计,五是视察(包括巡视和调查),主要是深入实际行政工作中去,检查执行决策的结果。汉代皇帝还时常派遣大使代表王权,了解民情及官吏的为政优劣,一方面检验决策的正确与否,另一方面为中央调整行政决策提供依据。

五、执行系统

汉代的执行系统比较完备。全国最高行政执行机关是丞相府、司空府和太尉府。行政事务机关九卿分别隶属于三公府,三公府对行政执行过程中违法失职的官吏奏请处以极刑或免其职,但三公无权下令九卿,政令是以皇帝诏令的形式下达九卿的,然后监督他们的执行情况;政令大多由制令机关御史大夫寺(尚书台)发到三公府,三公府下达到郡,郡下达到县,县下达到乡。上级机关对下级机关通过上计和信息传递的形式进行行政监督,发现问题及时反馈,为决策或调整决策提供依据。由皇帝决策交尚书起草的诏令,也要由三公府的长官严格审查后方可下达到中央和地方各级机关贯彻执行,如果认为决策不当,可以封还诏书,拒绝执行。据《汉书》卷86《王嘉传》载,嘉被任命为丞相,哀帝想封宠臣董贤,"心惮嘉,乃先使皇后父孔乡侯傅晏持诏书视(示)相、御史,于是嘉与御史大夫贾延上封事(反对)"。哀帝只得暂罢此事,数月之后,哀帝找了一个有力的理由下诏封董贤为侯,王嘉等人没有反对,可当哀帝此后又增封董贤时,诏"下丞相、御史……嘉封还诏书"。东汉后期,皇帝下诏令急捕党人"案经三府",(太尉)陈蕃却之曰,"今所案者,皆海内大誉,忧国忠公之臣……","不肯平署"①。这就是拒绝执行捕党人的诏书。可见,行政执行系统不仅贯彻执行皇帝的决策,而且还参与决策,监督决策,在执行过程中通过信息反馈检验决策,为决策提供必要的信息。

从以上汉代行政决策的体系来看,决策依据丰富的信息,集体讨论,兼听独断,分级执行,独立监督,互相制衡,及时反馈,不断调节,形成了较为严密的决策组织体系。

---

① 《后汉书》卷67《党锢列传·李膺传》。

第二节　汉代中央行政决策的类型

汉代中央采取了多种类型的决策形式，全面地听取群臣的意见，充分地调动百官参与决策的积极性，为皇帝独断决策提供了充足、可靠的依据。根据决策的内容、范围、参加人员和决策地点、历史阶段的不同，汉代决策的形式可分为廷议、朝议、中外朝议、二府议、三府议、有司议和专题会议等类型。

一、廷议决策

廷议就是皇帝临时召集公卿百官在朝廷讨论国家政务、决定方针政策的大臣会议。廷议决策肇始于秦朝。据《史记·秦始皇本纪》载，当时有两件大事，让大臣们讨论决定：一是议帝号，议论的结果是创立了皇帝制度；二是要不要实行分封制度，议论的结果是"置诸侯不便"，于是"分天下以为三十六郡"。汉初沿袭秦制，朝廷大政方针交付廷议决定。武帝以后，更具特色的则是中外朝议决策。

二、朝议决策

朝议是群臣朝见君主时商议国家大事的例行决策会议，汉孝宣帝定五日一听事制度；东汉光武帝则每旦视朝，日侧乃罢。这是通常听政受事的小朝。汉代还有在十月朔和岁旦定期举行的大朝，受王侯百官郡国上计以至边疆少数民族首领的献纳与朝贺。汉武帝时，又有中外朝议。西汉朝议多在未央宫诸殿举行①。东汉朝议多在朝堂举行②，是比较大型的群议决策形式，朝堂会议是对朝议的发展。

---

① 《汉书》卷10《成帝纪》建始元年（前32年）"未央宫殿中朝者坐"，服虔曰："公卿以下朝会坐也。"师古曰："朝臣坐之，在宫殿中者也，服说是也。"

② 《潜夫论·救边》汪纪培笺。

三、中朝议决策

中朝又称内朝。汉武帝始有内外朝之别。内朝议是皇帝将一些重大机密问题交由身边的近臣——中朝官进行讨论决定。《汉书》卷77《刘辅传》注引孟康曰:"大司马,左、右、前、后将军,侍中,常侍,散骑,诸吏为中朝。"武帝还擢严助为中大夫,后得朱买臣、主父偃、东方朔等并安置在自己身边,常"令助等与大臣辩论,中外相应以义理之文"①。武帝还开始让严助、主父偃等人到承明殿值班,参与决策。据《汉书》卷81《孔光传》载,皇帝还将国家的一些元老重臣引入内宫与中朝官一同商议决策;《汉书》卷19《百官公卿表》载,皇帝给专掌议论的议臣加上给事中等官号,即可到宫廷内参与决策,"给事中亦加官,所加或大夫、博士、议郎,掌顾问应对,位次中常侍"。钱大昕亦曰:"博士非中朝臣,加给事中即中朝矣。"②我们把限于在皇帝身边的近臣以及由皇帝指定人省(即宫廷)中的心腹大臣范围内的群议决策称之为中朝议决策,这种决策形式在省中诸殿进行,一般属朝廷机密,参议决策者不得泄密。

四、外朝议决策

外朝又叫外廷。《汉书》卷62《司马迁传》载:"乡者,仆亦尝侧下大夫之列,陪外廷末议。"外廷即所谓的外朝。参加外朝决策会议的官员就是以丞相为首的政府官员,上至三公,下至六百石的议郎、谏大夫、博士③。列席会议的还有中朝官员以及特邀人士,如侍中、待诏、学者、致士大臣等。据《汉书》卷64下《贾捐之传》载,元帝时,贾捐之待诏金马门,曾参与公卿决策会议。另据《后汉书》卷3《章帝纪》载,建初四年(79年),太学生和儒学大师均参加了白虎观会议。外朝决策会议由丞相、御史大夫或皇帝亲自主持,会议地点在宫中诸殿或丞相(司徒)府。《后汉书》志第2《律历中》中说,"以群臣会司徒府议",《百官志》注引

---

① 《汉书》卷64上《严助传》。
② 王先谦:《汉书补注》引钱大昕语。
③ 《汉书》卷77《刘辅传》注引孟康曰:"丞相以下至六百石为外朝也。"

《周礼》"有外朝",干宝注曰:"《礼》,司徒府中有百官朝会殿,天子与丞相决大事,是外朝之存者。"

五、二府议、三府议、四府议、五府议决策

汉代太傅、丞相、御史大夫、太尉、大将军等都曾先后开府治事,史书所载的二府议以及三府议、四府议、五府议,就是在这些公府中商议国家大事的决策会议①。

二府议:即丞相、御史府议。汉宣帝元康二年(前 64 年),张敞上书要求行赎罪之法,事下有司,然后又复下其议两府②。据《汉书》卷 83《薛宣传》载,谷永在推荐薛宣的奏章中也提到两府,颜师古注曰:"两府,丞相、御史府也。"皇帝每有国家军政大事也常"亲幸其殿"商议决定。

三府议:汉代丞相、太尉、司空设立的府署合称三府,其议为三府议。东汉建武二十八年(52 年),北匈奴遣使进贡并乞和亲,于是"章下三府议酬答之宜"③。

四府议、五府议:汉代以大将军府、太尉府、司徒府、御史府为四府④,加上太傅府为五府⑤,其议分别为四府议,五府议。据《后汉书》卷 57《刘陶传》载,桓帝时有人上书宜改铸大钱,"事下四府群僚"商议决定。

六、有司议决策

有司议是在中央各主管部门内部进行的专门讨论各自分管工作的决策会议。据《汉书》卷 6《武帝纪》载,元朔五年(前 124 年),关于是否设博士弟子的问题,就是经有司议——太常议决定的。太常是九卿之一,主管宗庙、礼仪,博士是它的属官,所以博士弟子的设置就由太常主

---

① 王鸣盛:《十七史商榷》卷 33《汉书十七》。
② 《汉书》卷 78《萧望之传》。
③ 《后汉书》卷 1《光武帝下》。
④ 《后汉书》卷 27《赵典传》。
⑤ 《后汉书》卷 32《樊准传》。

持讨论决定。有司决策会议由主管部门长官主持,如议刑狱,例由廷尉主持,讨论水利问题则由司空主持。汉平帝时,司空掾桓谭曾被授权"典议"①。有司议的议题是由皇帝指定的,多属一般性的政务决策。丞相总理百官,统辖九卿,因此丞相也往往参加有司议,甚或在丞相府中进行②。皇帝也往往赴会监听,如汉元帝初元元年(前48年)珠涯郡反叛,连年不定,于是"上与有司议大发军"③即为明证。有司议所决策的问题因专业性较强,所以参议人员一般都限于本部门的官吏。据《汉书》卷59《张汤传》载,武帝时廷尉张汤决大狱,"乃请博士弟子治《尚书》、《春秋》,补廷尉史,平亭疑法奏谳疑",在廷尉的属下有许多监、掾、史作为参议员。

七、专题会议决策

专题会议是对国家某项重大政策问题进行广泛讨论的决策会议。据《汉书·昭帝纪》载,汉昭帝在始元六年(前81年),下"诏有司问郡国所举贤良、文学、民所疾苦,议罢盐铁榷酤"。这是对是否继续推行汉武帝的盐铁政策的讨论决策。另外,还有关于立儒经博士、评论经传异同等的专业性决策会议,如石渠阁会议、白虎观会议等。它的特点是,所要决策的内容带有国家重大政策性问题,间或也有学术问题,参议人员比较广泛,如白虎观会议,有文可考者就有数十人,其中有今、古文学家、儒生、太学生参议。盐铁会议也有贤良、文学参议。而且,这种专题决策会议持续的时间一般比较长。

从上述汉代中央决策的类型看,不同的决策形式规定了不同的决策内容和参加人员,有经常性的决策形式,也有临时性的决策形式,既便于皇帝广泛听取百官的意见,又利于皇帝严格控制决策大权,保证了决策的质量。

---

① 《汉书》卷29《沟洫志》。
② 《后汉书》志第2《律历中》。
③ 《汉书》卷64《贾捐之传》。

第三节 汉代中央行政决策的特点

汉代中央行政决策体制主要有以下四个基本特点。

一、决策组织机构比较合理

汉代中央行政决策设置了决策机构、审议机构、监督机构、执行机构等，各机构内设置了专职的参议决策人员，明确地规定了决策者和参与决策者的职责权限，各机构在决策中既互相配合，又互相制约，互相监督，从组织机构上保证了行政决策的质量和效率。

二、决策按一定程序运行

汉代举凡立君、立储、宗庙、郊祀、典礼、分封、爵赏、法制、经济、军事等一切军国大事的决策，一般先由各部门或大臣提出问题，上奏皇帝，皇帝据奏折拟定决策方案或由皇帝的咨询人员提出决策方案，再经丞相（司徒）主持的百官会议讨论，对决策方案进行论证分析，由丞相（司徒）把讨论的结果上奏皇帝，皇帝批示后转决策中枢御史大夫寺（尚书台）拟制诏书，经审议机关进行审查后，交丞相（司徒）府下达到各级行政部门执行。不经过群臣讨论、尚书起草诏书、宰相下达执行等程序就是非法的，百官可以拒绝执行不合程序的中央行政决策。这样较为严格的决策程序，减少了决策的随意性。

三、决策有一定的法律制度作保障

汉代中央行政决策会议是法定的，所有的军国大政方针都要经过决策会议讨论。据《资治通鉴》卷26"汉宣帝神爵元年"（前61年）载，"赵充国屯田奏每上，辄公卿议"。而且，廷议和朝议是按法定时间进行的，参加决策会议的人员也是法定的，一般来讲，议臣和行政首脑是必须参加的。决策会议的内容由皇帝决定,决策会议由皇帝或皇帝责成宰相或皇帝委派其他心腹之臣主持。决策的程序也是法定的,任何人不能违背。决策实行严格的责任制,不论哪一个环节出现问题有关人员都要负责任,还要严惩违法失职者。行政决策法制化,保证了行政决策工作的正常有序进行。

四、决策活动有一定的民主性

汉代中央行政决策过程中,皇帝采用多种形式,尽可能让决策者和决策参与者广泛发表意见,参加决策会议的人员少者几人或十几人,多者可达几百人,有时对决策的问题甚至争论很长时间。据《汉书》卷83《朱博传》载,西汉建平二年(前5年),左将军彭宣奏朱博等"失礼不敬",请诏博士等诣廷尉诏狱,制曰:"将军、中二千石、二千石、诸大夫、博士、议郎议。"于是,参议官蟜望等44人表示赞同,谏大夫龚胜等14人则提出异议。决策会议中群臣对决策方案互相辩论,常呈现出"议论讙哗"的场面,有时为一个问题要经过四五个回合的争论。据《汉书》卷52《韩安国传》载,汉武帝时群臣讨论对匈奴和战的问题,御史大夫韩安国、大行王恢舌战四个回合,才见分明。有关部门的决策会议争执不下时,还要升级到更大的范围内讨论。如《汉书》卷78《萧望之传》载,汉宣帝时,京兆尹张敞建议犯罪人入谷西北八郡以赎其罪,有司意见分歧,"于是天子复下其议两府"。皇帝决策时,对群臣的意见只要持之有故,言之成理,即便是个别人的,不论职务高低都可接受并作出最终决策。如秦始皇初并天下,丞相王绾等请封诸王子为王,始皇下其议于群臣,在争论当中"群臣皆以为便",唯有廷尉李斯独持异议。秦始皇认为"廷尉议是",没有实行分封制①。汉武帝时,中大夫主父偃建议:"朔方地肥饶,外阻河,蒙恬筑城以逐匈奴,内省转输戍漕,广中国,灭胡之本也。"武帝看罢主父偃的奏章,"下公卿议",以御史大夫公孙弘为代表的公卿大臣们"皆言不便",认为这是"罢弊中国以奉无用之地"。而刚任中大夫的朱买臣,起而"难拙",驳斥公孙弘等人的意见,支持主父偃的

---

① 《史记》卷6《秦始皇本纪》。

建议,于是就设置了朔方郡①。皇帝决策广泛征取群臣意见,充分调动了群臣参与决策的积极性、主动性和创造性。

综上所述,秦汉中央行政决策体制,确保了皇帝在决策时"兼听独断","兼听"就是听取各方面的意见,以防臣下蒙蔽,"独断"可以防止大臣专权,在一定程度上减少了决策的失误。但是在秦汉君主专制主义集权制的时代,由于阶级利益和决策方式的局限性,决策制度是很难完全执行的,决策的失误也是经常的、大量的,即令秦皇汉武这样有名的帝王也不可避免地走向专制独裁。一般来讲,在皇帝清明、大臣贤良的情况下,决策制度能较好地执行,弥补了皇权专制的弊端,使决策比较符合实际,导演出了一幕幕大治昌盛的社会局面。即使皇帝不怎么精明,参与决策的大臣确有才能,决策制度坚持得好,同样也可作出正确的决策,难怪乎秦汉时期有不少帝王年幼无知,有的甚至连年居深宫不见百官,而社会照常大治安定,这就是决策者能按决策的程序和制度进行决策的结果。当权臣当道、外戚执要、宦官擅政、皇帝昏庸无道之时,决策制度遭到破坏,更谈不上执行决策制度。决策往往以决策者个人的意志为转移,使决策随意性很大,造成决策失误,祸国殃民。例如,秦二世时,赵高专权,指鹿为马,决策错误,枉杀了不少忠义有才之臣,终于导致秦末社会大乱。东汉末年,党人清风亮节,革新政治,惩贪倡廉,而皇帝从宦官权臣那里得到的却是党人"诽讪朝廷"、"疑乱风俗"的信息,导致皇帝作出"禁锢党人"的错误决策,使东汉王朝的政治更加腐败,加速了东汉王朝的灭亡。

---

① 《汉书》卷64上《主父偃传》。

第四章　汉代优质高效的行政执行制度

汉代的行政执行，一是讲究行政质量，二是注重行政效率，坚持文书行政和依法行政的原则，按照法定权限和程序行使权力、履行职责，提高行政办事的质量和效率，形成了行为规范、有章可循的行政执行制度和责任明确、高效执行的执行机制。

第一节　汉代文书行政

文书是汉代君主专制体制下官僚行政的重要手段，既是传达军国政令、通报行政执行情况的工具，又是开展行政工作的依据，具有法律凭证的作用，反映了行政的运作机制和职能。史称汉代"以文书御天下"①，也就是"以文书行政"②。行书就成为汉代行政执行工作的重要形式。《秦律十八种·内史杂》："有事请殹（也），必以书，毋口请，毋羁

---

① 《论衡·别通》。
② ［日］永田英正著，张学锋译：《居延汉简研究》，广西师范大学出版社2007年版，第308页。

(羁)请。"就是下级向上级申请办事、汇报工作要用文书,上级的政令传达到下级要用文书,下级执行上级的文书要有详细的记录,并把执行的结果向上级报告,作为上级检查的依据,上级对下级申报的文书,要依法审批,在行书的过程中上级通过审批和检查各类文书的运作情况,了解行政执行效果,检举揭发官吏违法失职行为,追究其责任。出土简帛资料中《行书律》是关于传递文书的法律,对行书的审核、封署、传递形式、程限要求、违法处罚措施等有明确的规定。汉代文书管理制度初具规模,建立了文书工作的体系,在有关文书的名称、种类、制订、处理程序、发布、执行、工作原则等方面形成了严格的制度和机制,保证了文书的质量和传递的效率。

一、文书的种类

汉代根据文书的不同性质和用途规定了不同的种类和名称,从国家机器运转这个角度看,主要分为下行和上达两大类,这种划分可显示出行政管理系统的等级机构和权力运行的指向。

(一)下行文书:行政命令

汉代中央政令下行的主要形式是以皇帝名义发布的各种诏令,其次是诸公卿府的行政指令——府书也具有相当效力。下达地方指导行政的诏令从内容上大致可分为三类。一是施政方针的推行与变革。如文帝二年下重农诏,和帝诏刺史、二千石"详刑辟,理冤虐,恤鳏寡,矜孤弱"①等。这类诏书为数众多,目的多在于敦促地方官清正廉洁,轻徭薄赋,治狱公正。二是中央以诏书的形式对地方行政、司法、军事等较重大政务下达具体命令。三是皇帝有时使用玺书对某个地方官员加以褒奖或斥责。诏书的下行,在正常情况下多由御史大夫下丞相,再由丞相府下郡国守相,然后经郡国逐级传达到县、乡基层。诏书多数要求吏民尽知,所谓"布告天下,使明知朕意"者。汉文帝时贾山谈到的"臣闻山东吏布诏令,民虽老羸癃疾,扶杖而往听之"②,就是这一制度的反映。近年在四川省昭觉县好谷乡发现数块东汉石表,据推测当地曾是公布

---

① 《后汉书》卷4《孝和帝纪》。
② 《汉书》卷51《贾山传》。

诏令、立碑记事的重要场所①。但内容涉及机密的诏书则不许泄露和公之于众,违犯者要被治罪。武威东汉简第13号"流槐丞彭祖,坐辞讼以诏书示之众"②即较好的例证。中国历史上正式的制诏之制起于秦代,先秦各类文书似无定制,及秦兼并天下,中央一级始规定,凡以皇帝名义下达之文书,"命为制,令为诏"③,所谓"制诏",蔡邕认为:"制书,帝者制度之命也,其文曰制。诏,诏书。诏,诰也。"④张守节指出:"制诏三代无文,秦始有之。"⑤这是正确的。如淳也说:"诏,告也,自秦汉以下,唯天子独称之。"⑥这种严格的诏书制度沿用后世,连绵二千余年,其间虽有易名,但性质未变。自秦汉以后"天子之言,一曰制书,二曰诏书,制书者,谓为制度之名也"⑦。诏书者告白天下之令也,二者名称不同,用法略异。西汉中晚期,制诏之制又有所发展,据《汉制度》载,这时天子大权独揽,文书繁多,其内容已非制诏所能包括,因而重新规定,"帝之下书有四:一曰策书,二曰制书,三曰诏书,四曰诫敕。策书者,编简也,其制长二尺,短者半之,篆书,起年月,称皇帝,以命诸侯王。三公以罪免,亦赐策,而以隶书,用尺一木,两行,唯此为异也。制书者,帝者制度之命,其文曰制诏三公,皆玺封,尚书令印重封,露布州郡也。诏书者,诏,告也,其文曰告某官云,如故事。诫敕者,谓敕刺史、太守,其文曰诏敕某官。它皆仿此"⑧。然而,如今对诏令类文书从史籍中很难窥其全貌,更无法了解其格式。据考古发掘证明,诏书一般由三部分内容构成,前一部分称为"奏",书奏报下诏的部门及主要官吏姓名,第二部分为"诏书敕"是该诏书的主要内容,第三部分是诏书下行于内外官署的例文。

中央丞相、御史大夫等公卿也可根据职权范围向地方发布具体行政

---

① 文物编辑委员会:《文物考古工作十年(1979—1989)》,文物出版社1991年版,第257页。
② 《文物》,1993年第10期。
③ 《史记》卷6《秦始皇本纪》。
④ 《史记》卷6《秦始皇本纪》集解注引,正义注引。
⑤ 同上。
⑥ 《汉书》卷1《高帝纪》注解。
⑦ 《汉书》卷3《高后纪》颜师古注;《汉书》卷99《王莽传》。
⑧ 《后汉书》卷1《光武帝纪》注引;《后汉书》卷16《邓骘传》。

指示——府书,地方官员同样必须予以执行。文献中这一方面的记载相对较少,但可以借助简牍中有关这方面记载的材料。(1)丞相府。丞相"入则参对而议政事,出则监察而董是非"①,这是秦汉政治体制运行的枢纽。地方政务多需申报丞相府,相府也常下府书对地方行政加以指导。如《居延新简》:"酒泉太守府移丞相府书曰:太守迎卒受兵。"(E.P.T53:63)②汉代的丞相府书,在唐、宋发展成为堂帖子、堂札子。北宋沈括说:"唐中书指挥事谓之堂帖子。曾见唐人堂帖,宰相签押,格如今之堂札子也。"③北宋初年赵普担任宰相,据称"其堂帖势力重于敕命"④。(2)大司农府。大司农分管财政,在地方设有许多直属的分支机构,也经常和地方政务发生联系,郡府接受大司农指示很多。如《居延新简》:"阳朔三年正月尽十二月,府移大司农部掾条。"(E.P.T52:470B)(3)宗正。宗正职掌皇族事务,由于疏宗散居各地,因而也时常下府书于州郡。如甘谷汉简第47号简说:"郡国太守、都尉写移书到,检案奉行,右言被书后如宗正府书、律令。"⑤(4)少府。如《居延新简》:"三月乙丑,右扶风顺守丞下右辅都尉丞,扶风厩宗正、少府左书到言。"(E.P.T52:413)(5)大鸿胪。大鸿胪下达到地方的指令在汉简中也有发现,如居延汉简:"胪野王、丞忠下郡右扶风、汉中、南阳、北地太守,承书从事,下当用者,以道次传。"⑥(203·22)野王当为冯野王,"京师称其威信,迁为大鸿胪"⑦,故推知"胪"字前当有"大鸿"两字。(6)廷尉。廷尉主司法,地方要将不能定罪量刑或无法统一的案件上报廷尉,时称奏谳。廷尉处理后再以廷报的形式下达地方官府执行,对疑罪则判明

---

① 《后汉书》卷46《陈忠传》。
② 甘肃省文物考古研究所、甘肃省博物馆、文化部古文献研究室等:《居延新简——甲渠候官与第四燧》,文物出版社1990年版。下文凡用 E.P.T/E.P.F 引用的简文均见该书。
③ 《梦溪笔谈》卷1《故事》。
④ 《宋会要》"职官一"之71,又见《续资治通鉴长编》卷40。
⑤ 李均明、何双全:《散见简牍合辑》,文物出版社1990年版。
⑥ 谢桂华、李均明、朱国炤:《居延汉简释文合校》,文物出版社1987年版。下文凡是用阿拉伯数字引用的简文均见该书。
⑦ 《汉书》卷79《冯奉世传》。

是否有罪,对量刑不统一的则加以明确,对律有明文不当谳的则予以驳回①。

地方行政机关的下行文书史书记载不详,据余英时先生《士与中国文化》一书认为,汉代郡县长官所颁布的教令而分条列举者,称为条教,条教具有法律效力,任何人不能违犯②,秦汉地方机关下行的文书,还有府书,指太守府或都督府下达的文书与批转的上级文书;檄书,即用于征召、晓谕、申讨等特急情况文书的下达;举书,记,检举揭发下级行政机关及官吏违法失职行为等。我们以府下檄书为例说明地方行政机关下行文书的特点及格式:

  得,仓丞吉兼行丞事,敢告部都尉卒人。诏书:清塞下,谨候望,备薰火,虏即入,料度可备中,毋远追,为虏所诈,书已前下。檄到,卒人遣尉、丞、司马,数循行,严兵□(12·1A)。

  □禁止行者,便战斗具,驱逐田牧畜产,毋令居部界中。警备,毋为虏所诳。利且课,毋状不忧者劾,尉丞以下,毋忽如法律令。敢告卒人/掾延年、书佐光、给事□(12·1B)。

  都尉事、司马丞登行丞事,谓肩水候官,写移檄到,如太守府檄书、律令/卒史安世、属乐世、书佐延年(12·1C)。

  □行曹谓□□□候长充宗,官写移檄到,警备□□门□,毋为虏所乘□,毋忽如律令(12·1D)。

这一木觚以A、B面为主,乃张掖太守督饬下属严肃执行诏书烽火警备的檄文。文自称"檄"、"太守府檄"。C、D面分别是太守下级肩水都尉和都尉的下级肩水候官、肩水候长逐级向下转发此檄文的文书。其中,"清塞下……毋远追为虏所诈",为檄文所引述诏书督促烽灭警备的内容;"严教"以下为太守的饬令,反映了执行政令、层层负责的下达情况。

(二) 上行文书:行政报告

《汉杂事》载:"凡群臣之书,通于天子者四品:一曰章,二曰奏,三曰

---

① 江陵、张家山汉简整理小组:《江陵张家山汉简奏谳书释文》,《文物》1993年第8期。

② 关于"条教",详见余英时《士与中国文化》,上海人民出版社,第200页《循吏与条教》一节;另据薛英群《汉简官文书考略》(甘肃文物工作队、甘肃省博物馆编《汉简研究文集》,甘肃人民出版社1984年版,第258~297页)。

表,四曰驳义。章者须头,称'顿首上以闻',谢恩陈事,诣阙通者也。奏者亦需头,其京师官言'稽首言',下'稽首以闻',其中有所请,若罪法劾案,公府送御史台,卿校送谒者台也。表者不需头,上言'臣某言',下言'诚惶诚恐,顿首顿首,死罪死罪',左下附白:'某官臣甲乙上'。"①驳议是对公卿集议的结果或皇帝的成命提出异议,李邕《独断》说:"其有疑事,公卿校尉,百官会议,若台阁有所正处而独执异意者,曰驳议。"据《汉简官文书考略》所载,地方府郡州县的上行报告文书主要有应书、举书、变事文书、报书、别书等。

1. 汇报文书

秦汉简牍中地方基层政权制作的文书都要逐级上报,接受上级审核和被检查核对,主要有簿、籍和计。籍就是名籍,与人名或物名相连;簿就是物簿,与钱财相连;计是户口、垦田、钱谷、刑狱的账簿和报表,又称集簿。这些都是上级检查下级工作的依据。《秦律·仓律》:"县上食者籍及它费大(太)仓,与计偕。都官以计时雠食者籍。"②汉简中也有记载:"阳朔三年九月癸亥朔壬午,甲渠鄣守候塞尉顺敢言之,府书移赋钱出入簿与计偕,谨移应书一编,敢言之。"(35·8A)就是讲的簿与计都要上报都尉府。汉简中常见"敢言之"的各类报告书涉及内容相当广泛。例如:

(1)谨移八月邮书课一编,敢言之。(E.P.T40:147A)

(2)永光四年六月己酉朔□□,□□候长齐敢言之,谨移吏日迹簿一编,敢言之。(E.P.T48:2)

(3)□月乙未朔癸亥,城北候长充敢言之,谨移□籍一编,敢言之。(E.P.T13:1)

(4)建平三年六月庚辰朔戊申,万岁候长宗敢言之,谨移部吏卒廪七月食名籍一编,敢言之。(E.P.T43:6)

(5)建武五年五月乙亥朔丁丑,主官令史谭敢言之。(E.P.T68:1)

一谨移劾状一编,敢言之。(E.P.T68:2)

(6)谨移四月尽六月赋钱簿一编,敢言之。(简上沾染红色)

---

① 《后汉书》卷44《胡广传》注引。
② 《睡虎地秦墓竹简·秦律十八种·仓律》。

(E.P.T 22∶54A)

掾谭。(E.P.T 22∶54B)

(7)三月丁亥朔辛卯,城北守候长匡敢言之,谨写移縣长党病书如牒,敢言之。今言府请令就医。(E.P.T 22∶82)

(8)建武四年十一月戊寅朔乙酉,甲渠鄣守候博敢言之,谨移十月尽十二月谷出入簿一编,敢言之。(E.P.T 22∶453)

(9)元康二年九月丁酉朔庚申,肩水候长长生敢言之,谨写移唯官移昭武狱,敢言之。(10·11)

(10)阳朔三年十二月壬辰朔癸巳,第十七候长庆敢言之,官移府举书曰,十一月丙寅□,渠阱庭隧以日出举坞上,一表一□,下餔五分,通府,府去阱庭隧百五十二里二百□。(28·1)

(11)阳朔元年十一月甲辰朔戊午,第廿三候长赦之敢言之,谨移钱出入簿一编,敢言之。(28·4)

(12)建始二年十一月癸巳,居延千人令史□则校系甲渠第廿三名籍一一编,敢言之。(下有任意书者不录)(28·21A)

(13)广地南部言,永元五年六月官兵釜磑月言簿。(128·1)

(14)元延二年八月乙卯,累虏候长敞敢言之,官檄曰累虏六石弩一伤右橅;受降隧六石弩二其一伤两橅,一伤右橅。遣吏持诣官,会月廿八日。谨遣骊喜隧长持诣官,敢言之。(170·5A)

(15)□城仓居延农延水卅井甲渠殄北塞候写移书到,遗脱有移名籍,遣吏将属居延,毋有以书言,会月廿日,如律令／掾仁属宁。(175·13)

由上可知,简牍所见上报计簿内容包括了边防行政工作的各个方面,有"移赋钱出入簿与计"、"邮书课"、"日迹簿"、"移籍"、"食名籍"、"劾状"、"赋钱簿"、"病书"、"谷出入簿"、"官移昭武狱"、"钱出入簿"、"校系甲渠第廿三名籍"、"官兵釜磑月言簿"和问责回复报告等。如果从时间上分类的话,计簿有日、月、季、岁报告文书。

A. 日簿

(1)建昭二年十二月戊子朔戊子,吞远候长汤敢言之:主吏七人,卒十八人,其十一人省作校,更相伐不离署,堠上不乏人,敢言之。(127·27)

(2)永光四年六月己酉朔,□□□□候长齐敢言之:谨移吏日

迹簿一编,敢言之。(E.P.T 48∶2)

这两条简都是候长向上级候官报告每天的行政工作情况,如果候长、候史敷衍塞责,汇报不及时,而导致所部问题严重的,则要受到责罚的,如:

(3)候史广德坐不循行部涂亭、趣具诸当所具者,各如府都吏举,部糒不毕,又省官檄书不会会日,督五十。(E.P.T57∶108A)

B. 月簿

候官官吏并不每日到各部循行,各部候长则基本上是按月向上级汇报,请看下简文:

(4)□/史尉史分将诣殄北第七隧,会八月晦日平旦廪,廪已,诣作所。□/卒常会晦日旦,殄北第七隧廪,以月旦交代罢。(E.P.T5∶18)

(5)永元五年六月壬辰朔一日壬辰,广地南部候长信叩头死罪敢言之:谨移六月见官兵物月言簿一编,叩头死罪敢言之。

永元六年七月丙辰朔二日丁巳,广地南部候长叩头死罪敢言之,谨移七月见官兵釜硙月言簿一编,叩头死罪敢言之。(128·1)

(6)建平三年六月庚辰朔戊申,万岁候长宗敢言之,谨移部吏卒廪七月食名籍一编,敢言之。(E.P.T43∶6)

(7)谨移八月邮书课一编,敢言之。(E.P.T40∶147A)

(8)甲渠候长赏部,元康二年四月戍卒被兵名籍。(E.P.T58∶33)

简(4)说的是向吏卒发放粮食的事情,限定的日期是每月"常会晦日旦",就是每月三十日的早上经常举行。(5)广地南部候长的"六月见官兵物月言簿"、"七月见官兵釜硙月言簿",(6)万岁候长的"吏卒廪七月食名籍",(7)上报的"八月邮书课",其限定的时间是每月的朔日,就是农历的每月初一定时上报。

C. 四时簿

下级向上级每季度汇报的行政工作情况的四时簿,又称为四时会。《后汉书》志第26《百官三》载:"大司农,卿一人,中二千石。本注曰:掌诸钱谷金帛诸货币。郡国四时上月旦见钱谷簿,其逋未毕,各具别之。边郡诸官请调度者,皆为报给,损多益寡,取相给足。"这是说地方郡国每个季度要向大司农报告每月初一现有的钱谷簿。《二年律令·金布律》说:"官为作务、市及受租、质钱,皆为缿,封以令、丞印而入,与参辨券之,辄入钱缿中,上中辨其廷。质者勿与券。租、质、户赋、园池入钱县道官,勿敢擅用,三月壹上见金、钱数二千石官,二千石官上丞相、御史。"①这是说县道官对租钱、质钱、户赋、园池收入的钱,也要每季度逐级上报郡级政府、中央的丞相御史。

请看下列简文就记载了边防地方基层政权每年四时汇报的簿籍:

(9)永元七年三月壬午朔一日壬午,广地南部候长叩头死罪敢言之,谨移正月尽三月见官兵釜砲四时簿一编,叩头死罪敢言之。

永元七年六月辛亥朔二日壬子,广地南部候长叩头死罪敢言之,谨移四月尽六月见官兵釜砲四时簿一编,叩头死罪敢言之。(128·1)

(10)甲沟言,三(四)时簿,本有折伤兵簿,各与完兵簿异,候所移三(四)时簿。(E.P.T48:141)

(11)神爵三年正月尽五年三月,吏四时名籍。(E.P.T56:193)

(12)校甲渠候移正月尽三月四时吏名籍,第十二燧长张宣,史;案府籍,宣不史。不相应,解何?(129·22+190·30)

(13)四时簿出付入受不相应,或出输非法各如牒。书到。(394·4)

简(9)是广地南部候长的"正月尽三月见官兵釜砲四时簿"、"四月尽六月见官兵釜砲四时簿",简(11)是"吏四时名籍",都是在每一个季度的最后一个月的朔日定时上报。简(10)、(12)、(13)是候官对候长上报的四时簿进行核验,发现有不相符合甚至非法支出财物的情况,因而记录在案,追究责任。

D. 岁计

岁计又称岁会、上计、集簿,是下级政府年终逐级上报的政绩材料,县级政府上报都尉或太守府,郡级政府上报中央,接受上级考课。《后汉书》志第26《百官三》载:"凡郡国皆掌治民,进贤劝功,决讼检奸。常以春行所主县,劝民农桑,振救乏绝。秋冬遣无害吏案讯诸囚,平其罪

---

① 张家山二四七号汉墓竹简整理小组:《张家山汉墓竹简:二四七号墓》(释文修订本),文物出版社2006年版。

法,论课殿最。"《汉书》卷76《尹翁归传》说翁归治东海郡,"县县收取黠吏豪民,案致其罪,高至于死。收取人必于秋冬课吏大会中,及出行县,不以无事时"。可见,郡级政府对县级政府的"秋冬课吏大会",就是考课的"岁会"。《续汉志·百官五》州郡之下,述县道"秋冬集课,上计于所属郡国",刘昭注引卢植《礼》注云:"计断九月,因秦以十月为正故。"《周礼·秋官·小行人》郑玄注:"若今计文书断于九月。"由此可见,郡对县的"秋冬课吏",应该在九月、十月。

居延汉简中所见计断九月实例甚多:

(14) 建昭元年十月尽二年九月,大司农部丞簿录簿算。(82·18A)

(15) 建昭元年十月尽二年九月,大司农部丞簿录簿算及诸簿十月旦见。(82·18B)

(16) 元康三年十月尽四年九月,戍卒簿。(5·14)

(17) 元康三年十月尽四年九月,吏已得奉一岁集。(126·42A)

(18) 建昭元年十月旦日迹尽二年九月晦日,积三百八十三日,以令赐劳六月十一日半日。(145·37)

简(14)~(18)的簿籍皆是以十月至来年九月为一计账年度,也就是说秦汉的岁会是以十月至来年九月为年度计算的。上计制始于战国,《商君书·禁使》就说:"夫吏专制决事于千里之外,十二月而计书以定,事以一岁别计,而主以一听,见所疑焉。"秦昭王时,王稽为河东守,则"三岁不上计"获罪①。秦简中也有较多上计制度的史料,如《秦律十八种·仓律》说,"县上食者籍及它费大(太)仓,与计偕","到十月牒书数,上内[史]";《金布律》载,"已禀衣,有余褐十以上,输大内,与计偕";《厩苑律》载,"内史课县,大(太)仓课都官及受服者"等。从简文看,秦在统一前的相当长时间内,县需要于十月直接上计于中央的内史。应该说明的是,秦内史并非掌治京师的汉内史,而是总理财政的重臣。西汉则例由郡丞、长史代表郡上计。清人孙星衍辑《汉官旧仪》说,"(御史)大夫见孝廉,上计丞、长史,皆放官司马门外","御史大夫敕上计丞、长史"等。郡守偶尔也亲自赴京上计,如《汉书·严助传》说,严助

---

① 《史记》卷79《范雎蔡泽列传》。

任会稽太守,"愿奉三年计最,诏许,因留侍中",如淳注对此的解释是:"旧法当使丞奉岁计,今躬自欲入奉也。"东汉初改由专职的上计掾史上计,如居延简有"上计卒史郝卿"(503·12)。受计为当时大典,西汉多由丞相代表皇帝受计。如《史记·张丞相列传》云:"(张)苍以列侯居相府,领主郡国上计者。"从《汉书·武帝纪》"因朝诸侯王、列侯,受郡国计"的记载看,皇帝也时常亲自受计。东汉则由大司徒主计。两汉上计的时间都定在九月,其中原因并非像卢植在《后汉书·百官志》注中所说"计断九月,因秦以十月为正故"。主要在于九月实为两汉的农闲时期,如武威汉简4号简所说:"诸自非九月,吏不得发民车、马、牛给县官事。"上计是中央政府获取地方行政信息的最主要来源,朝廷不但能够通过计簿文书掌握各地的基本状况,也可以借质询计吏的机会来搜集其他相关信息。如《汉官旧仪》载西汉时,"郡国守丞、长史上计事竟,遣君侯出庭,上亲问百姓所疾苦"。东汉也是这样,如《后汉书·张堪传》中所记"帝尝召见诸郡计吏,问其风土及前后守令能否",就是较好的例子。秦汉地方各级政府每年还要把徭役和皇亲、宗室、王侯违纪犯法的情况上报郡级政府和中央,《二年律令·徭律》:"都吏及令、丞时案不如律者论之,而岁上繇(徭)员及行繇(徭)数二千石官。"《后汉书》志第26《百官三》载:"宗正,卿一人,中二千石。本注曰:掌序录王国嫡庶之次及诸宗室亲属远近,郡国岁因计上宗室名籍。若有犯法当髡以上,先上诸宗正,宗正以闻,乃报决。"

简牍中有大量的下级完成上级交办的行政事务的回复报告:

(1)甲渠鄣候以邮行回。府告居延甲渠鄣候:卅井关守丞匡十一月壬辰檄,言居延都田啬夫丁宫、禄福男子王歆等入关檄甲午日入到府。匡乙未复檄,言男子郭长入关檄丁酉食时到府。皆后宫等到,留迟。记到,各推辟界中,定吏主当坐者名,会月晦。有教。建武四年十一月戊戌起府。

十一月辛丑,甲渠守候告尉:谓不侵候长宪等,写移檄到,各推辟界中,相付受日时,具状,会月廿六日,如府记律令。(E.P.F22:151ABCD)

(2)建昭四年四月辛巳朔庚戌,不侵候长齐敢言之:官移府所移邮书课举曰,各推辟部中,牒别言,会月廿七日。谨推辟案:过书刺正月乙亥人定七分,不侵卒武受,万年卒盖夜大半三分付当曲卒

山,鸡鸣五分,付居延收降亭卒世。(E.P.T52:83)

简(1)是甲渠鄣候的办事回复报告,较为详细地反映了质询文书逐级发送的过程:十一月戊戌(二十一)都尉府向甲渠鄣候质询"入关檄留迟"事宜,要求"月晦"(十一月三十日)答复;十一月辛丑(二十四),甲渠候官转发给所辖塞尉调查,要求二十六日做出书面汇报,这个回复报告还不完整,下面应该有调查的结果。(2)应是不侵候长齐对上级候官的答复报告,答复的问题是候官转发的都尉府"邮书课举"的调查结果;候官接到答复后,应该再向上级都尉府汇报。

2. 请示文书

汉代下级在执行上级下达的政策法令和办理行政事务时,要请示上级审批,不得超越权限。许同莘《公牍学史》(档案出版社1989年版)第40~43页,曲阜孔庙的元嘉三年《奏置百石卒史碑》载,鲁国相上书中央司徒、司空府为孔子庙置百石卒史一人,是为郡国人事安排要请示中央;《隶释》有樊毅《请复华山下民租田口算碑》载,弘农太守上书尚书请求免除华山下十里以内民租田口算,是为郡国租税的征免也要请示中央。汉简中有县司法疑案上报郡府的记载:

以为辉因卖不肯归以所得,就直牛偿不相当廿石,书到,验问,治决言,前言解,廷邮书曰:恩辞不与候书相应,疑非实,今候奏记府,愿诣乡爰书是正府录,令明处,更详验问治决言。(E.P.F22:30)

这是县级政府在审判案件时,认为恩的供词与候官的司法文书不一致,候官已上报都尉府,请求到乡级政府进一步调查取证。

张家山汉简《二年律令》规定,县道基层政权对垦田、户籍、田租籍、请求制定律令、"气(乞)鞫"、"计"、判处死刑、"租、质、户赋、园池入钱"等行政事务都必须及时上报郡守,郡守上报中央,逐级请示和审核,保证财政经济、司法审判等国家方针政策的贯彻执行,不及时上报请示的要依法追究责任。请看《二年律令》的记载:

(1)县道已豤(垦)田,上其数二千石官,以户数婴之,毋出五月望。(《田律》)

(2)恒以八月令乡部啬夫、吏、令史相襍案户籍,副臧[藏]其廷。有移徙者,辄移户及年籍爵细徙所,并封。留弗移,移不并封及实不徙数盈十日,皆罚金四两;数在所正、典弗告,与同罪。乡部啬

夫、吏主及案户者弗得，罚金各一两。(《户律》)

（3）民宅园户籍、年细籍、田比地籍、田命（合）籍、田租籍，谨副上县廷，皆以篋若匣匱盛，缄闭，以令若丞、官啬夫印封，独别为府，封府户；节（即）有当治为者，令史、吏主者完封奏（凑）令若丞印，啬夫发，即裚治为；臧（藏）府已，辄复缄闭封臧［藏］，不从律者罚金各四两。其或为訛（诈）伪、有增减也，而弗能得，赎耐。官恒先计雠，□籍□不相（?）复者，毄（系）劾论之。民欲先令相分田宅、奴婢、财物，乡部啬夫身听其令，皆参辨券书之，辄上如户籍。有争者，以券书从事；毋券书，勿听。所分田宅，不为户，得有之，至八月书户，留难先令，弗为券书，罚金一两。(《户律》)

（4）县道官有请而当为律令者，各请属所二千石官，二千石官上相国、御史，相国、御史案致，当请，请之，毋得径请。径请者，罚金四两。(《置吏律》)

（5）气（乞）鞫者各辞在所县道，县道官令、长、丞谨听，书其气（乞）鞫，上狱属所二千石官，二千石官令都吏覆之。都吏所覆治，廷及郡各移旁近郡，御史、丞相所覆治移廷。(《具律》)

（6）县道官之计各关属所二千石官。其受恒秩气禀，及求财用年输，郡关其守，中关内史。受（授）爵及除人关于尉。都官自尉、内史以下毋治狱，狱无轻重关于正；郡关其守。(《置吏律》)

（7）县道官所治死罪及过失、戏而杀人，狱已具，勿庸论，上狱属所二千石官。二千石官令毋害都吏复案，问（闻）二千石官，二千石官丞谨录，当论，乃告县道官以从事。彻侯邑上在所郡守。(《兴律》)

（8）官为作务、市及受租、质钱，皆为缿，封以令、丞印而入，与参辨券之，辄入钱缿中，上中辨其廷。质者勿与券。租、质、户赋、园池入钱县道官，勿敢擅用，三月壹上见金、钱数二千石官，二千石官上丞相、御史。(《金布律》)

特别是在发生较大的自然灾害时，地方官员必须随时上报，以便中央采取必要的赈济措施。《秦律十八种·田律》就有各县定期上报农田受害和受益面积的规定："雨为澍（当作"澍"），及诱（秀）粟，辄以书言澍（当作"澍"）稼、诱（秀）粟及垦（垦）田畮毋（无）稼者顷数。稼已生后而雨，亦辄言雨少多，所利顷数。早（当作"旱"）及暴风雨、水潦、螽（蚕）

蝗、群它物伤稼者,亦辄言其顷数。近县令轻足行其书,远县令邮行之,尽八月□□之。"这里规定:下了及时雨,禾稼抽穗,应即书面报告受时雨、抽穗的顷数以及已开垦而没有种禾稼的顷数。禾稼生长以后下了雨,也要报告雨量多少和受益的顷数。旱灾、暴风雨、水涝、蝗虫等其他各种自然灾害伤害禾稼的,也要报告顷数。距离近的县,文书由轻快的人步行送递,距离远的县,文书由驿站传送,必须在八月底以前送到。这样的规定,是为了及时了解全国各县农业生产受到自然环境的好坏影响,掌握农田受益和受害的面积,为年终征收租税和"上计"做好准备。武威汉简中的律文,也要求"吏部中有蝗虫、水火,比盗贼。不以文移,耐为司寇"。此外,仓储状况、调兵等重大举措,也必须随时向中央请示。如:《秦律十八种·仓律》载,"入禾稼、刍稿,辄为籍,上内史";《汉书·景武昭宣元成功臣表》载,"元狩二年坐为上党太守发兵击匈奴不以闻,免",等等。地方官员对中央政令也可以根据当地实际情况提出意见,并随时反馈朝廷,如东汉时马援任广陵太守,"时谷贵民饥,奏罢盐官,以利百姓"①。

以上各类文书,根据不同的颁发机关、用途、规格和体裁严格地规定了不同的名称,体现了文书的权威性,避免了随意乱用文书名称,有利于文书工作的依法顺利进行。

二、文书传递程序

汉代全国各地的政治、军事、经济等各种动态信息由下而上的传递呈报,是由副丞相御史大夫的属官御史中丞受理的,御史大夫寺要负责掌管文书、档案,包括皇帝的诏令、律令、臣下的奏章等。《汉书·张苍传》载:"秦时为御史,主柱下方书。"如淳注曰:"方,板也,谓事在板上者也。秦置柱下史,苍为御史,主其事,或曰:主四方文书也。"颜师古据同传称苍为柱下御史,"明习天下图书计簿",以为"主四方文书是也"。这说明御史掌管文书,汉代基本沿用这种制度。《汉书·东方朔传》有"孔丘为御史大夫"记载,句下应劭注曰,"御史大夫职典制度文章",即律令制度。《汉书·百官公卿表》载,御史大夫的主要属官御史中丞,"在殿

---

① 《后汉书》卷24《马援传》。

中兰台,掌图籍秘书。……受公卿奏事,举劾案章"。东汉因御史中丞升为御史台长官,便由治书侍御史来"受公卿群吏奏事,有违失举劾之"①,是一脉相承的。秦汉除了御史外,还有尚书掌文书事。尚书本是小官,战国已有,尚是主管之意,书即文书,最早主要指章奏。《唐六典》卷1说,在秦代"天下之事皆决丞相府,置尚书于禁中,有令丞,掌通章奏而已。汉初因之"。所谓"通章奏",大概便是各类奏请、言事文书送入宫内后,先由御史中丞接受,检查是否有违法之处,然后再经尚书送交皇帝审批,霍去病上书,就是由御史光守尚书令"奏未央宫",即其例也,并于审批后下达有关部门主要是丞相府、御史大夫执行。在下达文书中有的须先交御史大夫寺起草诏令,《汉书·高帝纪》十一年王先谦补注引沈钦韩曰,"则凡诏令,御史起草",再由尚书送皇帝阅定,用玺后,尚书予以登记印封,再下达御史大夫寺发往全国。《汉书·灌夫传》载,汉武帝时,窦婴上书称曾受景帝遗诏,藏在家中。"书奏,案尚书,大行无遗诏。……乃劾婴矫先帝诏。"便是尚书在下达诏书时曾登记在案,以备检查之证。到汉武帝以后,各类文书大量增加。"文书盈于几阁,典者不能遍睹",这就需要人帮助审阅文书,提出初步意见,供皇帝参考。《宋书·百官志》记汉武帝事,"使左右曹、诸吏分平尚书奏事","事"即文书,"奏事"即尚书将收到的文书上奏武帝审批,而"平"有"治"、"正"之义,亦即"评",指对这些文书先进行评议。这之后大概发展成为领尚书事制,所谓"领"犹"理"、"治"也,领尚书事即处理尚书所受文书之意。《晋书·职官志》称:"案武帝时,左右曹、诸吏分平尚书奏事,知枢要者始领尚书事。"这说明汉武帝时,尚书始掌管文书资料,但仍为传递文书之事,能评议文书内容,提出初步意见。西汉昭宣以后,尚书进一步发展为向有关官吏传达皇帝旨意,负责各类文书的上奏与下达。胡三省说:"汉尚书职典枢机,凡诸曹文书,众事皆由之。"②部刺史入京奏事,"当时尚书,有期会状"。尚书代表皇权直接听取部刺史奏事,越过了御史大夫寺。凡天下奏章都要通过尚书才能上达,可拆发、阅读章奏。西汉规定:"诸上书皆为二封。署其一曰副,领尚书者先发

---

① 《后汉书》志第 26《百官三》。
② 《资治通鉴》卷 27,黄龙元年注。

副本,所言不善。屏去不报。"①东汉尚书于端门受臣下奏章,而奏章开头必云"臣某奏事尚书",蔡邕《独断》说:"群臣有所奏请,尚书令奏之。"到了东汉起草诏令的大权也转归尚书,《后汉书·百官志》说,尚书令"掌凡选署及奏下尚书文书众事",指上奏和下达尚书收到和起草的文书,并逐步形成了非尚书机构起草、下达诏书便无效的制度。如《后汉书·周章传》载,拜司空,殇帝死,章"密谋闭宫门……劫尚书,废(邓)太后于南宫"。周章之所以要劫尚书,即因只有尚书起草和下达诏令,废邓太后方能生效。《杨震传》载,拜太尉,外戚耿宝荐中常侍李闰兄于震,"李常侍,国家(安帝)所重,欲令公辟其兄,宝唯传上意耳"。震怒曰:"如朝廷欲令三府辟召,故宜有尚书敕。"遂拒不许。秦汉诏令的下达程序没有严格的规定,而由诏书的内容所涉及的部门等具体情况而定。高帝十一年三月诏书,是由御史大夫昌下相国,相国酂侯下诸侯王,御史中执法下郡守建②。元狩六年诏则由御史下丞相,丞相下中二千石,二千石,下郡太守、诸侯相。《无极山碑》记载,光和四年八月丁丑,诏书则由尚书令下太常,太常耽、丞敏下常山相,各不尽同。然而秦汉诏令较多的是由御史大夫寺或尚书令下达到丞相或相国,由丞相或相国颁发下去到各郡守、诸侯相,各武职由丞相史下之,但高级将领也有丞相直接下达者,如"二月丁卯,丞相相下车骑将军、将军、中二千石、二千石、郡太守、诸侯相,承书从事,下当用者,如诏书。少史庆,令史宜王,始长"。(10·30)《史记·三王世家》:"制曰:立皇子闳为齐王……御史大夫汤下丞相,丞相下中二千石、二千石下郡守③、诸侯相,丞书从事,下当用者,如律令。"地方郡县行政机关设有专职人员负责文书的传递,据《东汉会要》载,郡属吏有主记室史,"主录记书,催期会。阁下及诸曹各有书佐,干主文书"。县丞"署文书,典知仓狱"。在简牍中不仅设在公府和县政府中,而且在县邑侯国和都官及都官别治、都尉府、侯官、关津等县级政府中,无一不设有令史一职,在数量上多者6人,少者1人,其职权是"主典文书",分别主典文书档案、司法审判、财政经济和干部人事等具体行政工作,与长吏一样承担行政责任,既负责各类文书

---

① 《汉书》卷74《魏相传》。
② 《汉书》卷1《高帝纪》注释。
③ 劳干认为此句"下"字衍,见《居延汉简研究》考释之部。

的制作和上传下达,又依法处理各类具体政务①。文书传递过程中都有记录,包括收发时间、办理时间和经办人员、办理结果等都要上报。《秦律十八种·行书律》载:"行传书、受书,必书其起及到日月夙莫(暮),以辄相报殹(也)。书有亡者,亟告官。隶臣妾老弱及不可诚仁者勿令。书廷辟有曰报,宜到不来者,追之。"1973 年甘肃省居延考古队在居延肩水金关遗址出土了三枚木牍,内容为一份逐验文书,其释文如下:

> 甘露二年五月己丑朔甲辰朔(此字衍),丞相少史充、御史守少史仁以请,诏有逐验大逆无道故广陵王胥御者惠同产第(弟),故长公主第(第)卿大婢外人,移郡太守,逐得试知。外人者,故长公主大奴千□等曰:外人,一名丽戎,字中夫,前太子守观奴婴齐妻,前死。丽戎从母捐之,字子文,私男第(弟)偃,居主马市里第(第)。捐之姊子,故安道侯奴林,取不审县里男子字游为丽戎壻(婿),以牛车就(僦)载借田仓为事。始元二年中,主女孙为河间王后,与捐之偕之国。后丽戎、游从居主机(菜?)第(第),养男孙丁子沱。元凤元年中,主死,绝户,奴婢没入诸官。丽戎、游俱亡。丽戎脱籍,疑变更名字,远走绝迹,更为人妻,介罪民间,若死,毋从知。丽戎此时年可廿三、四岁,至今年可六十所。为人中壮,黄色,小头,黑发,隋(椭)面,构(钩?)颐,常咸(蹙)额如颦(颦)状,身小长,诈瘘少言。书到,二千石遣毋(无)害都吏严教属县官令以下,啬夫、吏、正、三老,杂验问乡里吏民,赏(尝)取(娶)婢及免奴以为妻,年五十以上,刑(形)状类丽戎者,问父母昆第(弟),本谁生子,务得请(情)实,发生从(踪)迹。毋赘聚,烦挠民。大逆同产当坐重事,推迹求穷,毋令居部界中不觉(举?)。得者书言白报,以邮亭行,诣长安传舍。重事当奏闻,必谨密之,毋留,如律令。六月,张掖太守毋适、丞勋敢告部都尉卒人,谓县,写移书到,趣报,如御史律令,敢告卒人。掾□、守卒史禹、置佐财。七月壬辰,张掖肩水司马阳以秩次兼行都尉事,谓候、城尉,写移书到,搜索部界中,毋有,以书言,会廿日,如律令。掾逐、守属□。七月乙未,肩水候福谓候长广□□□,写移书到,搜索部界中,毋有,以书言,会月十五日,须报府,毋□□

---

① 参见刘晓满:《秦汉令史考》,《南都学坛》2011 年第 4 期。

如律令。令史□。①

这是一份丞相御史下达到地方的诏书传递的程序：中央——张掖太守——县，肩水都尉——肩水候官——肩水候长。各级政府都对下级执行诏书有明确的要求：一是按要求时间完成，二是以律令办事，三是都有主典文书官吏的签署②。

三、文书传递方式

汉代根据不同类型的文书采用不同的传递方式，各种传递方式都有各自适用的文书范围，不能随便混用。除了"近县令轻足行其书，远县令邮行之"、"诸狱辟书五百里以上……皆以邮行"等诸多明确规定行书方式的记载外，张家山汉简《二年律令·行书律》有"令邮人行制书"、"书不当以邮行者，为送告县道，以次传行之"等规定。而那些突发的"言变事"和军情紧急的"警备事"之类的文书，需要快速送出，则采取"吏马驰行"的方式传送。《汉书》所载装在"赤白囊"中由边郡发的"彝命书"等均属此类。《汉书·丙吉传》："此驭吏边郡人，习知边塞发奔命警备事，尝出，适边郡发奔命书驰来至。驭吏因至公车刺取，知虏入云中、代郡，遽归府见吉白状。"汉代文书传送的方式主要依据传递路途的远近、文书的种类和缓急程度决定。常见有以下几种文书传递方式。

（一）"轻足行"

"轻足"意指行走快捷的人。"轻足行"即指派善于行走、跑得快的人传送。《睡虎地秦墓竹简》："雨为澍（澍），及诱（秀）粟，辄以书言澍（澍）稼、诱（秀）粟及豤（垦）田畼毋（无）稼者顷数。……近县令轻足行其书，远县令邮行之，尽八月□□之。"③简文记录的是地方政府向上级报告下雨时得到灌溉的田地面积数和各种自然灾害时受灾田地面积

---

① 胡平生、张德芳：《居延新简释粹》第211条《甘露二年御史书》，上海古籍出版社2001年版。

② 初师宾、伍德煦：《居延甘露二年御史书册考述补》，《考古与文物》1984年第4期；许青松：《"甘露二年逐验外人简"考释中的一些问题》，《中国历史博物馆馆刊》1986年第8期；裘锡圭：《再谈甘露二年御史书》，《考古与文物》1987年第1期；张小锋：《〈甘露二年丞相御史书〉探微》，《首都师大学报》2000年第5期。

③ 《睡虎地秦墓竹简·秦律十八种·田律》。

的文书,要求"近县"的派"轻足"传送,"远县"的由"邮"传送。居延汉简屡见有"行者走"一词,如"居延都尉府行者走,免承幼子崇伏地言,王万年毋恙"(E.P.T50:6B)、"甲渠候官行者走,己亥日中起城北,各署过时令可课"(E.P.T53:53)、"甲渠候官行者走,即日食时付吞远"(E.P.T53:85)①等。这些简文均为当时居延边塞重要屯戍机构"甲渠候官"的文书传递记录。"行者走"当即秦简中的"轻足行",以步行传递文书。

(二)"以邮行"

汉代的"邮"是指设在交通要道,以传递官府文书为主,并为执行公务的过往人员提供食宿等服务的机构。许慎《说文》曰:"邮,境上行书舍也。""以邮行"是指通过"邮"这样的机构传递文书。秦时主要是传递路程较远、较重要紧急的文书,云梦秦简中有"远县令邮行之",秦简《南郡守腾文书》中有"以次传,别书江陵,布以邮行"②。南郡郡守发布给各县道的文告时,特意规定其他县、道"以次传",即按照道路远近与交通情况的次序,一个县一个县地传递下去;而江陵则不同,要求另外抄录一份,由官府的邮差专门递送。到汉代,"邮"的数量增多,十里、二十里或三十里置一邮。汉简明确记载,汉时交"邮"传送的文书有制书、急书、路程在五百里以上的重要文书等。张家山汉简《二年律令·行书律》有"诸狱辟书五百里以上,及郡县官相付受财物当校计者书,皆以邮行"、"令邮人行制书"、"邮人行制书、急书,复,勿令为它事"等记载。汉简中"以邮行"的记载很多,如:悬泉汉简ⅥFⅠ3C(1):5有"入西书八,邮行"③;居延汉简有"张掖居城司马,甲渠鄣候以邮行,九月戊戌隧卒同以来"(E.P.T43:29)、"印破,甲渠候官以邮行,四月己未日晡时,第一隧长巨老以来"(E.P.T56:47)等④。

---

① 甘肃省文物考古研究所等:《居延新简——甲渠候官与第四燧》,文物出版社1990年版,第152、283、286页。
② 云梦秦简整理小组:《云梦秦简释文(一)》,《文物》1976年第6期。
③ 胡平生、张德芳:《敦煌悬泉汉简释粹》,上海古籍出版社2010年版,第95页,以下凡用罗马文Ⅰ/Ⅵ等标注的简文,均见该书。
④ 甘肃省文物考古研究所等:《居延新简——甲渠候官与第四燧》,文物出版社1990年版,第101、309页。

(三)"以亭行"

汉代的"亭"的种类比较复杂,有边疆亭和内地亭之分,在内地亭中,又有都市亭与乡野亭之别。一般来说,"亭"的主要职能有警戒和治安、邮驿和馆舍、一般民事三种。但"亭"所在地区不同,其职能有所偏重。睡虎地云梦秦简《封诊式》中诸多"爰书"都是关于"亭"主治安防盗职能的记载。汉简中"以邮行"和"以亭行"的记载则体现了边疆之亭除军事职能外,还有邮驿职能。从隶属关系说,"亭"当是属于县级的邮驿系统,亭长由县任命,并受县的派遣。《后汉书·王忳传》有"县署忳大度亭长"记载,《后汉书·吴汉传》有"给事县为亭长"的记载。《居延汉简》(甲乙篇)下册有简文云:"元延二年七月乙酉,居延令尚、丞忠,移过所县道河津关:遣亭长王丰,以诏书买骑马酒泉、敦煌、张掖郡中,当舍传舍,从者如律令。"(170·3A)"亭"的上级则是郡的督邮。《后汉书·钟离意传》有"少为郡督邮,时部县亭长有受人酒礼者,府下记案考之"的记载,钟离意时任郡督邮,他认为亭长犯了错误,建议郡太守调查惩罚。这反映出亭长是接受郡督邮监察的县吏。关于"亭行",汉简中多有出现。如居延汉简有:"居延仓长,甲渠候官以亭行,九月辛未,第七卒欣以来"(E.P.T51:140);"居延都尉章,甲渠鄣侯以亭行,九月戊戌,三候隧长得禄以来"(E.P.T51:145);"居延都尉章,甲渠鄣侯以亭行,七月乙巳卒以来"(E.P.F22:466)①。居延汉简显示,"以亭行"的文书基本上限于同一都尉府(居延)管辖范围内,未见不同都府之间的文书采用"以亭行"的记载。"以亭行"当与"以邮行"类似,都是通过邮、亭等机构传递,只是"以亭行"的文书没有"以邮行"文书重要、紧急,且路程较"邮行"文书短。

(四)"以次传"

"以次传"即依次传递,因传递范围及中转区间不同,有"以县次传(行)"、"以隧次行"、"以亭次行"等不同形式,适用于传递"露布不封之书"之类的通告性文书,不如"邮行"文书重要、紧急。云梦秦简《封诊式·迁子》中爰书:"某里士五(伍)甲告曰:谒鋈亲子同里士五(伍)丙

---

① 甘肃省文物考古研究所等:《居延新简——甲渠候官与第四燧》,文物出版社1990年版,第182、508页。

足,(迁)蜀边县……今鋈丙足,令吏徒将传及恒书一封诣令史,可受代吏徒,以县次传诣成都。"此简记载的是某里士五(即百姓)甲之子丙因其父控告被断足并"迁蜀边县",官府派吏徒将相关文书送县令史后,即可更换吏徒逐县送到成都,说明当一份文书需依次送达多个地点或由多个地点分程传递时,则"以次传"。瓦因托尼(A10)出土汉简:"十二月辛未,甲渠候长安候史徊人敢言之:蚤食时,临木隧卒□□□□□□□□□□□□举蓬焚一积薪,虏即西北去,毋有亡失,敢言之。十二月辛未,将兵屯田官居延都尉渭城仓长禹兼行[丞事](觚之第一面)。广田以次传行至望远止,回(觚之第二面上端)。"①这是一份写在觚上的檄书,书中先列举了十二月辛未甲渠候长安的敌情报告,然后由将兵屯田官、居延都尉和兼行丞事的渭城仓长禹签署,要求用"以次传行"的方式从殄北候官的广田燧传至望远燧。汉代简牍亦多有"次行"的记载,如居延汉简的"张掖甲渠塞尉印,甲渠官亭次行"(E.P.T65:328)、"甲渠官隧次行"(E.P.T65:326)②等等。

(五)"吏马驰行"

"驰"有快速、火速之意,"吏马驰行"意指快速传递,主要是传递皇帝诏令、檄文、军情等紧急文书。汉传世文献中均无"驰行"、"吏马驰行"出现,而居延汉简有"驰行以急为故"(E.P.F22:713)和"匈奴人入塞,天大风,风及降雨不具烽火者,驰传檄告,人走马驰以急疾为□"(E.P.F16:16)③等记载。由这两简可以看出,"驰行"文书均标明"以急为故"。王国维认为,"以急为故"即指按紧急之事处理④。可见,需"吏马驰行"的文书确是紧急文书。汉简还有诸多有关"吏马驰行"的记载,如"入西蒲书一吏马行,鱼泽尉印,十三日起诣府。永平十八年正月十四日日下时,扬戚卒□□受□□卒赵□"⑤。居延汉简有"甲沟官吏马驰

---

① 北京大学中国传统文化研究中心:《北京大学百年国学文粹·考古卷》,北京大学出版社1998年版。
② 甘肃省文物考古研究所等:《居延新简——甲渠候官与第四燧》,文物出版社1990年版,第441页。
③ 甘肃省文物考古研究所等:《居延新简——甲渠候官与第四燧》,文物出版社1990年版,第523、470页。
④ 王国维:《观堂集林》(外二种),河北教育出版社2001年版。
⑤ 罗振玉、王国维:《流沙坠简》卷3"簿书类"第61简,中华书局1993年版。

行"(E.P.F22：746)①等。居延汉简中还出现"故行"文书,如:"居延令印,甲渠候官故行□月□□□□□以来"(E.P.T51：144),"诣官欲有所验,毋以它为解。第十七候长辅上,故行"(E.P.T56：888)②。日本学者大庭脩认为:"故行"就是"务必无差错送达"的意思,尤其强调递送结果。"故行"文书犹如现在的挂号邮件③。

四、文书传递"程限"

汉代文书传递要求具有时效性,即上级政令必须在规定时间内迅速传送到所当施行的地方行政机构,不允许耽搁、推诿。文书的传递关系到国家政令的上行下达,因此法律对邮传行书的时间根据文书、邮驿的种类规定了不同的程限,称为"当行",实际行程的速度称为"定行",按规定的程限完成称作"中程",要求官文书的传达必须及时、迅速,反映了行政文书的传递效率。下面根据简牍资料探讨一下具体传递程限。

(一)按"时"的程限,秦汉每日是十六时制,每时规定了行程,大约每时行十里,这应该是步行传递,称为传行。请看下面简文记载:

(1)元康元年十一月甲午日餔半时,临泉亭长彭倩受广至石靡亭长寒,到,乙未日入时,西门亭长步安付其延,道延袤百廿四里廿步,行十二时,中程。(ⅡT0213③：26)

(2)卒偃受临木卒□,卒骏,界中廿五里,中程。(E.P.T2：23)

(3)八分,临木卒仆受诚□北卒,隧卒世去临木,十七里,当行一时七分,中程。(E.P.T50：107)

(4)诣橐它候官,正月戊申食时,当曲卒王受收降卒敞,日入,临木卒仆付卅井卒得,界中八十里,定行五时,不及行三时。(E.P.T51：357)

(5)□月丁未日中四分时,诚北卒□受执胡卒□,日下餔分时,

---

① 甘肃省文物考古研究所等:《居延新简——甲渠候官与第四燧》,文物出版社1990年版,第525页。
② 甘肃省文物考古研究所等:《居延新简——甲渠候官与第四燧》,文物出版社1990年版,第182,314页。
③ [日]大庭脩:《再论"检"》,《简帛研究》(第一辑),法律出版社1993年版。

付临木卒楚,界中十七里,中程。(E.P.T 51:504)

(6)闰月戊子不侵候长霸受居延□□,诣靡谷守候、居延左尉。正月丁酉夜大半,当曲卒辅受降卒,付卅井卒常,界中八十里,定行七时□□□。(E.P.T 52:215)

(7)□九月诣府,定行道十三日,留迟,叩头,死罪死罪。(E.P.T 53:128)

(8)吞远隧去居延百卅里,檄当行十三时,定行廿九时二分,除,界中十三时□。案:习典主行檄书不□时二分,不中程,谨已劾。(E.P.F22:147~150)

(9)书一封居延都尉章,诣大守府。三月癸卯鸡鸣时当曲卒便受收降卒文,甲辰下,餔时临木卒得付卅井城北卒参。界中九十八里,定行十里,中程。(E.P.W:1)

(10)正月戊午夜半临木卒赏受城卒胜,己未日入,当曲卒□付收降卒海。界中九十八里,定行十二时,过程二时二分。(E.P.C:26)

(11)收降卒海,界中九十八里,定行十时,中程。(E.P.C:37)

(12)□夜昏时,临木卒□受诚北卒通武贤,以夜食七分时,付诚北卒寿□十七里,中程。(173·1)

根据简(1)由西门亭长安给效谷县府的文书,传递距离是一百二十四里(汉里)二十步,用时十二时,中程(符合文书传递时间要求);(3)十七里当行一时七分,中程;(5)界中十七里,中程;(9)界中九十八里,定行十里,中程;(11)界中九十八里,定行十时,中程;(4)、(7)、(10)的不中程看,应该是每时行十里的速度。

(二)按日的程限,可分为邮人步行传递和邮驿马传递的程限。步行传递的程限为每日一百六十里到二百里。张家山汉简《二年律令》载:"邮人行书,一日一夜行二百里。"《居延新简》载:"官去府七十里,书一日一夜当行百六十里,书积二日少半日乃到,解何。书到,各推辟界中,必得事,案到,如律令,言,会月廿六日,会月廿四日。"(E.P.S4.2:8A)邮驿传递每日四百到一千里,称为"邮行"。《二年律令》规定:"诸狱辟书五百里以上,及郡县官相付受财物当校计者书,皆以邮行。"《汉旧仪》:"奉玺书使者乘驰传,其驿骑也,三骑行,昼夜行千里为程。"①玺书是以皇帝本人的名义直接发出并专达于某特定对象的文书,以驿骑传送,速度可达一日一千汉里。要急文书也用驿骑,其速度逊于玺书,但也相当可观。《汉书》卷69《赵充国传》记载,神爵元年(前61年),赵充国击羌,从军中向汉宣帝紧急上书,后者随即批复,"六月戊申奏,七月甲寅玺书报从充国计焉"。"六月戊申"是六月二十八日,"七月甲寅"是七月初五,驰马飞递,加宣帝接上书后考虑和处理的时间,仅用了六天。当时赵军约距长安两千汉里,则赵充国上书的传送速度为一日三百到四百汉里。而传送货物的车则行的更慢,《二年律令》规定:"事委输,传送重车重负日行五十里,空车七十里,徒行八十里。"马怡在《"始建国二年诏书"册所见诏书之下行》②中对"始建国二年诏书"册进行了研究,这件诏书的颁行过程可大致清楚:"始建国二年十一月甲戌"即十一月十二日,是诏书颁出的日期;到十一月二十日,是张掖的最高行政长官下传诏书的日期;"十一月丁亥"即十一月二十五日,是本郡的军事长官下传诏书的日期;"闰月丙申"即闰十一月初五,是甲沟候官的长官下传诏书的日期。自本诏书从朝廷颁出,逐级下行,到甲沟候官发送给所属诸部时,共用了二十二天。由长安至张掖郡治,行约二千八百汉里,到"大尹"下所部时,历时八天;再由张掖郡治至(居延)大尉府,行约一千五百汉里,到代理"大尹"下所部时,又历时五天。这两段里程所花费的天数,应包含了诏书在以上二官府中收、转的时间。由此,可知在本诏书下行过程的前两级,传送速度约为一日三百到四百汉里,当是以驿骑传送。

五、文书检查

汉代建立了严格的检查制度,借以保证文书的质量和认真执行。秦律规定,"廷行事吏为诅伪,赀盾以上,行其论,有(又)废之"(59)③,按照成例,官吏弄虚欺诈,其罪在罚盾以上的,依判决执行,撤销其职,永

---

① 卫宏:《汉旧仪》卷上《汉官六种》,孙星衍校,四部备要本。
② 马怡:《"始建国二年诏书"册所见诏书之下行》,《历史研究》2006年第5期。
③ 《睡虎地秦墓竹简·法律答问》,文物出版社1990年版,第107页。

不再用。官印是官文书的凭证,"盗封啬夫可(何)论?廷行事以伪写印"(56)①,若官吏假冒啬夫封印,弄虚作案,依成例按伪造官印论罪。仓库粮谷核验不实,隐瞒虚报,应根据簿籍核验计账文书"禾赢,入之,而以律论不备者"②。即谷物超过原有数额部分归官府,不足数的依法论处。如有隐藏不报,"皆与盗同法"③。《睡虎地秦墓竹简·秦律杂抄》规定:"为(伪)听命书,法(废)弗行,耐为侯(候)";又有"使其弟子赢律……赀一甲"。说明官吏不执行诏命或违抗诏命而行事都依法论处。例如不是本年度的生产产品,未经朝廷命书,擅自制作的,"工师及丞赀各二甲"④。西汉宣帝于黄龙元年曾下诏说"上计簿具文而已,务为欺谩,以避其课",请御史严加案察,"使真伪毋相乱"。汉明帝永平六年诏曰:"先帝诏书,禁人上事言圣,而闻者章奏颇多浮词,自今若有过称虚誉,尚书宜抑而不省,示不为谄子嗤也。"⑤对于上奏文书,依令"丞相奏事,司直持案,长史将簿,中二千石奏事,皆与其丞合缘"⑥。全国最高行政机关丞相府(东汉三公)对受理的公文要认真检查,经过尚书覆案后呈报皇帝。《汉书·鲍宣传》记载:"龚胜为司直。郡国皆慎选举。"《后汉书·马严传》上书批评东汉选举不实说"故事,州郡所举,上奏。司直察能否,以惩虚实"。可见郡国选举应上奏文书,陈述选举理由,然后司直审核文书,调查被选举者的情况,验证文书所言虚实。丞相府所置司直佐丞相举不法,似乎主要通过审阅日常经过丞相府的各类文书,检查纠举不法行为。《汉书·翟方进传》记载,翟方进为司直,"是时起昌陵,营作陵邑。贵臣子弟近臣宾客,多辜榷为奸利者,方进部掾史覆案,发大奸赃数千万"。这里"覆案",当指有关官吏原揭发这些人的罪行,文书通过丞相府时,他又据文书,派人复查,结果检查出罪行。东汉梁冀专权,永昌太守冶铸黄金为文蛇,欲献梁冀,益州刺史种暠,"纠发逮捕,

---

① 《睡虎地秦墓竹简·法律答问》,文物出版社1990年版,第106页。
② 《睡虎地秦墓竹简·效律》,文物出版社1990年版,第73页。
③ 《睡虎地秦墓竹简·效律》,文物出版社1990年版,第73页。
④ 《睡虎地秦墓竹简·秦律杂抄》,文物出版社1990年版,第84页。
⑤ 《后汉书》卷2《明帝纪》。
⑥ 《太平御览》卷253《职官部》51"郡丞"条引《汉名臣奏》、《职官部》13《魏武集·选举令》。

驰传上言,而二府(司徒、司空府)畏懦,不敢案之"①。可见劾奏文书也要经三公检查,而三公检查不实要坐罪的,如大司空宋弘考上党太守无所据而免官。尚书通过传递检查所上文书,进行劾奏,三公文书必须经尚书覆案。《后汉书·刘恺传》载,安帝时拜司徒,征西校尉任尚有赃罪,大将军邓骘党护之,"太尉马英、司空李郃承望骘旨,不复先请,即独解尚赃锢。恺不肯与议。后尚书案其事,二府并受谴咎。朝廷以此称之"。二府之谴咎,无疑是尚书案事后进行劾奏的结果。《后汉书·左雄传》载,顺帝时左雄为尚书令,改察举之制,郡国所举孝廉,"年不满四十,不得察举,皆先诣公府,诸生试家法,文吏课笺奏,副之端门,练其虚实,以观其异能,以美风俗,有不承科令者,正其罪法"。所谓"副之端门",便是尚书在宫殿正南门端门进行复试。当时有个广陵孝廉徐淑,年令未及第,复试中,尚书郎"疑而诘之",将他遣回本郡。据说这次察举有十几个郡太守"坐谬举免黜"。尚书代表皇权审查三公的考试。《后汉书·胡广传》说"举孝廉,既到京师,试以章奏,安帝以广为天下第一",注引《续汉书》说:"故事,孝廉高第,三公及尚书皆视之,特劳来其举将。于是公府下诏书劳来雄(法雄,举胡广的太守焉)。"说明三公文书到宫中要归有关尚书审核检查,但仍要经三府下达到地方。左雄改革便是将原来尚书在宫中审核三公文书,变为直接在端门与考生见面,当面复试。很显然,这更有利于保证文书的审核质量。《后汉书·王商传》载,王商为丞相,琅玡太守杨肜失职,"其郡有灾害十四以上",商"部属按问",杨肜与汉成帝舅父、大将军、领尚书事王凤是姻亲,凤劝商勿案,"商不听,竟奏免肜,章果寝不下"。领尚书事是辅助皇帝行事君权,阅审文书,对宰相的奏文进行审查。《后汉书·钟离意传》载,"诏赐降胡子缣,尚书案事,误以十为百,帝见司农上簿,大怒,召郎,将笞之"。可见,赐缣的皇帝诏书下达到外朝大司农前是通过尚书传话办事下诏的。中央的诏命由尚书(或御史)起草,要经过本台认真检查审核,据《后汉书·百官志》载,尚书郎"主作文书起草",还要"以草呈示令、仆、丞,乃付令史书之",尚书令"主赞奏,封下书",所谓"封",指把诏书置于布帛所制之囊中,由尚书令封闭加印②。《后汉书·钟离意传》载,为尚

---

① 《后汉书》卷56《种暠传》。
② 《王国维遗书》第九册"简牍检署考"。

书仆射"独敢谏诤,数封还诏书",这即印封后又退给皇帝,以示谏诤。时尚书令不在,故仆射代其职。尚书仆射"署尚书事",其"署"应该是"书署"之署,不是选署之署。凡尚书下达前,由仆射在文书的"检"(竹简或木简文书上所覆盖之文字的简或板)上,写上所给予者的姓名、官号,就叫"署"。可见仆射掌署,令掌封,起相互牵制配合作用。并且形成了诸尚书通议的合署制度。《后汉书·朱晖传》载,章帝时为尚书仆射,当时财政困难,尚书张林提出解决办法,"诏诸尚书通议。晖奏,据林言,不可施行。事遂寝"。后又有人提出张林之法,"有诏施行",晖在诏书下达之前通议中表示反对,章帝发怒:"切责诸尚书,晖等皆自系狱三日,诏敕出之。曰:'国家乐闻驳议……何故自系?'晖因称病笃,不肯复署议。尚书令以下惶怖……乃共劾奏晖。帝意解,寝其事。"可见皇帝在决策之前有集议制度,而且参加者还要署议。尚书起草的诏书由丞相、御史大夫(东汉三公中的司徒)认真审查后下达到中央和地各级行政机关执行,如果他们认为不当,可封还诏书,拒绝执行。《汉书·王嘉传》,拜丞相,汉哀帝欲封宠臣董贤,"心惮嘉,乃先使皇后父孔乡侯傅晏持诏书视(示)丞相御史,于是嘉与御史大夫贾延上封事(反对)",此事暂罢,数月后哀帝找了一个有力的理由下诏封董贤为侯,王嘉等没有反对,可当哀帝不久又增封董贤时,诏"下丞相、御史……嘉封还诏书"。《汉书·孙宝传》载,孙宝迁司直(佐丞相举不法),红阳侯王立通过南郡太守李尚,占垦荒田数百顷,将百姓早已开垦的官田也算在其中,然后隐瞒真情,"上书愿以入县官",汉成帝有诏郡平田予直,钱有贵一万万以上。"宝闻之,遣丞相史案验,发其奸,劾奏之,尚怀奸罔上……"在这里孙宝应是在上奏和诏书到丞相府审查过程中发现的不法行为。东汉后期诏令急捕党人,"案经三府,(太尉陈蕃)却之曰:'今所案者,皆海内人誉,忧国忠公之臣,不肯平署'"。丞相(司徒)对诏令颁发到全国各地行政部门或地区之后,还要严格监督检查其执行情况,"如律令"、"如诏书"即具体执行。最主要的办法是沿用战国以来制度,年底以律令和诏书为依据,检查官吏执行的情况,报给皇帝决定升降赏罚,即"上计"制度,对遵纪守令,户赋增加者升迁增秩,如"霸以外宽内明,得吏民心,户口岁增,治为天下第一,征为京兆尹,二千石"。也有上计不实而受罚的,众利侯郝贤于"元狩二年坐为上谷太守入戍卒财物计谩,免"。师古曰:"上财物之计簿欺谩不实"而免侯也。对诈伪文书者依法惩处。《汉书·田延年传》载,田延年为大司农,僦民牛车三万辆运河,"车值千钱,延年上簿","诈增僦值车二千,凡六千万,盗取其半",被告发,事下丞相府。丞相议奏延年"主守盗三千万,不道"。《后汉书·杨震传》载,杨震任太尉时,安帝东巡,中常侍樊丰等"因乘舆在外,竞修第宅"而违法。于是杨震"部掾高舒,召大匠(将作大匠)令史考校之,得丰等所诈诏书"。总之,汉代通过对文书的审稿、合署、复案、封驳、监督等形式的严格检查制度,既互相制约,又互相协作,保证了文书的质量和效率。

汉代对文书从发出到接收的各个环节都有着严格的规定,出土的诸多简牍记有文书的发出时间、封印情况、邮书种类和数量、文书交接时间、持送人、发文者、收文者等情况,并有收到文书时回复的要求。居延汉简中就有一份完整的记录诏书从发出到收讫的日期:

元康五年二月癸丑朔癸亥,御史大夫吉下丞相,承书从事,下当用者,如诏书。(10·33)

二月丁卯,丞相相下车骑将军、将军、中二千石、二千石、郡太守、诸侯相,承书从事,下当用者,如诏书……(10·30)

三月丙午,张掖长史延行太守事,肩水仓长汤兼行丞事下属国农部都尉、小府县官,承书从事,下当用者,如诏书……(10·32)

采用步行传递的文书,因传递距离较短,一般都规定当日送到,文书的封面和邮书簿上都记有文书传递的最大时限。如:

出亡人赤表函一,北……函行三时,中程。(502·3)

北书三封……界中九十五里,定行八时三分,实行七时二分。(157·14)

"界中"指在候官所属的沿线各燧间的距离;"定行"是时间的规定;"实行"是实际用去的时间。符合规定时间的叫"中程";提前的要写下实用时间。延误的(即"不中程")也要注明,如"十一月邮书留迟,不中程,各如牒"(55·11)。比较严重的,上级机关会来文追查原因,如:

临木卒戍付诚弩北隧卒则,界中八十里,定行九时,留迟一时,解何?"(133·23)

若不易查清,则让候长持邮书簿前去对质,如:

邮书失期,前檄召候长敞诣官对状。(123·55)

十一月邮书留迟,不中程,各如牒。晏等知邮书数留迟,为府职不事拘校,而委任小吏忘为中程,甚毋状,方议罚,檄到,各相与邸

校定,吏当坐者,言,须行法。(55·11,55·13)

简牍资料说明,文书传递有详细记录,作为上级检查的依据,对违背法定"程限"的,要追究责任。

第二节 汉代期会行政

汉代行政办事注重效率,简牍所见秦汉法令和行政文书对官员处理各类公文及其他政务,按其内容繁简、任务之轻重缓急,约定或依法规定了从受事到处理完成的期限,称为"期会行政"①。《汉书》卷92《陈遵传》就载一部刺史"当对尚书,有期会状",必须参加,不能误期。这在文献史籍中也有所反映,如"大臣特以簿书不报,期会之间,以为大故"。师古注曰:"言公卿大臣特以簿书期会为急。"②对于"不中程"或"留迟"、"不会会日"、"失期"、"后期"等延期误期、稽缓公文和办事的行政行为,依法追究责任,严惩不贷。《居延新简》载:"官去府七十里,书一日一夜当行百六十里,书积二日少半日乃到,解何。书到,各推辟界中,必得事案,到,如律令,言,会月廿六日,会月廿四日。"(E.P.S4.T2:8A)都尉府质询候官文书没有按时到的原因,要求二十六日将结果上报,提前到二十四日上报府。行政效率纳入法制轨道,保证了较高的行政执行效率。

一、行政办事的具体"时限"要求

汉代法律法规明确规定了各级行政部门及行政工作人员在行政办事中的相对固定的、经常的或定期的"常会"时限。中央有皇帝五日一听事的朝会、十月朔和岁旦定期举行的百官会。秦汉地方各级政府向中央汇报工作和处理行政事务大都有固定的时间,主要的"常会"有汇报行政工作的日会、月会、四时会、岁会,有限期办理行政事务的八月案

---

① 王伟:《汉代的"期会"行政方法》,北京大学硕士论文,2002年。
② 《汉书》卷48《贾谊传》。

比户口、八月底上报农田丰歉情况、十月上报库存粮食的数量、八月望上刍稾数、五月望报已垦田数、五月出赋和十月出刍、十二月到三月任免官吏、学童会八月朔日试、行书日毕、限时司法审判、九月会都试,有监督检查行政工作的刺史八月行部、守相春季行县。但是法律能规定"期会"的种类是有限的,行政本身的复杂多变性决定了会有更多临时性的事务产生。通常来讲,在一个讲求效率和目标的行政体系内部,每一项临时性行政任务的下达都应是存在完成时限的。汉简中有很多这样的简文,一般都是官府的下行文书,在陈述完命令内容后,多以"会某月某日"、"会月某日"明确表示完成的时间,由于文献的缺载和简牍的不完整性,我们只能知道有时限要求,但具体时限的长短无法确定,能够推算出行政具体办事时限的寥寥无几,下面我们根据仅有记载比较全的简牍资料来讨论行政具体办事时限。

(1) 悬泉置汉简一五五号《康居王使者册》

康居王使者杨伯刀、副扁阗,苏䩑王使者、姑墨副沙囷、即贵人为匿等皆叩头自言,前数为王奉献橐佗入敦煌关,县次赎食至酒泉昆归官,太守与杨伯刀等杂平直(值)肥瘦。今杨伯刀等复为王奉献橐佗入关,行直以次食至酒泉,酒泉太守独与吏直(值)畜,杨伯刀等不得见所献橐佗。姑墨为王献白牡橐佗一匹,牝二匹,以为黄,及杨伯刀等献橐佗皆肥,以为瘦,不如实,宽。永光五年六月癸酉(前39年六月初一)朔癸酉,使主客部大夫谓侍郎,当移敦煌太守,书到,验问,言状。事当奏闻,毋留,如律令。七月庚申(七月十八),敦煌太守弘、长史章、守部候修仁行丞事,谓县,写移书到,具移康居苏䩑王使者杨伯刀等献橐佗食用谷数,会月廿五日,如律令。掾登、属建、书佐政光。七月壬戌(七月二十),效谷守长合宗,守丞、敦煌左尉忠谓置,写移书到,具写传马止。

(2)《居延新简释粹》211条《甘露二年御史书》

1973年甘肃省居延考古队在居延肩水金关遗址出土了三枚木牍,内容为一份逐验文书,其释文如下:

甘露二年五月己丑朔甲辰(十六)朔丞相史充、御史守少史仁以请,诏有逐验大逆无道故广陵王胥御者惠同产第(弟),故长公主第(第)卿大婢外人,移郡太守,逐得试知。外人者,故长公主大奴千□等曰:外人,一名丽戎,字中夫,前太子守观奴婴齐妻,前死。丽戎从母捐之，字子文，私男弟（弟）偃，居主马市里第（第）。捐之姊子，故安道侯奴林，取不审县里男子字游为丽戎壻（婿），以牛车就（僦）载借田仓为事。始元二年中，主女孙为河间王后，与捐之偕之国。后丽戎、游从居主机（菜？）第（第），养男孙丁子沱。元凤元年中，主死，绝户，奴婢没入诸官。丽戎、游俱亡。丽戎脱籍，疑变更名字，远走绝迹，更为人妻，介罪民间，若死，毋从知。丽戎此时年可廿三、四岁，至今年可六十所。为人中壮，黄色，小头，黑发，隋（椭）面，枸（钩？）颐，常戚（蹙）额如频（颦）状，身小长，诈廱少言。书到，二千石遣毋（无）害都吏严教属县官令以下，啬夫、吏、正、三老，杂验问乡里吏民，赏（尝）取（娶）婢及免奴以为妻，年五十以上，刑（形）状类丽戎者，问父母昆弟（弟），本谁生子，务得请（情）实，发生从（踪）迹。毋赘聚，烦挠民。大逆同产当坐重事，推迹求穷，毋令居部界中不觉（举？）。得者书言白报，以邮亭行，诣长安传舍。重事当奏闻，必谨密之，毋留，如律令。六月，张掖太守毋适、丞勋敢告部都尉卒人，谓县，写移书到，趣报，如御史律令，敢告卒人。掾□、守卒史禹、置佐财。七月壬辰（初五），张掖肩水司马阳以秩次兼行都尉事，谓候、城尉，写移书到，搜索部界中，毋有，以书言，会廿日，如律令。掾逐、守属□。七月乙未（初八），肩水候福谓候长广□□，写移书到，搜索部界中，毋有，以书言，会月十五日，须报府，毋□□如律令。令史□。

（3）地节二年六月辛卯朔丁巳，肩水候房谓候长光，官以姑臧所移卒被兵本籍，为行边兵丞相史王卿治卒被兵以校阅，亭隧卒被兵皆多冒乱不相应或易处不如本籍，今写所治亭别被兵籍并编移书到，光以籍阅具卒兵，兵即不应籍，更实定此籍随即下所在亭，各实弩力石射步数，令可知事，诣官，会月廿八日夕，须以集为丞相史王卿治事，课后不如会日者必报，毋忽，如律令。（7·7A）

（4）元延二年八月乙卯，累虏候长敞敢言之，官檄曰：累虏六石弩一伤右橃；受降隧六石弩二，其一伤两橃，一伤右橃。遣吏持诣官，会月廿八日，谨遣骊喜隧长冯音持诣官，敢言之。（170·5A）

(5) 甲渠鄣候以邮行回①

府告居延甲渠鄣候,卅井关守丞匡十一月壬辰(十五日)檄言:"居延都田啬夫丁宫、禄福男子王歆等入关檄甲午(二七日)日入到府。"匡乙未(十八日)复檄言:"男子郭长入关檄丁酉(二十日)食时到府。"皆后宫等到,留迟。记到,各推辟界中,定吏主当坐者名。会月晦。有教。建武四年十一月戊戌(二十一)起府。

十一月辛丑(二十四日)甲渠守候告尉谓不侵候长宪等,写移檄到各推辟界中相付受日时,具状,会月二十六日如府记,律令。(E.P.F22:151A、B、C、D)

守丞匡檄一封,诣府。十一月壬辰(十五日)言:居延都田啬夫丁宫、禄福男子王歆等入关檄甲午(十七日)日入到府,留迟。

谨推辟验问。临木候长上官武、隧长陈阳等辞,不受卅井关守丞匡言宫、男子王歆等入关檄,不过界中。

十井关守丞匡檄一封,诣府。十一月乙未(十八日)言男子郭长入关檄丁酉(二十日)食时到府,留迟。

(6) 甲渠言,永以县官事行警檄,牢驹隧内中,驹死。永不当负驹。

建武三年十二月癸丑朔丁巳(初五),甲渠鄣候获叩头死罪敢言之。掾谭、尉史坚②。

府记曰,守塞尉放记言:"今年正月中从女子冯□借马一匹,从驹。今年③四月九日诣部,到居延收降亭,马罢。止害隧长焦永行檄还。放骑永所用驿马去。永持放马之止害隧。其日夜人定时,永骑放马行警檄。牢驹隧内中。明十日驹死。候长孟宪,隧长秦恭皆知状。"记到,验问,明处言④。会月二十五日。

前言解。谨验问放、宪,恭辞皆曰:今年四月九日,宪令隧长焦

---

① 府记邮签。"回"为封泥匣。此邮签以下至"会月二十六日如府记,律令",均写在一觚上。觚的四面上部都写有"甲渠鄣候以邮行回"。

② "掾谭尉史坚"五字写在《居延新简》E.P.F22:187简的背面"B",以下抄录的一件验问文书中的掾□□三字也写在一册文书的第一支简的背面"B"。这种署名方式或表示该掾、史为此案的承办人。

③ "从驹。今年",原文误作"从今年驹",现改正。

④ 处:判决。《汉书》卷85《谷永传》:"臣愚不能处也。"注:"断决也。"

永行府卿蔡君起居檄,至庶(遮)虏还,到居延收降亭,天雨。永止
须史去。尉放使士吏冯匡呼永曰:"马罢,持永所骑马来。"永即还
放马。持放马及驹随放后,归止害隧。即日昏时到吞北所,骑马更
取留隧驿马一匹,骑归吞远隧。其夜人定时,新沙署吏冯章行珍北
警檄来①。永求索放所。放马夜冒不能得。还骑放马行檄。取驹牢
隧内中去。到吞北隧□□□□罢□□□中步到……俱之止害隧取
驹去。到吞北隧下,驹死。

　　案:永以县官事行警檄,恐负时②,骑放马行檄。驹素罢劳,病
死。放又不以死驹付永。永不当负驹。放以县官马擅自假借,坐臧
(赃)为盗,请行法。获教敕要领放毋状,当并坐。

　　叩头死罪死罪,敢言之。(E.P.F22:186~201)

根据简(1),永光五年六月癸酉(前39年六月初一,六月是大月30
天)朔癸酉从中央下达到敦煌太守,七月庚申(七月十八),经48天到达
敦煌,郡下达到效谷县,给7天时间办理,本月二十五日完成,七月壬戌
(七月二十)效谷县下达到悬泉置,要求本月二十三日完成任务,只给3
天时间。根据简(2),这条诏书甘露二年(前52年)五月(十六)长安发
出,六月间张掖太守下达给肩水都尉,七月壬辰(初五)肩水都尉下达给
肩水候,要求在二十日上报结果(限15天时间),七月乙未(初八)肩水
候下达给金关候长、啬夫,要求在十五日上报到府(限7天时间),中央
到乡用51天(五月大,14天,六月小,29天=43天+8天=51天),肩
水都尉到肩水候只用了4天,而肩水候要求金关候长、啬夫在接到律令
后7天把调查结果上报到府。其效率是相当高的。根据简(3),"地节
二年六月辛卯朔丁巳"为公元前68年六月二十七日,肩水候房下达给
候长光的行政调查任务,"事诣官会月廿八日夕",就是本月的二十八日
要上报结果,只给1天的办事时间。根据简(4),元延二年八月乙卯是
公元前11年八月二十六日,累虏候长敞接受上级的行政失误行为的质
询,"遣吏持诣官,会月廿八日"就是本月的二十八日就派人到候官汇报
工作,只给2天办事时间。根据简(5),这则推辟文书是都尉府建武四
年十一月戊戌(二十一)起府。转发卅井关守丞匡府告居延甲渠鄣候,

---

① 署:驿站。新沙署,驿站名。
② 负:欠。此处为延误时间。

卅井关守丞匡十一月壬辰(十五日)檄言举劾"都田啬夫丁宫□"等入关檄"留迟"的案件给甲渠候官的,中经六天,要求甲渠候官在自己辖区内9天调查清楚这件事的真相,并"会月晦"(十一月三十日),甲渠候官3天以后即十一月辛丑(二十四日)告尉谓不侵候长宪等,会月二十六日,如府记、律令,把文书下达给不侵候长宪等,要求2天调查清楚这件事,并"会月二十六日",最后验问临木候长上官武、燧长陈阳等,"辞,不受卅井关守丞匡言宫、男子王歆等入关檄,不过界中",调查清了这件事的真实情况。推辞调查事实真相,采用的也是验问,而且验问的还是证人,只是重在事件本身,并且办理案件有期限要求,文书中府记指令甲渠候官"会月晦"。因此,甲渠候官命令各燧提前于"月二十六日"汇报推辞结果,以便能准时向都尉府汇报。根据简(6),建武三年十二月癸丑朔丁巳(初五)甲渠鄣候下达给候长孟宪、燧长秦恭调查司法案件的完成时间是"会月二十五日",就是本月的二十五日,规定了20天的完成期限。

由此可知,上级对下级规定的完成行政事务的具体期限各不相同,可能是根据级别的不同、经手人的多少、行政事务的重要程度和难易程度来决定时间长短。简(1)使主客部大夫谓侍郎,下达的敦煌太守的办事文书,郡下达到效谷县,给7天时间办理,效谷县下达到悬泉置,只给3天时间办理。简(2)是追捕犯人的诏书,搜捕犯人需要时间,需经过候官、候长、乡啬夫三个层次,肩水都尉给肩水候官的办事期限是15天,肩水候官给金关候长、啬夫的办事期限7天,给的时限相应长一些。简(3)肩水候官房下达给候长光的行政调查任务,事情小,层次少,只给一天的办事时间。简(4)累房候长敞接受上级候官的行政失误行为的质询,只给两天办事时间。简(5)是都尉府给甲渠候官的行政违法事件调查,要求甲渠候官在自己辖区内9天调查清楚这件事的真相,甲渠守候下达给不侵候长宪等,要求2天调查清楚这件事,甲渠鄣守候只用7天把结果上报到府,就提前两天。简(6)甲渠鄣候下达给候长孟宪、燧长秦恭调查司法案件的完成时间是20天,这个事件比较复杂,给的调查的时间长一些。郡级政府要求县级政府的行政办事时限有20、15、9、7天四个层次,县级政府要求乡级政府的行政办事时限有7、3、2、1天四个层次。汉代的碑文也可证明简文的行政办事具体时限的正确性,《韩仁铭》碑文中熹平四年十一月二十二日,司隶校尉命令河南尹为韩仁立碑,当日河南尹就下达给京县文书,要求碑建成后"表言"上报,并限定日期为十一月三十日,给 9 天完成时间。《张景碑》中宛令、右丞憕告追鼓贼曹掾石梁的文书,延熹二年八月十九日发出,要求完成任务并报告情况,限定日期为廿五日,要求 7 天完成任务。这与《唐律疏议》卷 9《职制》第 111 条"诸稽缓制书"条记载的注重效率的立法精神基本一致,《疏议》曰:"'官文书',谓在曹常行,非制、敕、奏抄者。依令:'小事五日程,中事十日程,大事二十日程,徒以上狱案辩定须断者三十日程。其通判及勾经三人以下者,给一日程;经四人以上,给二日程;大事各加一日程。'"

二、法律对行政办事稽缓的惩罚

汉代一方面以法令的形式从正面规定了官员行政办事的时限,另一方面又用"正刑定罪"的律来强制办事程限的实施。法令所规定的官员办事的完成时间,为法定时限限,超过这个期限,就是"稽缓",也就是办事迟缓,拖延期限,简牍常见有"不会会日"、"不中程"、"失期"、"留迟"、"留"等罪名。稽缓是要负刑事责任的,要严法惩罚。以刑罚为后盾保障行政办事的效率。

(一)"失期"(61·3;194·12),又称"失会"、"不会会日"、"不会"、"弗会",意为超过预定的期限,就是误了期限,这是秦汉时对官吏失职行为的处罚罪名,轻者谪戍,重者斩首。请看简文记载:

(1)"不会,治(笞);未盈卒岁得,以将阳有(又)行治(笞)。"今士五(伍)甲不会,治(笞)五十;未卒岁而得,治(笞)当驾(加)不当?当。(《法律答问》第 163 条)

可(何)谓"逋事"及"乏繇(徭)"?律所谓者,当繇(徭),吏、典已令之,即亡弗会,为"逋事";已阅及敦(屯)车食若行到繇(徭)所乃亡,皆为"乏繇(徭)"。(《法律答问》第 164 条)

(2)御中发征,乏弗行,赀二甲。失期三日到五日,谇;六日到旬,赀一盾;过旬,赀一甲。其得殹(也),及诣。水雨,除兴。(《秦律十八种·徭律》)

(3)发致及有传送,若诸有期会而失期,乏事,罚金二两。非乏事也,及书已具,留弗行,行书而留过旬,皆盈一日罚金二两。(《二

年律令·行书律》)

从简(1)、(2)秦律的记载,秦代赋税徭役的征发都是有"会期"的,"不会"、"弗会"就是不按期完成的要依法处罚,或笞刑或赀刑或谇刑。从简(3)汉律的记载,汉代"发致及有传送"也有期会的时限,若失期、停留不行,要处以罚金的刑罚。简牍中有"不会会日"受笞刑和罚的记载,见下(4)、(5)简:

(4) 候史广德坐不循行部塗、亭,趣具诸当所具者各如府都吏举,部糒不毕,又省官檄书不会会日,督五十。(57·108A)

(5) □□三月辛卯,中舨舨长张伯□兄秦仲陈伯等七人,相与为舨约,入舨钱二百,约二会,钱备,不备勿与同舨,即舨直行共侍,非前谒,病不行者,罚日卅;毋人者,以庸贾;器物不具,物责十钱。共事,已,器物毁、伤之,及亡,舨共负之。非其器物,擅取之,罚百钱。舨吏令会,不会会日,罚五十。会而计不具者,罚比不会,为舨吏□器物及人。①

传世资料中所记载的"失期"之事,多与军事武备有关,如汉武帝时"张骞为卫尉,与李广俱出右北平,击匈奴。匈奴围李将军,军士亡多,而张骞后期当斩,赎为庶人"(《汉书·张骞传》)。从上列汉简看,"失期"是一个概括性较强的罪名,凡是延误公务时效的行为均可构成"失期"之罪。

(二)"留迟"、"留"、"不中程"、"盈"。

从下面(6)、(7)简中秦汉法律的规定,"留迟"又作"留稺"、"留"、"不中程",就是不符合程限,或未按时送达,或稽留文书。"盈"是超过时限。公事应行即行,行要高速度,应行而稽留,都要依法按日严惩,保证行政办事的速度。简(8)、(9)、(10)、(11)是因为行政办事"留迟"、"留"而获罪,受到法律惩罚的。

(6) 行命书及书署急者,辄行之;不急者,日觱(毕),勿敢留。留者以律论之。(《秦律十八种·行书律》第183条)

(7) 邮人行书,一日一夜行二百里。不中程半日,笞五十;过半日至盈一日,笞百;过一日,罚金二两。邮吏居界过书,J二七三弗

---

① 裘锡圭:《湖北江陵凤凰山十号汉墓出土简牍考释》,《文物》1974年第7期。

过而留之,半日以上,罚金一两。书不当以邮行者,为送告县道,以次传行之。诸行书而毁封者,皆罚金 J 二七四 一两。(《二年律令·行书律》)

军(?)吏缘边县道,得和为毒,毒矢谨臧(藏)。节追外蛮夷盗,以假之,事已辄收臧(藏)。匿及弗归,盈五日,以律论。J 一九(《二年律令·贼律》)

所告毋得者,若不尽告其与,皆不得除罪。诸予劫人者钱财,及为人劫者,同居 J 七二 智(知)弗告吏,皆与劫人者同罪。劫人者去,未盈一日,能自颇捕,若偏(徧)告吏,皆除。J 七三(《二年律令·盗律》)

诸有叚(假)于县道官,事已,叚(假)当归。弗归,盈二十日,以私自叚(假)律论。其叚(假)别在它所,有(又)物故毋道归叚(假)者,自言在 J 七八 所县道官,县道官以书告叚(假)在所县道官收之。其不自言,盈廿日,亦以私自假律论。其假已前入它官及在县道官廷(?)J 七九(《二年律令·盗律》)

毋敢□界而环(还)。吏将徒,追求盗贼,必伍之,盗贼以短兵杀伤其将及伍人,而弗能捕得,皆戍边二岁。三十日中能得其半以上,尽除其罪;J 一四一 得不能半,得者独除;死事者,置后如律。大瘢臂臑股胅,或诛斩,除。与盗贼遇而去北,及力足以追逮捕之□□□□□□□□J 一四二 留畏耎弗敢就,夺其将爵一络(级),免之,毋爵者戍边两岁。(《二年律令·捕律》)

群盗、盗贼发,告吏,吏匿弗言其县廷,言之而留盈一日,以其故不得,皆以鞫狱故纵论之。J 一四六(《二年律令·捕律》)

恒以八月令乡部啬夫、吏、令史相襍案户籍,副臧(藏)其廷。有移徙者,辄移户及年籍爵细徙所,并封。留弗移,移不并封,J 三二八 及实不徙数盈十日,皆罚金四两;数在所正、典弗告,与同罪。乡部啬夫、吏主及案户者弗得,罚金 J 三二九 各一两。J 三三○(《二年律令·户律》)

民欲先令相分田宅、奴婢、财物,乡部啬夫身听其令,皆参辨券书之,辄上 J 三三四 如户籍。有争者,以券书从事;毋券书,勿听。所分田宅,不为户,得有之,至八月书户,留难先令,弗为券书,J 三三五 罚金一两。J 三三六(《二年律令·户律》)

父母及妻不幸死者已葬卅日,子、同产、大父母、大父母之同产十五日之官。J 三七七(《二年律令·置后律》)

当戍,已受令而逋不行盈七日,若戍盗去署及亡盈一日到七日,赎耐;过七日,耐为隶臣;过三月,完为城旦。J 三九八(《二年律令·兴律》)

(8)□九月诣府,定行道十三日,留稽。叩头,死罪死罪。(E. P. T53∶128)

(9)坐闰月乙卯官移府行事檄,留迟三时九分,不以马行,适为戍卒城仓转一两致官,会月十五日毕。(E. P. T59∶96)

(10)□□坐留不□行满一日,耐为鬼□□。(E. P. T59∶327)

(11)河东守谳:邮人官大夫内留书八日,詐(诈)更其徼(檄)书辟留,疑罪。廷报:内当以为伪书论。(《奏谳书》)J 六〇

三、行政办事效率的效果

秦汉法律规定了官员办事程限,使行政效率的标准有法可依,并且建立制度以督促法定行政效率付诸实现。可以说,秦汉对行政效率的管理已制度化、法律化。问题的关键是,已制度化、法律化的行政效率是否真正得到了实现。秦汉政事的处理大都能够按照法定的时间,保证行政办事有较高的效率。请看简文:

(1) 令史谭劾状①(E. P. T68∶1~12)

① 劾章

建武五年五月乙亥朔丁丑(初三),主官令史谭劾移居延狱,以律令从事。

甲渠塞百石士吏居延安国里公乘冯匡,年三十二岁,始建国天凤上戊六年三月己亥除署第四部士吏。病欬(咳)短气,主亭隧七所唶呼。七月□□除署除四(第十)部。士吏□匡软弱不任吏职,以令斥免。

---

① 标题"令史谭劾状",以及文中的小标题"劾章"、"状辞",均笔者所加。以下各劾文书同此。以下(1)、(2)、(3)、(4)、(5)的劾状引文,参考高恒《秦汉简牍中法制文书辑考》的整理成果,社会科学文献出版社 2008 年版,第 302~307 页。

五月丁丑甲渠守候博移居延,写移如律令。

掾谭

② 状辞

建武五年五月乙亥朔丁丑(初三日),主官令史谭敢言之,谨移劾状一编敢言之。

状辞:公乘居延鞮汗里,年卌(四十)九岁,姓夏侯氏,为甲渠候官斗食令史、署主官以主领吏备资贼为职。士吏冯匡建国天凤上戊六年七月壬辰,除署第十部士吏。案匡软弱不任吏职,以令斥免。

(2) 令史立劾状(E. P. T68:13~28)

① 劾章

建武五年九癸酉朔壬午(初十日),甲渠令史劾移居延狱,以律令从事。

乃九月庚辰(初八日),甲渠第四守候长居延市阳里上造原宪,与主官人谭与宪("与宪"衍文)争言斗。宪以剑击伤谭匃(胸)一所,骑马驰南去。候即时与令史立等逐捕到宪治所,不能及。验问隧长王长,辞曰:"宪带剑持官弩一,箭十一枚,大革橐一,盛糒①三斗,米五斗,骑马阑越②隧南塞天田③出,西南去。"以此知而劾,无长吏教使,劾者状具此。

掾谭

② 状辞

建武五年九月癸酉朔壬午(初十日),令史立敢言之,谨移劾劾("劾"衍文)状。

状辞:上造居延累山里,年卌(四十)八岁,姓周氏。建武五年八月中,除为甲渠官斗食令史,备寇虏盗贼为职。至今月八日,客民不审□让持酒来过候,饮。第四守候长原宪诣官,候赐宪、主官谭等酒。酒尽,让欲去,候复持酒出,之堂煌④上饮。再行酒尽,皆起。让与候史、候□□夏候谭争言斗,宪以所带剑击伤谭匃(胸)一所,

---

① 糒:干粮。
② 阑越:擅自偷越边境。
③ 天田:防御工事。沿边塞布沙土带,经常耕锄松土,人马踏上,即可知。
④ 堂煌:即堂皇,讲武榭。《汉书》卷67《胡建传》:"监御史与军诸校列坐堂皇上。"注:"室无四壁曰榭。"《汉书补注》:"今为讲武榭。"

广二寸,长六寸,深至骨。宪带剑持官六石具弩一,橐矢铜镞十一枚,持大□橐一,盛糒三斗,米五斗,骑马阑越隧南塞天田出。案宪斗伤、盗官兵,持禁物阑越于边关白儌(徼)亡,逐捕未得。它案验未竟。

(3) 不侵守候长业劾状(E.P.T68:54~76)

① 劾章

建武六年三月庚子朔甲辰(初五日),不侵守候长业劾移居延狱,以律令从事。

乃今月三日壬寅(初三日),居延常安亭长王闳、子男同、攻虏亭长赵常,及客民赵闳、范翁一("一"衍文)等五人俱亡。皆共盗官兵、赃千钱以上,带刀、剑及铍各一,又各持锥、小尺、白刀、箴各一。阑越甲渠当曲隧塞,从河水中天田出。○案常等持禁物儌(徼)。逐捕未得,它案验未竟。

三月己酉(初十日),甲渠守候移移("移"衍文)居延。写移如律令。

掾谭、令史嘉

② 状辞

建武六年三月庚子朔甲辰(初五日),不侵守候长业敢言之。

状辞曰:公乘居延中宿里,年五十一岁,姓陈氏。今年正月中,府补守候长署①不侵部,主领吏迹候备寇盗贼为职。乃今月三日壬寅,居延常安亭长王闳、闳子男同、攻虏亭长赵常,及客民赵闳、范翁等五人俱亡。皆共盗官兵、赃千钱以上,带大刀、剑及铍各一,又各持锥、小尺、白刀、箴各一。阑越甲渠当曲隧塞,从河水中天田出。案常等持禁物阑越塞于边关儌(徼)。逐捕未得,它案验未竟。以此知而劾,无长吏使劾者。状具此。

(4) 令吏×劾状(E.P.T68:81~102)

① 劾章

建武五年十二月辛未朔戊子(十八日),令史劾,将褒诣居延狱,以律令从事。

乃今月(十二月)十一日辛巳日且入时,胡虏入甲渠木中隧塞天

---

① 署:署理,代理。

田,攻木中隧。隧长陈阳为举坞上二烽,坞上大表一、燔一积薪,城北隧助吏李丹候望,见木中隧有烟,不见烽。候长王褒即使丹骑马一匹驰往逆①辞,未到木中隧里所。胡虏四、步人("人"系入之误)从河中出,上岸逐丹,虏二骑从后来共围遮②,略得丹及所骑驿马持去。案褒,典主而擅使丹乘用驿马为虏所略得,失亡马。褒不以时燔举,而举坞上一苣火、燔一积薪。燔举不如品约③,不忧事边。

② 状辞

状辞曰:上造居延累山里年卅(四十)八岁姓周氏、为甲渠候官斗令史,以主领吏备寇虏为职。乃今月十一日辛巳日且入时,胡虏入木中隧塞天田,攻木中隧。隧长陈阳为举坞上二烽,坞上大表一、燔一积薪。城北隧助吏李丹候望,见木中隧□□□□□候长王褒即使李丹骑驿马一匹,驰□□□里所。胡虏四,步入从河□得丹及所骑马□□丹乘用驿马□□□举坞上苣火□。

(5)候长昌林劾状(E.P.T68:29~40)

① 劾章

建武六年四月己巳朔己丑(二十一日),甲渠候长昌林劾,将良诣居延狱,以律令从事。

四月己丑,甲渠守候移居延,写移如律令。

② 状辞

建武六年四月己巳朔戊子(二十日),甲渠守候长昌林敢言之,谨移劾状一编敢言之。

状辞:皆曰名爵县里件姓官实禄各如律④。皆□迹候,备盗贼寇虏为职。乃丁亥(十九日)新占民居延临仁里赵良阑越塞。验问良,辞曰:"今月十八日卅所食,之居延博望亭部采胡,于其莫⑤日入后,欲还归邑中,夜行迷河("河",渡之误)河,阑越甲渠却适隧北塞

---

① 逆:迎。
② 遮:拦住。《史记》卷48《陈涉世家》:"陈王出,遮道而呼涉。"
③ 品约:指《塞上烽火品约》。全品约共七十条。见《居延新简》E.P.F16:1~17。
④ 状辞的开头必须具体写明举劾者的"名爵县里年姓官禄",如前文所录"劾文书""状辞"。此件状辞从略,仅申明举劾者的"名爵县里年姓官禄各如律"。
⑤ 莫:暮。

天田出入。以此知而劾,无长吏使劾者。状具此。

上录五件甲渠候官(县级政府)对接到的下级上呈的文书大都当天完成,最多不超过两天,其中四件劾章和状辞是同一日写成,故日期相同,难以区分先后。(5)劾章的日期为"建武六年四月己巳朔己丑"(二十一日),晚状辞一日"二十日"(己巳朔戊子),表明状辞先于劾章。行政办事当日就完成的,效率是相当高的。

(6)永始五年闰月己巳朔丙子(元延元年闰正月初八),北乡啬夫忠敢言之:义成里崔自当自言为家私市居延。谨案:自当毋官狱征事,当得取传。谒移肩水金关、居延县索关,敢言之。闰月丙子(闰正月初八),觚得丞彭移肩水金关、居延县索关。书到,如律令。掾晏、令史建。(《合校》15·19)

这是汉代私传正文的一般格式,李均明《汉简所见出入符、传与出入名籍》有专门研究,私传由乡级政府乡啬夫出具"毋官狱征事"的证明,然后由县级政府"觚得丞彭"确认并由掾属签署。县级政府是当天受理当天办毕。

张家山汉简《奏谳书》(十七)乞鞠,是按司法审判制度规定的时间办理的。《周礼·秋官·朝士》:"期内之治听,期外不听。"注引郑司农云:"谓在期内者听,期外者不听,若今时徒论决,满三月,不得乞鞠。"四月丙辰(秦王政元年四月十一日),乞鞠,依律,断狱后三个月之内提出,这是秦汉法律的规定。《二年律令·具律》:"罪人狱已决,自以罪不当,欲气(乞)鞠者,许之。气(乞)鞠不审,驾(加)罪一等;其欲复气(乞)鞠,当刑者,刑乃听之。死罪不得自气(乞)**114**(C284)鞠,其父、母、兄、姊、弟、夫、妻、子欲为气(乞)鞠,许之。其不审,黥为城旦舂。年未盈十岁为气(乞)鞠,勿听。狱已决盈一岁,不**115**(C283)得气(乞)鞠。气(乞)鞠者各辞在所县道,县道官令、长、丞谨听,书其气(乞)鞠,上狱属所二千石官,二千石官令都吏覆之。都吏所覆治,廷**116**(C282)及郡各移旁近郡,御史、丞相所覆治移廷。"《法律答问》:"以乞鞠及为人乞鞠者,狱已断乃听,且未断犹听殹(也)?狱断乃听之。失鋬足,论可(何)殹(也)?如失刑罪。"(第115条)该案原案于元年十二月癸亥(二十六日)开始审理,二年二月癸亥(十七日)判决。四月丙辰(秦王政元年四月十一日)提出乞鞠,二年十月癸酉朔戊寅(秦王政二年十月六日)结案。《奏谳书》案例十七"乞鞠"的提出不满三月,符合此制。该案是"二月癸亥"断决,"四月丙辰"乞鞫,断决后五十四天就申请重审,没过期限。

《建武三年十二月粟君所责寇恩事》①文书分四件:乙卯、戊辰、辛未、己卯爰书,第一件日期建武三年十二月癸丑朔乙卯,为十二月初三,第二件事时间是建武三年十二月癸丑朔戊辰,即十二月十六,相隔十三日。第三件时间建武三年十二月癸丑朔辛未,即十二月十九,与上次相隔三天,两次审讯之间必须经过三日(复审)②,这是乡啬夫向县廷报告审问结案的文书。第四件的时间十二月己卯,即二十七日,用八天时间,是县廷做的判决,通知甲渠候官③。

曲阜孔庙的元嘉三年《奏置百石卒史碑》载,鲁国相上书中央司徒、司空府为孔子庙置百石卒史一人,元嘉三年三月丙子朔,二十七日"丙寅"(丙寅为三月二十七日)司徒、司空上奏皇帝,是为郡国人事安排要请示中央,当日即下鲁相;永兴元年六月甲辰朔,十八日辛酉(即六月十八日),鲁相办理完毕,上奏司空府,共用81天,包括传达过程和办理,不到三个月时间。

由上可知,这些行政事务处理完毕的时间符合法定的时限,法律所规定的行政效率在行政实务中得到了实现。用一天或两天或三天或七天处理完毕一个案件,应该说办事速度很快,效率很高,十几天处理完毕一件较复杂的案件,办事效率也是很高的。秦汉这种行政立法注重效率的原则,与我国最早的成文行政法典《唐六典》、法律《唐律疏议》是一致的,为以后历代王朝的注重办事效率的行政立法提供了蓝本,也说明中国传统行政立法注重效率的原则是源自秦汉的。

第三节　汉代质量行政

汉代的质量行政就是追求行政执行的质量,要求行政执行具有准确

---

① 《居延新简》E.P.F22:1~36。
② 《史记》卷122《酷吏列传·张汤传》记载,集解苏林曰:"谓传囚也。爰,易也。以此书易其辞处。鞫,穷也。"张晏曰:"传,考证验也。爰书,自证不如此言,反受其罪,讯考三日复问之,知与前辞同不也。鞫,一吏为读状,论其报行也。"
③ 许同莘:《公牍学史》,档案出版社1989年版,第40~43页。

性,对上级政令必须完整、准确地传达到下级,并得到坚决贯彻执行,而不能在执行过程中变形。汉代为了保证行政的质量,依法治官,在行政法中对各级行政机构、行政官吏行政办事的质量有严格的规定,规定各级行政机构、行政官吏有权作出某种行为、有义务必须做某种行为和不得为某种行为的禁止性规范,对违法失职行政行为追究责任,并且规定了追究责任的形式和处罚类型,是行政问责的法律依据。把权力和责任结合起来,增强各级政府和官吏的责任感,提高行政质量。

一、法律规定官吏有权应该做某行政行为,而禁止做某种违法或越权的行为

官吏违法或越权行政是影响行政质量的原因之一,汉律规定各级行政机构、行政官吏有权应该做某行政行为,而禁止做某种违法或越权的行为。在文献中常见"毋敢"、"不得"、"勿敢"、"毋"等字样。法律规定的各级行政机构、行政官吏有权必须作出某种行为,可分为两种情况,一是授权性的法律规范,二是必须做某种行为的义务性规范。例如:

(1) 县、都官、十二郡免除吏及佐、群官属,以十二月朔日免除,尽三月而止之。其有死亡及故有缺者,为补之,毋须时。(《秦律十八种·置吏律》)

(2) 行命书及书署急者,辄行之;不急者,日毕,勿敢留。留者以律论之。(《秦律十八种·行书律》)

(3) 有事请也,必以书,毋口请,毋羁(羁)请。(《秦律十八种·内史杂》)

(4) 群盗杀伤人、贼杀伤人、强盗,即发县道,县道亟为发吏徒足以追捕之,尉分将,令兼将,亟诣盗贼发及之所,以穷追捕之,毋敢界而环(还)。J一四〇(《二年律令·捕律》)

(1)是授权性规范。县、都官和十二个郡有权在每年十二月初到三月底以前,任免自己机关内的史、佐和属员等下级官吏,如有因死亡和其他原因出现缺员,则有权随时补充任命,但不能不按这个时限任免干部。(2)、(3)、(4)都属于义务性的法律规范。(2)遇有皇帝的命书和标明急件的文书,必须立即传送,不急的文书,当日完毕,不能稽留,若稽留者,以法律论处。(3)下级有事向上级请示必须用书面报告,不能口头

请示,也不能稽缓请示。(4)县道发生盗贼时,县令、县尉必须立即组织并率领人到所发地进行追捕,不能稽留。在这四条材料中也同时规定了各级行政机构、行政官吏不得为某种行为的禁止性规范,(1)中的"毋须时"、(2)中的"勿敢留"、(3)中的"毋口请,毋毄(羁)请"、(4)中的"毋敢界而环(还)"均属禁止性法律规范,对违背禁止性规范而为之的行为,要追究责任,"以律论之"。

二、法律规定官吏应该怎么做某行政行为与不作为的行政行为

官吏严重失职直接影响行政质量,秦汉法律法规规定各级官吏对自己职权范围应该怎么做与不做的行政行为,要追究行政不作为的责任。文献中常见"不"、"弗"做什么。我们主要以张家山汉简的《二年律令》来说明这个问题,试举例如下:

(1)毋敢界而环(还)。吏将徒,追求盗贼,必伍之,盗贼以短兵杀伤其将及伍人,而弗能捕得,皆戍边二岁。三十日中能得其半以上,尽除其罪;J—四—得不能半,得者独除;死事者,置后如律。大痍臂臑股胠,或诛斩,除。与盗贼遇而去北,及力足以追逮捕之[而][官]□□□□遝J—四二留畏愞弗敢就,夺其将爵一络(级),免之,毋爵者戍边二岁;[而][罚][其][所][将][吏][徒][以][卒][戍]边[各][一][岁]。兴吏徒追盗贼,已受令而逋,以畏愞论之。J—四三(《二年律令·捕律》)

盗贼发,士吏、求盗部者,及令、丞、尉弗觉智(知),士吏、求盗皆以卒戍边二岁,令、丞、尉罚金各四两。令、丞、尉能先觉智(知),求捕其盗贼,及自劾,论J—四四吏部主者,除令、丞、尉罚。一岁中盗贼发而令、丞、尉所(?)不觉智(知)三发以上,皆为不胜任,免之。J—四五(《二年律令·捕律》)

群盗、盗贼发,告吏,吏匿弗言其县廷,言之而留盈一日,以其故不得,皆以鞫狱故纵论之。(《二年律令·捕律》)

(2)鞫(鞠)狱故纵、不直,及诊、报、辟故弗穷审者,死罪,斩左止(趾)为城旦,它各以其罪论之。劾人不审,为失;其轻罪也而故以重劾之,为不直。(《二年律令·具律》)

(3)御史言,越塞阑关,论未有□,请阑出入塞之津关,黥为城

旦舂;越塞,斩左止(趾)为城旦;吏卒主者弗得,赎耐;令,**J四八八**丞、令史罚金四两。智(知)其请(情)而出入之,及假予人符传,令以阑出入者,与同罪。非其所□为□而擅为传出入津关,**以J四八九**传令阑令论,及所为传者。县邑传塞,及备塞都尉、关吏、官属人、军吏卒乘塞者□其□□□□日□□牧□□**J四九○**塞邮、门亭行书者得以符出入。制曰:可。**J四九一**(《二年律令·津关令》)

(4) 有任人以为吏,其所任不廉、不胜任以免,亦免任者。其非吏及宦也,罚金四两,戍边二岁。**J二一○**(《二年律令·置吏律》)

(5) 发致及有传送,若诸有期会而失期,乏事,罚金二两。非乏事也,及书已具,留弗行,行书而留过旬,皆**J二六九**盈一日罚金二两。**J二七○**(《二年律令·行书律》)

邮人行书,一日一夜行二百里。不中程半日,笞五十;过半日至盈一日,笞百;过一日,罚金二两。邮吏居界过书,**J二七三**弗过而留之,半日以上,罚金一两。书不当以邮行者,为送告县道,以次传行之。诸行书而毁封者,皆罚金**J二七四**一两。(《二年律令·行书律》)

(6) 恒以八月令乡部啬夫、吏、令史相襍案户籍,副臧(藏)其廷。有移徙者,辄移户及年籍爵细徙所,并封。留弗移,移不并封,**J三二八**及实不徙数盈十日,皆罚金四两;数在所正、典弗告,与同罪。乡部啬夫、吏主及案户者弗告,罚金**J三二九**各一两。**J三三○**(《二年律令·户律》)

(1)《捕律》规定,县道辖区内发生盗贼,县令县尉要及时带领人到发生地追捕盗贼,与盗贼相遇,斗而不能抓住盗贼、逃跑、畏缩不敢前进都要追究责任。(2)《具律》中规定在司法审判过程中,"不直"、"弗穷审"、"不审"、"不直",就是检举揭发罪行,不认证审查,造成有所出入的,轻罪以重罪检举者,审判案件出入人罪者,检验、决断、审理不能追查到底者,都要追究责任。(3)《津关令》规定,没有符传而出入塞,守塞官吏不能捉拿住,是要追究责任的。(4)《置吏律》规定保举推荐官吏,所荐官吏不廉洁、不胜任其本职工作被免职的,其举主要担负连带责任。(5)《行书律》规定,汉代"发致及有传送"有期会的时限,若失期、停留不行,要处以罚金的刑罚。行书有程限的规定,若"不中程"就是不符合行书速度的规定,"弗过而留之"就是不及时送过去而停留不行,都要追究责任的。(6)《户律》规定,乡部啬夫、吏、令史检查登记户籍,对于迁徙的户和年籍爵细要及时做移文,并加封转交给迁徙地,如果停留不移文或移文不加封都要追究责任的。

三、法律规定官吏无权做某种行政行为而越权做某种行政行为

越权行政危害行政质量,秦汉法律规定官吏未经法律授权,而超越职权范围行事,就要追究责任,文献中常见"擅"为。例如:

(1)擅赋敛者,罚金四两,责所赋敛偿主。(《二年律令·杂律》)

(2)官各有辨,非其官事勿敢为,非所听勿敢听。诸使而传不名取卒、甲兵、禾稼志者,勿敢擅予。」二一六(《二年律令·置吏律》)

(3)官为作务、市及受租、质钱,皆为缿,封以令、丞印而入,与参辨券之,辄入钱缿中,上中辨其廷。质者毋与券。租、质、户赋、园池入钱」四二九县道官,勿敢擅用,三月壹上见金、钱数二千石官,二千石官上丞相、御史。(《二年律令·金布律》)

(4)治狱者,各以其告劾治之。敢放讯杜雅,求其它罪,及人毋告劾而擅覆治之,皆以鞫狱故不直论。」一一三(《二年律令·具律》)

(1)《杂律》规定,擅自向老百姓征收赋税的官吏,是要追究责任的,不仅处以罚金,还要如数赔偿。(2)《置吏律》规定,官吏奉使出巡所持符传,没有明确记载要卒甲、兵器、禾稼的簿书,不能擅自给予。(3)《金布律》规定,各行政机关和官吏的手工业、商业、抵押、出租、园池等收入的钱,县道官不能擅自使用,必须上报郡守,郡守上报中央。(4)《具律》规定,审理案件要根据告劾的罪状,没有人告劾就不能擅自审理,否则要"以鞫狱故不直论"处。

四、法律规定官吏应该怎么做好而不做好,弄虚作假、欺骗上级的行政行为

欺诈行政破坏行政质量,秦汉法律法规规定,违法行政、弄虚作假,要追究欺诈行政的责任,文献中常见"诈"、"伪"。例如:

(1) 为(伪)听命书,法(废)弗行,耐为侯(候);不辟(避)席立,赀二甲,法(废)。(《睡虎地秦墓竹简·秦律杂抄》)

廷行事吏为诅伪,赀盾以上,行其论,有(又)废之。(《睡虎地秦墓竹简·法律答问》)

敢深益其劳岁数者,赀一甲,弃劳。(《睡虎地秦墓竹简·秦律杂抄》)

(2)伪写皇帝信玺、皇帝行玺、要(腰)斩以匀(徇)。J 九 伪写彻侯印,弃市;小官印,完为城旦舂 J 一〇 挢(矫)制,害者,弃市;不害,罚金四两。J 一一 诸上书及有言也而谩,完为城旦舂。其误不审,罚金四两。J 一二 为伪书者,黥为城旦舂。J 一三 □诸诈(诈)增减券书,及为书故诈(诈)弗副,其以避负偿,若受赏赐财物,皆坐臧(赃)为盗。其以避论,及所不当 J 一四 (得为),以所避罪罪之。所避毋罪名,罪名不盈四两,及毋避也,皆罚金四两。J 一五 毁封,以它完封印印之,耐为隶臣妾。J 一六 □□□而误多少其实,及误脱字,罚金一两。误,其事可行者,勿论。J 一七 (《二年律令·贼律》)

(3)诸诈(诈)伪自爵、爵免、免人者,皆黥为城旦舂。吏智(知)而行者,与同罪。J 三九四 (《二年律令·爵律》)

(4)译讯人为(诈)伪,以出入罪人,死罪,黥为城旦舂;它各以其所出入罪反罪之。J 一一 (《二年律令·具律》)

(5)诬告人以死罪,黥为城旦舂;它各反其罪。J 一二六 (《二年律令·告律》)

(6)民宅园户籍,年细籍、田比地籍、田命籍、田租籍,谨副上县廷,皆以篋若匣匵盛,缄闭,以令若丞、J 三三一 官啬夫印封,独别为府,封府户;节(即)有当治为者,令史、吏主者完封奏(凑)令若丞印,啬夫发,即杂治为;J 三三二 臧(藏)府已,辄复缄闭封臧(藏),不从律者罚金各四两。其或为诈(诈)伪,有增减也,而弗能得,赎耐。(《二年律令·户律》)

(1)中秦律规定,官吏假装执行国家法令,阳奉阴违,要严加惩处;办理行政事务弄虚作假的,要给予罚盾或撤职的处分;私自增加劳绩年数的,罚一甲,并取消其劳绩。(2)中汉律《贼律》规定"伪写皇帝信玺、皇帝行玺"、"伪写彻侯印"、"挢(矫)制"、"上书及有言也而谩"、"(诈)增减券书,及为书故诈(诈)弗副"、"毁封,以它完封印印之"等欺诈行为,都要追究责任。(3)中《爵律》规定诈伪自己爵位、免除自己或他人之罪,要追究责任。(4)汉律《具律》规定,翻译少数民族语言审讯犯罪人弄虚作假,造成出入人罪的要追究责任,"各以其所出入罪反罪之"。(5)汉律《告律》规定诬告人罪的也要"各反其罪"。(6)诈伪民户住宅簿籍、田比地籍、户籍年龄、"田命籍"、"田租籍",造成有所增减的,要追究责任。

五、法律规定官吏贪污受贿的行政行为

贪污受贿行政是造成行政质量差的主要原因,要追究责任,常见名目有"受赇以枉法"、"受所监临"、"主守盗"等。例如:

(1)受赇以枉法,及行赇者,皆坐其臧(赃)为盗。罪重于盗者,以重者论之。J六〇(《二年律令·盗律》)

(2)鞫(鞠)狱故纵、不直,及诊、报、辟故弗穷审者,死罪,斩左止(趾)为城旦,它各以其罪论之。其当毄(繫)城旦舂,作官府偿日者,J九三罚岁金八两;不盈岁者,罚金四两。J九四□□□□两,购、没入、负偿,各以其直(值)数负之。其受赇者,驾(加)其罪二等。所予臧(赃)罪重,以重者论之,亦驾(加)二等。其非故也,而失不J九五审者,以其赎论之。(《二年律令·具律》)

(1)《盗律》规定,官吏受贿而违法行事,要以坐赃罪论处。(2)《具律》规定,司法官吏审判案件,出入人罪要依法追究责任,但对于受贿造成出入人罪的,处罚更重,"驾(加)其罪二等"。

第五章 汉代形式多样的行政监督制度

行政监督是行政管理工作的重要一环,提高行政执行力,就必须加大决策执行、监督和责任追究力度,坚持从严治政,确保政令畅通。汉代建立了多层次、立体化的行政监督体系,监督形式多样化,监督内容广泛,对中央及地方吏治好坏、经济情况、治安情况及发现人才状况进行有效监督,完善执行责任监督、考核、评议和责任追究制度,使行政监督贯穿于行政决策、行政执行的每一个环节,在一定程度上做到有权必有责、用权受监督、侵权要赔偿、违法受追究。

第一节 汉代行政监督的体系

一、行政组织内部的监督

汉代在行政组织内部确立了上级对下级的监督权,各行政组织之间互相监督,并在行政组织内部设置具有权威性和独立性的专职监察人员,协助各行政长官对行政活动负责必要的定期或不定期的监督与检查。

（一）中央最高行政机关对郡国行政的监督

汉代的丞相总领行政权，监督中央和地方的行政工作，而御史大夫是副丞相，"内承本朝之风化，外佐丞相总领天下"①，辅佐丞相处理全国政事。西汉初年，实际政务由丞相及副手御史大夫共同掌理，无论选举、按吏、捕盗贼，全是二府共管。如京兆尹赵广汉有罪，"事下丞相、御史，案验甚急"②。汉武帝将章奏的拆读和审议之权转归尚书，丞相通过尚书问状劾奏，但还保留领衔上奏的形式，实际是分割了宰相的权力。汉成帝（前132～前7年）改称丞相、大司马、大司空为三公，将相权一分为三，共同负责，而尚书职权扩大，分曹办事。至光武帝刘秀独揽大权，近臣尚书促成掌管政事的重臣。《唐六典》载："秦置尚书禁中，有令丞，掌通章奏而已，事皆决丞相府，汉武宣后稍委任，光武亲总吏职，天下事皆上尚书，与人主参决，乃下三府。"③而实际上东汉三公对政事共同负责，"当时尚书不过预闻国政，未尝尽夺三公之权也"④。《续汉书·百官志》中司徒、司空、太尉条下分别注有掌四方民事、水土、兵事、功课，"岁尽即奏其殿最而行赏罚"，遇事合议而行之。故《后汉书·陈忠传》说，三公"入见参对而议政事，出则监察而董事非"。东汉政事失误，总要追究三公之责任。元初二年五月，京师大旱，河南及郡国十九发生蝗灾，诏曰："三司既不奏闻，又无举正，欺罔罪大。"总之，终汉一代，丞相、御史大夫是中央最高行政长官，有监督郡国行政之权，而尚令台只是侵夺了部分行政权，主要是对丞相和御史大夫的行政工作进行监督，所以王符在《潜夫论》中揭露东汉末行政监督腐败时说："尚书不以责三公，三公不以让州郡，州郡不以讨县邑，是以凶恶狡猾易相冤也。"

丞相府设有两长史，孝武帝改为司直，哀帝改丞相为司徒，司直仍旧，光武帝中兴因之，到建武十一年省司直，置长史。长史辅佐丞相"职无不监"，据《汉书·黄霸传》载，（黄霸）"守丞相长史，坐公卿下议庭中，知长信少府夏侯胜非议诏书，大不敬，霸阿从不举劾，皆下廷尉"，他没

---

① 《汉书》卷83《薛宣传》。
② 《汉书》卷76《赵广汉传》。
③ 《玉海》卷121注。
④ 《文献通考》卷49《职官考三》。

有行使其监督权而受到制裁。司直专主监督检举,"佐丞相举不法",特别"助督录诸州"①,对州郡所举,上奏"司直察能否,以惩虚实"②。可见长史、司直是协助丞相专职对郡国行政实行监督。

汉代中央行政长官对郡国行政监督的形式主要有三种。其一,上计形式。中央行政长官受理郡国上计,从而进行监督。即郡国行政长官每年终派人携带计簿(其中载土地、户口、粮食、赋税收入的数量)到中央,由丞相、御史大夫评定其政绩的优劣,接受中央的监督。皇帝遣丞相(司徒)、御史大夫(司空)出庭对上计吏读敕,训谕上计吏,归告郡守,并列举事实,令逐条答对。据《续汉志》卷24注《汉旧仪》所载,司徒读传的敕旨则有吏无苛暴,去残贼,择良吏,劝农桑,决狱须平,崇节俭,缮修官舍乡亭,不称者将加劾奏等。这是一种自下而上逐级汇报书面材料的监督。其二,信息形式。就是在信息的传递过程中对郡国行政进行监督。汉代全国各地的政治、军事、经济等各种动态信息由下而上地呈报,是由御史大夫的属官御史中丞受理的,据《汉书·陈咸传》载,元帝擢咸为御史中丞,"总领州郡奏事,课第诸州刺史,内执法殿中,公卿以下皆敬惮之"。《汉官仪》亦载,御史中丞"外督部刺史,内领侍御史,受公卿章奏,纠察百僚"③。尚书权力不断扩大后,夺取了御史中丞的受理章奏权,凡天下奏事都要通过尚书才能上达,可拆发、阅读章奏。西汉规定"诸上书皆为二封,署其一曰副,领尚书者先发副本,所言不善,屏去不奏"④。东汉时尚书于端门受天下奏章,而奏章开头必云"臣某奏疏尚书"。中央的政策法令也由御史大夫颁行,汉初在高帝求贤诏中曾叙及皇帝诏令的下达次序,"御史大夫昌(周昌)下相国,相国酂侯下诸侯王,御史中执法(中丞)下郡守"。李华在《御史中丞厅壁论》中说:"(汉初)事下中丞,则中丞白之大夫,大夫白之丞相……而奏事复上于中丞。"⑤尚书权力扩大后,诏令的制作和下达转由尚书,《通典·职官四》载,尚书"下笔为诏策,出言为诰命",成为皇帝的喉舌。然而,汉代的政令下达到郡守、诸侯相大都由行政长官丞相,不必经过九卿,各武

---

① 《后汉书》志第24《百官一》。
② 《后汉书》卷24《马严传》。
③ 《太平御览》卷225《职官部》。
④ 《汉书》卷74《魏相传》。
⑤ 章如愚:《山堂考察》(续集)卷37《汉初内外朝相通其后始不相关》。

职则由丞相史下之,但高级将领亦由丞相直接下达者,如,"二月,丁卯,丞相相下车骑将军、将军、中二千石、二千石、郡太守、诸侯相,承书从事,下当用者,如诏书。少史庆、令史宜王、始长"(10·30)①。总之,中央最高行政机关通过信息传递,使下情上通,上旨下达,监督行政工作,为决策提供依据。其三,考察形式。委托官员和派遣使者对郡国政事进行实地考察。如丞相黄霸请中二千石博士杂问郡国长吏守丞,了解各郡国兴利除弊之事②。又如丞相魏相遣掾史考察郡国,"辄白四方异闻,或有逆贼、风雨、灾变,郡不上,相辄奏言之"③。派下属考察更有利于对郡国行政工作监察和审核,获得真实的行政信息。

汉代中央最高行政机关对郡国行政监督的内容主要是对郡国行政工作及执行政策法令情况的监督。太守专郡,拥有治郡的统一完整的权力,即掌有行政、司法、监察、治安、人事等权力。《汉官解诂》云:"太守专郡,信理庶绩,劝农赈贫,决讼断辟,兴利除害,检察详奸,举善黜恶,诛杀暴残者也。"所以中央监督的内容,大致包括郡的财政经济、治安狱讼、农桑户口及人事诸项。

1. 对财经工作进行监督。财经工作是一个政权存在的基础。中央各级官署及地方郡国长官必须于每年年底将一年度的民户租税数目作出预算,造成表册送呈皇帝,皇帝通过丞相在下年度终了时,根据任务完成情况以考核官吏财经工作的好坏,决定升降赏罚。兒宽任左内史,起初"收租税,时裁阔狭,与民相假贷,以故租多不入",评为"殿",几乎免官。后来,老百姓知其情,"大家牛车,小家担负,输租襁属不绝"④,评为"最",兒宽以此升为御史大夫。《汉书·薛宣传》载,"三辅赋敛无度,酷吏并缘为奸,侵扰百姓",时薛宣为丞相,皇帝诏令薛宣案验,并"复无欲得事实之意",因为事实俱在,后成帝册免其丞相一职说"咎由君焉",这就是说他监督方面失职。众利侯郝贤于"元狩二年坐为上谷太守入戍卒财物计谩;免。"师古注曰:"上计财物之计簿欺谩不实。"⑤公元前49年,汉宣帝曾下诏"上计簿,具文而已,务为欺谩,以避其课",

---

① 中国社会科学院考古研究所:《居延汉简甲乙编》,中华书局1980年版。
② 《汉书》卷89《循吏传·黄霸传》。
③ 《汉书》卷74《魏相传》。
④ 《汉书》卷58《兒宽传》。
⑤ 《汉书》卷17《景武昭宣元成功臣表》。

师古注"虽有其文,而实不副也"。这说明汉宣帝已发现郡国上计不实的情况,所以派御史大夫"按之"①。对官商为奸,谋取私利,侵吞国家财产亦进行监督。如龚胜为丞相府司直时,"郡国皆慎选举,三辅委输官不敢为奸"②,所谓"委输官"谓平准与均输令也③。也就是说管理商业的平准与均输令亦受丞相府的监督。汉成帝的舅父王立派宾客串通南郡太守李尚,"占垦草田数百顷,颇有民所假少府陂泽,略皆开发,上书愿以入县官。有诏郡平田予直,钱有贵一万万以上"④。师古注"旧为陂泽,本属少府,其后以假百姓,百姓皆已田之,而立总为草田,占云新自垦"。丞相府司直孙宝揭发此事,结果李尚下狱死。司直翟方进还揭发了起昌陵,"贵戚近臣子弟宾客"辜榷⑤为奸利者,以公谋私,结果得"大奸赃数千万"⑥。尚书台还有权监督财用、库仓出纳,据《钟离意别传》载,他奉诏送 300 人刑徒到河北,行至弘农县,遇寒冷不能前进,请县令出钱为徒人作襦袴,县令说没有得到诏令的允许,他说:"使者奉诏命宁私行耶,出钱便上尚书,使者亦当上之。"⑦《后汉书·钟离意传》也说:"时诏胡子嗛,尚书案事,误以十为百,帝见司农上簿大怒。"

2. 人事监督。国家兴衰,系于用人。郡国有发现人才、荐举人才的义务。所荐举人才由丞相府司直,"察能否以惩虚实",有人才而不言者,要免官。自丞相制改为三公制,考察所举者之权亦归三公,东汉尚书渐握实权,则尚书亦有监督选举之权,尚书对所荐举人才要"澄洗清浊,覆实虚滥"⑧,以定取舍。中央对举为孝廉茂才的人,通过考试进行监督检查,考试内容是文吏试章奏,儒生试经学。据《后汉书·左雄传》载,有广陵孝廉徐淑,年未及第,(尚)台疑而诘之,"淑无以对,乃遣却郡",故左雄任职尚书,"天下不敢妄选,十余年间,称为得人"。一旦发现官吏荐举庸才,营私舞弊,即予严惩举主。中央两府对各级官吏的政

---

① 《汉书》卷 8《宣帝纪》。
② 《汉书》卷 72《鲍宣传》。
③ 陈直:《汉书新证·王贡两龚鲍传第四十二》,中华书局 2008 年版。
④ 《汉书》卷 77《孙宝传》。
⑤ "辜榷"可作"垄断"解。
⑥ 《汉书》卷 84《翟方进传》。
⑦ 《太平御览》卷 209《职官部》。
⑧ 《后汉书》卷 61《黄琼传》。

绩及奖赏惩处,都保存有人事档案,以备官吏的升降赏罚之用。如《汉书·薛宣传》说:"宣考绩功课,简在二府。"

3. 对司法及农政的监督。司法与农政直接关系到政权的巩固与否。汉宣帝曾"令郡国岁上系囚以掠笞若瘐死者所坐名县爵里,丞相御史课殿最以闻"①,把狱政的优劣作为升降官吏的依据之一,郡国所上计簿都要列出治狱情况。农政主要是指土地和户口,这是征收租税和征发劳役、兵役的依据。《汉书·王成传》云,"胶东相成,劳来不息,流民自占八万余口,治有异等之效","赐成爵关内侯,秩中二千石",后诏使丞相、御史问郡国上计、郡守丞以政令得失,或对言"前胶东相成伪自增加,以蒙显贵"。黄霸以外宽内明,深得吏民心,"户口岁增,治为天下第一",征拜为京兆尹、二千石。

(二) 郡国对县行政的监督

郡国是中央与县联络的行政机关,对上执行中央的政令,对下定期督察所属各县。《续汉书》说:"凡郡国掌治其民,进贤劝功,决讼检奸,常以春行所主县,劝民农桑,振救乏绝,秋冬遣无害吏案讯诸囚,平其辜法,论课殿最。"各郡国设有专职官吏分区域监督所属各县的官吏。国中所设的行政长官相,可不受诸侯王之命,还监督王的不法行为。《后汉书·孝明八王列传》载,"冀州刺史与国相举奏(乐成王)苌罪至不道"。郡督邮"掌监属县,有东、西、南、北、中部,谓之五部督邮也,故督邮为功曹之极位"②。督邮协助郡守监督所属各县的行政工作,而且还可封还和抗拒太守的命令。《后汉书·陈球传》说,魏郡守讽县令陈球求贿,陈拒而不答,太守怒而令督邮逐球,督邮不肯说,只有陈球治理的繁阴县政绩显著,"令逐之,将致议于天下",太守乃止。县是地方基层行政政权,《后汉书·百官志》中注曰,县、邑、道之令长、侯相"皆掌治民,显善劝义,禁奸罚恶,理讼平贼,恤民时务,秋冬集课,上计于所属郡国",实际职能权力更大,对县内一切事务无所不统,诸如宣布教化,维护封建等级秩序,按比户口,登记造册,审核上报,督催赋税,摊派力役兵戍,维持地方治安以及兼理司法等。郡国对县监督的内容主要是县行政工作完成及执行政令的情况,其监督形式主要有两种。其一,郡国

---

① 《汉书》卷 74《魏相传》。
② 《文献通考》卷 63。

长官的定期巡县,监督检查县的行政工作。其二,受理县的上计。胡广注曰:"秋冬岁尽,各计户口垦田,钱谷出入,盗贼多少,上其集簿,丞尉以下岁诣郡课校其功",奖勤罚懒。清河太守何武,其弟何显,"家有市籍,税尝不入,县数负其课,故每令县负课殿"①。义纵为上党县令,"县无逋事,举第一"②。郡国长官有权监督检察县令长的营私舞弊、贪赃枉法、侵吞公款等违法失职活动,对他们进行调查核实和处理。例如,冯野王为左冯翊时,"池阳令并素行贪污,轻野王外戚年少,治行不改",野王派部督邮掾赵都按验,"得其主守盗十金罪,收捕,并不肯吏,都格杀"③。翟义行南阳太守事,"行县至宛,……阳以他事召(刘)立至,以主守盗十金、贼杀不辜,部掾夏恢等收捕立,传送邓狱"④。郡属吏违法贪赃,太守可以将其监临治罪。尚书令钟元之弟钟威为郡掾,"赃千金"⑤,颍川太守何并要予以治罪,其兄"免冠为弟请一等之罪⑥,愿蚤就髡钳"⑦。安定太守王尊见"五官掾张辅怀虎狼之心,贪污不轨",一郡之钱尽入辅家,便将张辅"系狱数日死,尽得其狡猾不道,百万奸赃"⑧。可见,郡国长官对其属吏亦进行监督检查,而且郡守经常检查属吏和县的政行工作,告诫他们勤职尽责,及时纠正其工作中的失误。《汉书·朱博传》载,朱博为琅玡太守,"乃召见诸曹吏书佐及县大吏,选其可用者教出署之,斥罢诸病吏",并令功曹免去不听节度的官吏。《东观汉记》说,南阳太守桓虞行县,叶令雍霸及新野县令不遵法度,令督邮赵勤前往处理二人⑨。甚至郡守可以驱逐县令长,如薛宣任左冯翊时,以栎阳令谢游"贼取钱财数十万,给为非法"⑩,暗示他去官。

(三)县对乡以下行政的监督

乡是汉代最基层的地方行政组织,据《汉书·百官公卿表》载:"乡

---

① 《汉书》卷86《何武传》。
② 《汉书》卷90《酷吏传·义纵传》。
③ 《汉书》卷79《冯奉世传》。
④ 《汉书》卷84《翟方进传》。
⑤ 颜师古注:"赃,谓致罪之赃。"
⑥ 如淳注:"减死罪一等。"
⑦ 《汉书》卷77《何并传》。
⑧ 《汉书》卷76《王尊传》。
⑨ 《太平御览》卷253《职官部》51。
⑩ 颜师古注:"言敛取钱财,以供给兴造非法之用。"

有三老、有秩、啬夫、游徼。三老掌教化,啬夫职听讼,收租税。游徼循禁盗贼。"主要任务是整理户籍,征收租税,直接管理民政工作,接受县的监督。县设廷掾协助令长分监各乡的行政,《续汉志》卷 28 载,县"诸曹略如郡员,五官为廷掾,监乡五部,春夏为劝农掾,秋冬为制度掾"。

二、行政组织外部的监督

汉代在建立行政组织内部上级对下级层层监督的同时,为了防止上下级互相勾结,营私舞弊,出现虚报、隐瞒等行为,使中央得不到正确的和完整的信息,在行政组织之外设立了监察机关,并辅之以大使出巡制度,对中央和地方的行政工作进行广泛的监督和纠举,惩治失职、渎职之官,纠正各级官僚机构行政的工作失误,维护汉王朝的纲纪法度,为中央决策提供重要的依据和参考。

(一)中央监察机关

汉承秦制,在中央设御史大夫,辅佐丞相,以御史大夫寺为其官署,一方面掌天下文书,一方面掌监察百官,其次官御史中丞之职掌图籍秘书,"外督部刺史",即充当各地视察检举不法的使者,"内领侍御史",受公卿奏事,举劾按章,是宫内总管。但御史大夫寺还不是专门的监察机构,而隶属于行政。西汉哀帝以大司徒、大司马、大司空代丞相、太尉、御史大夫。大司空是古代管水土营造之官,与御史大夫职掌毫不相关,于是只存空名,加之御史大夫的文书职务,早已被发展起来的尚书令代替,遗留下来的监察职务,只好保存其属官御史中丞,成立御史台,专司监察职务。故《晋书·职官志》说,"(汉哀帝)元寿二年又为大司空,而中丞出外为御史台主"。御史台自最高行政机关中独立出来,始隶少府,转入内廷,行使监督检察之权,成为皇帝的耳目之官。对地方刺史、守相、公卿大臣等都有权监督弹劾,随时向中央汇报中央和地方的各种行政情况。《汉书·薛宣传》载,"(御史中丞)宣数言政事,便宜举奏,部刺史、郡国二千石所贬退称进,黑白分明,由是知名"。御史对皇亲贵戚、朝廷重臣,敢于弹奏纠举。顺帝末年,种暠为侍御史,当时被弹劾的贪官污吏,多为大将军梁冀及诸宦官互为请救而逃脱法网。他志察奸违,再次弹劾蜀郡太守刘宣等罪恶昭著,宜付法治罪。又奏请获准,"敕四府条举近臣父兄及知亲为刺史、二千石尤残秽不胜任者,免遣案罪"①。御史还通过上计制度对地方及中央各部门财物账目勾考勘覆,监督财政收支及府库出纳。献帝兴平元年七月,三辅大旱,白骨委积,命侍御史侯汶出太仓米豆赈济。御史还经常出使地方监督各项行政工作。《钦定历代职官表》卷18指出:"如绣衣直指监郡、督运、监军之类,皆以事专行,正如今巡漕、巡察诸差之比。其他随时奉遣者,尚屡见于史。如《食货志》载,分遣御史,即治郡国缗钱;《宣帝纪》载,黄龙元年(前49年)诏御史察计簿;《霍光传》载,侍御史五人,持节护丧事,皆非常例。而收缚罪人亦多以侍御史为之。"②

(二) 地方监察官

1. 司隶校尉。汉代司隶校尉是皇帝直控的监察官,汉武帝征和四年(前89年)置,据蔡质《汉仪》说:"(司隶校尉)职在典京师,外部诸郡,无所不纠,封侯外戚、三公以下无尊卑,入宫开中道称使者,每会后到先去。"③但主要是"持节"察举百官以下及京师近郡犯法者。所谓"持节",乃符节,由皇帝赐予,表示可代表皇帝行使权力。司隶校尉初置受丞相、御史大夫的节制,《汉书·翟方进传》:"故事,司隶校尉位在司直之下,初除谒两府。"其有朝会居中二千石前,与司直并迎丞相、御史,受中央最高行政机关的制约。至汉成帝时,丞相掾属不能督促司隶,司隶可弹劾三公,独立于行政之外。《汉书·匡衡传》:"司隶校尉奏,丞相衡位三公,领计簿而专地盗土。"司隶校尉可奉诏捕杀罪犯,逮捕公卿,皇亲国戚亦受其监察,拥有广泛的监察、纠举、稽捕、治安、惩处大权。《后汉书》卷42《宋意传》说,虞诩"代陈禅为司隶校尉,数月间奏太傅冯石,太尉刘熹,中常侍程璜、陈秉、孟生、李闰等,百官侧目,号为苛刻。"司隶校尉的地位、权势高于地方刺史,朝会班次独据一席,与尚书、御史中丞号称"三独坐"。并独领一州,设有属吏供驱使,分曹治事。

2. 刺史。西汉初年废除秦时的地方监御史,由丞相随时派遣的"丞相史"监察各部,临时派遣,事毕则归。故《后汉书·百官志》说:"秦有

---

① 《后汉书》卷56《种暠传》。
② 原注:《刘辅传》,上使侍御史收系辅;《谷永传》,上使御史收永;《朱云传》,御史将云下殿。
③ 《续汉志》卷26注。

监御史,监诸郡,汉初省但遣丞相史分遣诸州,无常官。"是把监察权控制在行政之下,增加了宰相的权力。汉武帝为了加强中央集权,加强对地方郡县的控制,分全国为十三部,对部内属郡进行监督。汉代刺史以六条督察郡国。据《汉书·百官公卿表》注引《汉官典·职仪》曰:"刺史班宣,周行郡国,省察治状,黜陟能否,断治冤狱,以六条问事,非六条问事即不省。一条,强宗豪右田宅逾制,以强凌弱,以众暴寡。二条,二千石不奉诏书,遵承典制,倍(背)公向私,旁诏守利,侵渔百姓,聚敛为奸。三条,二千石不恤疑狱,风厉杀人,怒则任刑,喜则任赏,烦扰刻暴,剥戮黎元,为百姓所疾,山崩石裂,妖祥讹言。四条,二千石选署不平,苟阿所爱,蔽贤崇顽。五条,二千石子弟恃怙荣势,请托所监。六条,二千石违公下比,阿附豪强,通行货赂,割损政令也。"可见,刺史监督的内容涉及民政、财政、人事、狱政等行政各方面的工作。不过这是地方监察官的常规项目,如果需要中央政权还要随时赋予其他项目的监察任务,广泛地了解地方信息。《后汉书·安帝纪》载,诏令诸州劾奏守令以下庸才无绩者,免官,"奸秽重罪,收付诏狱"。《东汉会要》说,殇帝曾屡次下诏司隶校尉、部刺史,严格纠察地方郡国虚饰丰穰,隐蔽灾害,多张垦田,掩匿盗贼,任用非次,举不以才。尤其要如实地申报自然灾害的损失,"为除田租、刍稿",惩治不法官吏,安定人民生活。

(三)大使出巡对行政的监督

御史、刺史、司隶校尉人数少,任务重,为了弥补这个缺点,汉代中央经常派遣各种使臣前往各地了解情况,疏通信息渠道,监督地方行政工作。使臣是一种临时派遣的官职,多为皇帝耳目,代表皇帝意志,尚能依法考察官吏。使臣的职权及出使方式都由皇帝诏书规定,拥有中央赋予的特别权力。有因地方发生自然灾害等特殊情况派出的。《汉书·成帝纪》云:"遣光禄大夫博士(王)嘉等十一人,行举濒河之郡,水所毁伤困乏不能自存者,财(裁)量振贷,其为水所流压而不能自葬,令郡国给槥椟葬埋,已葬者与钱,人二千,避水他郡国,在所冗食之。谨遇以文理,无令失职。举惇厚有行能直言之士。"也有一般执行了解地方吏治政情的。汉安元年,遣杜乔、周举等八人分行州郡,举实臧否,"刺史、二千石有赃罪显明者,驿马上之,墨绶以下,便辄收举。其有忠清惠利,为百姓所安,宜表异之,皆以状上"①。这些使者有的是微服私行,《后汉书·李郃传》"和帝即位,分遣使者,皆微服单行各郡县,观采风谣"。有的是耀武扬威,劾奏奸猾,表荐公清。如第五种为司徒掾清诏使冀州,"廉察灾害,举奏刺史、二千石以下,所刑免甚重,弃官奔走者数十人"②。《后汉书·雷义传》说,雷义守灌谒者,"使持节督郡国行风俗,太守、令长坐者凡七十人"。

综上所述,我们认为汉代行政监督制度有以下两个特点。

一是汉代行政监督纵横交错,内外相维,各自独立行使其监督权,依法监督贪官污吏,既是监督者又是被监督者,体现了分权制衡的原则,有效地控制了行政系统,保证了行政管理工作的有序进行。

汉代的行政内部监督是分层次进行的,上级对下级层层监督,互相负责,而行政组织的外部监督也是有其限定的范围的,据杜佑《通典》卷24《职官六》载,"武帝时以中丞督司隶,司隶督丞相,丞相督司直,司直督刺史,刺史督二千石以下墨绶"。御史中丞督察中央和地方官员,但司法权却在廷尉。《汉书·朱博传》云:"民欲言丞尉者,刺史不察黄绶,各自诣郡。欲言二千石墨绶长吏者,使者行部,还诣治所。其民为吏所冤,反言盗贼、辞讼事各使其部从事。"刺史监察若超出诏书所定的范围或干预郡守行政事,则为非法。《汉书·鲍宣传》载,丞相司直郭钦奏(刺史)"宣举错烦苛,代二千石署吏,听讼,所察过诏条。行部乘传去法驾,驾一马,舍宿乡亭,为众所非",宣因此获罪被免官。而且汉代监察百官的御史中丞徇私枉法也是不行的。《汉书·朱云传》说:"(丞相)奏(陈)咸宿卫执法之臣,幸得进见,漏泄所闻,以私语(朱)云,为定奏草,欲令自下治,后知云亡命罪人,而与交通,云以故不得。上于是下咸、云狱,减死为城旦。咸、云遂废锢,终元帝世。"同时,行政监督必须依法进行,以皇帝的诏令等行政法规为准绳,来确定官吏是否违纪乱法。汉律规定,"受其故官属所将监治送财物,夺爵为士伍,免之;无爵,罚金二斤,令没入所收。有能捕告,畀其所受赃"③,还规定"主守而盗直十金,

---

① 《后汉书》卷61《周举传》。
② 《后汉书》卷41《第五伦传》。
③ 《汉书》卷5《景帝纪》。

弃市"①。韩延寿以在"东郡时放散官钱千万"而弃市,萧望之任左冯翊时,以"禀牺官钱放散百余万",而被"按校"②。若行使监督权的官吏失职违法,要严厉惩处。《后汉书·桓帝纪》载,"长吏赃满三十万而不纠举者,刺吏二千石以纵避为罪,若擅相假印绶者,与杀人同,弃市论"。《东汉会要》卷43载,"吏发民若取庸采黄金珠玉者,坐赃为盗,二千石听者与同罪"。所监管的部、郡、县有盗贼而不纠举,若他郡县告发,"一发,部吏皆正法,尉贬秩一等,令长三月俸赎罪;二发,尉免官,令长贬秩一等,三发以上,令长免官。便可撰立教条,处为诏文,切敕刺史,严加纠罚"。这样严密的行政监督制度,便于加强中央集权制,整顿吏治。首先,避免或缓解了官僚系统的腐朽化,促进新陈代谢,奖勤罚懒,惩治贪污,建立廉洁政府。其次,加强中央与地方间联系的信息交流,便于随时掌握各地的真实情况,对各地的民情、财产、天灾、人祸、官吏优劣能有所了解。行政监督这个广泛的信息网络,是了解下情,并据此确定政策、任免官吏的重要信息资料。而当新的法令颁布,新官员上任以后,监督官员又是取得信息反馈的重要渠道,皇帝据以了解法令是否可行、官员的优劣。这对纠察官邪,肃政纪纲,控制和监督地方行政,建立良好的封建统治秩序起到了一定的作用。汉代所谓"文景之治"、"光武之治"、"明章之治"盛世的出现,都与行政监督的制衡作用是分不开的。

二是汉代行政监督制度是为维护皇权、加强中央集权服务的,只是制约监督皇帝以下的行政官员,不能触动皇帝,体现了君权至上的原则,严重地影响制衡作用的正常发挥。这种制衡作用是集权型的,是自上而下的牵制,缺乏广泛的群众监督,皇帝具有最高的监督权,可根据整个统治阶级的利益和自身的喜怒好恶,或者被监督者"有诏勿劾",或者对弹劾监督者"严职谴责",治其"诽谤之罪"。皇帝的态度对监督起最后决定作用。例如,陈宠任廷尉时,"坐诏狱吏与囚交通罪",结果皇帝一纸诏书,不仅免刑,而且还"拜为尚书"。再如郅都因处理临江王一案得罪窦太后,结果太后"怒","以危法中都"③,使之"免归家",类似这样的事例可以说是俯拾皆是。这样汉代行政监督制度本身即有很大弊

---

① 《汉书》卷66《陈咸传》如淳注。
② 《汉书》卷78《萧望之传》。
③ 颜师古注:"谓构成其罪也。"

端,到了昏君当政,政治腐败之际,统治阶级内部矛盾尖锐,党争炽烈,行政监督的弊端也越来越大。其一,成为党同伐异,朋比为好,统治阶级内部各派别争权夺利的工具。汉末幼主即位,外戚宦官交替专权,在各级政权安插党羽,极力培植和发展本集团势力。外戚梁冀专权,其幕僚、故旧周景、朱穆等委任州都,梁冀被杀,株连刺史、太守数十人,他们"赋敛人民,共为赂遗"。宦官当权,"兄弟姻戚皆宰州临郡,辜较百姓,与盗贼无异"。其二,行政监督人员与各级官吏通窦纳贿,营利肥私,明哲保身,欺软怕硬,敷衍塞责。封建社会人际关系盘根错节,官场习气相沿成习,监督举劾只讲出身资格、背景、势力,厚结恩,少任怨,以保自己名位,慑威谋利,不敢碰硬,丧失了它应有的整顿调节作用。反而使上面无有关系网的官吏无辜受害。据《后汉书·刘绚传》载,汉灵帝时竟把与宦官没有关系、勤于为政、清廉奉公的二十六位地方官纠察弹劾,以敷衍了事。黄琬、陈蕃举用贤才,却为权贵所中伤,"事下御史中丞王畅、廷尉刁韪。畅、韪坐左转议郎,而免蕃官,琬、韪俱禁锢"。左雄曾上书安帝极言行政监督的腐败。他说:"监司项背相望,与同疾疢,见非不举,闻恶不察……或考奏捕察,而亡不受罪,会赦行赂,复见洗涤……廉者取足,贪者充家。"马严曾上书肃宗说,方今刺史太守专州典郡,"司察偏阿,取与自己,同则举为大异,异则中以刑法,不即垂头塞耳,采取财赂"①。监督之官污秽不堪,澄清吏治真比澄清黄河还要困难。其三,信息失实。整个行政监督系统是集权政府的信息网络,由于这个系统功能的减退,各级官吏贪残专恣,狼狈为奸,使全国各地的政治、经济、军事等信息不能及时、准确地上达到中央,而造成中央决策的失误。如东汉末年的党人,高风亮节,力除弊政,锐意改革,但是皇帝却从宦官那里得到的是党人"诽讪朝廷",图谋不轨,结果被免官禁锢,这就是信息失真所造成的恶果。

---

① 《后汉书》卷24《马严传》。

第二节 汉代行政监督的形式

一、行巡

行巡制度是行政监督的重要形式之一。战国时期随着中央集权的封建政府的确立,逐渐推行官僚制度,中央政权在通过自上而下呈报政绩的"上计"制度对地方官吏进行考核的同时,也初步建立了自上而下的行政巡视制度,加强对地方行政工作的监督和视察,当时叫作"巡行"、"循行"或"行县"。秦汉时期确立和完善了地方行政巡视制度,不仅有皇帝巡狩、大使巡行、刺史行部、郡守行县等多种行政巡视类型,而且有专职官吏或兼职官吏、定期或不定期、或明或暗等多种行政巡视形式。不同类型和不同形式的行政巡视,各有不同的职能,它们互相补充,互相制衡,使行政巡视在一定程度上起到了惩恶除奸、布善施德的作用,提高了秦汉时期行政管理的质量和效率。

(一) 帝王的行政巡视

帝王巡视地方行政自先秦已有之。西周时期,天子为了控制诸侯,有所谓巡狩,孟子引述晏婴的话说:"天子适诸侯曰巡狩。巡狩者巡所狩也。"春秋时期,把周惠王到虢国称为"王巡虢守"。战国时期,国王有巡县之制,赵武灵王"巡县"就选拔了有才华的周绍任王子的师傅。巡狩的目的在于管理农业生产,祭祀名岳山川,整顿吏制,巩固统治。到了秦汉时期,稍有作为的帝王都多次巡视地方行政,主要名称有"巡"、"游"、"巡狩"、"行幸"、"幸"、"巡行"、"行"等。据笔者对《史记》、《汉书》、《后汉书》诸帝纪的不完全统计:秦始皇"巡行"6次,汉武帝"巡行"34次,宣帝巡行15次,成帝"巡行"13次,光武帝巡行8次,明帝巡行7次,章帝巡行8次,和帝巡行4次,安帝巡行6次,顺帝巡行1次,桓帝巡行3次,灵帝巡行1次。班固《东巡颂》、《南巡颂》和崔骃的《四巡颂》,其内容都是对皇帝出巡的描述与赞颂,目的是炫耀威德、慑服四方、督察官员恪尽职守等。帝王巡视,主要有以下职能。

1. 祭祀天地名山大川、鬼神和祖宗先贤，宣扬礼教，树立忠孝的典范

秦皇汉武、光武帝都封泰山禅梁父，亲到泰山祭祀，其目的在于"天命以为王，使理群生，告太平于天，报群神之功"①。秦始皇巡游郡县，东游海上，"行礼祠名山大川及八神，求仙人羡门之属"；到南方的衡山、南郡，"浮江至湘山祠"；"行至云梦，望祀虞舜于九疑山"；"上会稽，祭大禹"②。据《汉书》诸帝记载，西汉武帝、昭帝、宣帝、元帝、成帝在巡视中都多次"行幸雍，祠五畤"；数次"行幸河东，祠后土"，"行幸甘泉，郊泰畤"等，都是祭祀天地诸神。特别是西汉武帝，"信惑神怪，巡游无度"③。据《后汉书》诸帝记载，东汉诸帝大多"南巡狩"，"幸章陵"，"祠旧宅"；西巡狩，"祠高庙，遂有事高十一陵"，以中牢祠萧何、霍光；东巡狩，幸孔子宅，祠仲尼及七十二弟子，"祠唐尧"，"祠五帝"；北巡狩，幸中山"祠北岳"，幸元氏"祠光武、显宗"，幸赵"祠房山"等。这些祭祀活动大多宣扬祖先和前哲的功勋，感谢祖宗的保佑，"岂非祖宗迪哲重光之鸿烈欤"，"追惟先帝勤人之德"，"以章先勋"④。

2. 推广教化，宣传儒家伦理道德思想，移风易俗，加强思想统治

秦始皇在巡视地方行政中，通过刻石歌功颂德，宣传政策，推行政治教化。泰山刻石有"训经宣达"，"男女礼顺"；琅琊刻石有"圣智仁义，显白道理"；芝罘刻石有"光施文惠，明以义理"，"义诛信行"；会稽刻石有"宣省习俗，黔首斋壮"，"饰省宣义"⑤，这些刻石文字表明秦始皇以儒家的仁义礼智治理国家的德治思想。光武帝行幸章陵，对宗室诸母说："吾理天下欲以柔道行之。"⑥明帝南巡狩，到南阳，祠章陵，"礼毕召校官弟子作雅乐，奏鹿鸣，帝自御埙篪和之以娱嘉宾"⑦；明帝东巡狩，幸孔子宅，"亲御讲堂，命皇太子诸王说经"⑧；章帝北巡狩，在诏书中说"巡

---

① 《史记》卷28《封禅书》引《正义》。
② 《史记》卷6《秦始皇本纪》。
③ 《资治通鉴》卷22，武帝后元二年。
④ 《后汉书》卷3《章帝纪》。
⑤ 《史记》卷6《秦始皇本纪》。
⑥ 《后汉书》卷1《光武帝纪》。
⑦ 《后汉书》卷2《明帝纪》。
⑧ 同上。

狩之制,以宣声教"①。

3. 考察吏治得失,激励官吏勤政为民

秦汉帝王巡视行政考察官吏政绩,亲自召见各级官吏,奖勤罚懒,优胜劣汰。秦始皇巡视郡县在刻石中就有"东抚东土,以省卒士"的记载。《史记》卷30《平准书》记载了元鼎五年(前112年)冬十月西汉武帝巡视地方行政的情况:

> 天子始巡郡国。东渡河,河东守不意行至,不辨,自杀。行西逾陇,陇西守以行往卒,天子从官不得食,陇西守自杀。于是上北出萧关,从数万骑,猎新秦中,以勒边兵而归,新秦中或千里无亭徼,于是诛北地太守以下,而令民得畜牧边县,官假马母,三岁而归,及息什一,以除告缗,用充仞新秦中。

汉武帝这次西北巡视郡县斩杀了不尽职守的北地郡太守,河东和陇西郡守以失职而自杀,制定了北边的牧马新政策。宣帝行巡河东,"赐天下勤事吏爵二级"②。明帝巡视长安,"历览馆邑,会郡县吏,劳赐作乐"③。章帝北巡,"劳飨魏郡守令已下,至于三老、门阑、走卒,赐钱各有差"④。

4. 劝课农桑

秦汉帝王巡狩地方,考察农田水利基本建设,奖励农耕,赈济贫穷。秦始皇在巡行所立的刻石中有"亲巡远方黎民"、"上农除末,黔首是富"、"节事以时,诸产繁殖"。西汉诸帝巡行郡县,"赐民爵一级,女子百户牛酒","民田租逋赋贷,已除","所幸县毋出今年租赋,赐鳏寡孤独帛,贫穷者粟"。东汉诸帝巡行地方行政,"复田租更赋","巡行河渠","车驾行秋稼,观收获","赐三老、孝悌、力田帛人一匹,勉率农功"等,都是安抚百姓,勉励人民务农桑、勤耕织。

5. 歌功颂德,耀武扬威,威震边陲

秦二世曾对赵高说:"先帝(秦始皇)巡行郡县,以示强,威服海内。"于是"二世东巡郡",立刻石,"以章先帝成功盛德焉"⑤。秦始皇巡视郡

---

① 《后汉书》卷3《章帝纪》。
② 《汉书》卷8《宣帝纪》。
③ 《后汉书》卷2《明帝纪》。
④ 《后汉书》卷3《章帝纪》。
⑤ 《史记》卷6《秦始皇本纪》。

县主要歌颂统一全国的功德。"烹灭强暴,振救黔首,周定四极","皇帝明德,经理宇内"。西汉武帝在元封元年巡视边郡的诏书中说:"南越、东殴或伏辜,西蛮北夷颇未辑睦,朕将巡边陲,择兵振旅,躬秉武节……"他自云阳,历上郡等,北登单于台,至朔方,"勒兵十八万骑,旌旗经千余里,威振匈奴"①。元封六年(前105年),汉武帝东巡,外国宾客随从,"散财帛以赏赐,厚具以饶给之,以览示汉富厚焉"②。

从秦汉皇帝巡视情况看,其职能也有所变化,秦皇汉武巡视郡县歌功颂德,以示强盛,宣传教化政策,开拓边境,到边郡县的次数较多,西汉诸帝以祭祀天地河川山岳神鬼为主,而东汉诸帝不但改为以祭祀祖先和先贤为主,同时劝课农桑、鼓励耕织,还"录囚徒,理冤狱",安定社会,行政巡视从务虚走向务实。

(二)中央遣使对地方行政的巡视

秦汉时期皇帝根据需要经常派遣使臣到地方视察行政工作,仅据《汉书》和《后汉书》所载,西汉遣使巡行地方行政45次,东汉一代遣使巡视地方行政44次。见于史书的巡行使名目有"循行"、"行举"、"行"、"案行"、"廉察"、"案察"、"举"、"分行"、"巡行"、"举籍"、"巡察"等。其意大同小异,都是巡视地方行政工作的。秦汉巡视地方行政工作的大使,基本职能无外乎是对地方行政工作的考察,一是对行政工作的监督检查,二是了解风俗民情,推广教化,安定社会。

汉代巡行使的职能相当广泛,为了使这些职能能完全履行,皇帝赋予其许多特权,这是各级行政系统的官吏无法比拟的。汉代巡行使由皇帝直接临时派遣,不定职不定人,事毕即取消,不归任何部门,大多是皇帝的亲信,或才能出众,或权贵重臣,且委以生杀予夺之权。从出使者的身份来看,大多是博士、光禄大夫、谒者、灌谒者、谏议大夫、御史、侍中,其中以他职出任巡视大使也要兼任光禄大大、谒者等职,光禄大夫、谒者、侍中等皆由学识渊博、德高望重之士担任,参议政事,出人禁中,封驳谏净,出纳王命,喻旨公卿,专职任使臣。以该职或兼该职出使巡行地方行政,作为皇帝侍从官吏,代表皇权,可直接上奏皇帝,宣达诏令,能充分发挥惩贪倡廉的作用,更有效地执行皇帝的政令。巡行使巡

---

① 《汉书》卷8《武帝纪》。

② 《资治通鉴》卷21。

视地方行政,可权宜处置,"所至专行诛赏"、"先决后奏",对贪赃枉法之官,二千石以上驿马上奏其罪,取旨免除,县令长可自行收案举劾。王先谦《后汉书集解》引卫宏《汉旧仪》说:"其以清诏使案问事,御史为驾一封行政令,驾二封皆特自奏事,各以所职劾中二千石以下。"也就是说外巡大使代表王权巡视地方行政,专司监察,直接向皇帝奏事,任何人必须接受监察,否则就是违背皇帝的命令。

(三)州刺史对郡国行政的巡视

秦在中央设有御史大夫作为副丞相,有监察百官之权。派御史到地方郡国进行行政监督,称为"监"或"监御史"。西汉初年废除了秦时的地方监御史,由丞相随时派遣的"丞相史"分刺诸州。故《后汉书·百官志五》说:"秦有监御史,监诸郡,汉初省之,但遣丞相史分刺诸州,无常官。"汉武帝为了加强对地方郡国政府的控制,分全国为十三部,对部内派刺史进行监督,建立了刺史分部巡视郡国行政的制度。《汉书》卷19 上《百官公卿表第七上》说:"武帝元封五年初置部刺史,常奉诏条察州,秩六百石,员三十人。"颜师古注释引《汉官典职仪》云:"刺史班宣,周行郡国,省察治状,黜陟能否,断治冤狱,以六条问事,非条所问,即不省。"《后汉书·百官志五》说:"诸州常以八月巡行所部郡国,录囚徒,考殿最。"综上三条材料,刺史定时"行部",巡视郡国行政,以"六条"考察郡国的行政情况。六条中除了第一条是纠察强宗豪族的"田宅逾制、以强凌弱"外,其余五条都是纠察二千石地方郡国守相聚敛为奸、刻暴杀人、蔽贤宠顽、放纵子弟、勾结豪强的不法行为的。根据纠察郡守国相为政的结果,为升降提供依据。实际上刺史"行部",主要对郡国守相贪赃枉法者进行"按验",就是检查核实,然后"举劾",就是向中央举奏贪赃枉法的守相,"二千石有罪,定时举奏"①。如《后汉书》卷31《苏章传》记载,顺帝时,苏章迁冀州刺史,故人为清河太守,"章行部按其奸赃","遂正举其罪","州境知章无私,望风畏肃"。刺史"行部",按察郡国守相的为政优劣,广开渠道,接触吏民,了解真实情况,举奏时有事实依据,击中要害。《后汉书》卷31《贾琮传》载,贾琮任冀州刺史曾说,"刺史当远视广听,纠察美恶"。那么,刺史是如何"广听"的呢?据《汉书》卷86《何武传》载,何武任扬州刺史,"行部"时,先到社会上采访,了解

---

① 《汉书》卷86《何武传》。

实情,倾听舆论。"行部必先即学官,见诸生,试其诵论,问以得失,然后入传舍,出记问垦田顷亩,五谷美恶,已,乃见二千石,以为常"。这是刺史"广听"的第一种方法。刺史"广听"的第二种形式就是"亲录囚徒"。据《汉书》卷86《何武传》载,何武任扬州刺史,九江太守戴圣是一个治礼经的大儒,"行治多不法",过去刺史都宽容他,何武行部"录囚徒",有所举奏,交给郡守处理,戴圣看不起这个"后进生",皆无所决。何武让从事察出他的罪行,他才恐慌并自请免职。《后汉书》卷38《法雄传》载,法雄任青州刺史,"每行部,录囚徒,察颜色,多得情伪,长吏不奉法者,皆解印绶去"。《后汉书》卷44《张禹传》载,张禹任扬州刺史,"志在理察枉讼","历行郡邑,深幽之处,莫不毕到,亲录囚徒,多所明举"。上举三例,都是刺史通过"录囚徒"来检查出郡国守相的不法行为。看来"录囚徒"是刺史的最重要断事能力之一,也是检查郡守为政情况的方法之一。汉代刺史秩卑、权重,但隶属于御史大夫的御史中丞(东汉改为御史台),纯属监察官性质,号称"外台",独立于行政系统之外,便于督察郡守。《汉书·百官公卿表》说:"中丞在殿中兰台,掌图籍秘书,外督部刺史,内领侍御史,员十五人,受公卿奏事,举劾按章。"刺史的职责就是通过"巡部"考查二千石郡国守相的不法行为,"举奏"到中央御史中丞,听候处理。"举奏"是公开的,凡被举奏一定依法严惩。何武任扬州刺史"所举奏二千石长吏必先露章,服罪者亏除,免之而已;不服,极法奏之,抵罪或至死"①。但刺史督察郡国,举奏的官吏为二千石,"行部"所察不能超过六条。朱博任冀州刺史"行部","欲言二千石墨绶长吏者,使者行部还,诣治所"②,就是说刺史受理的只是二千石墨绶长吏的犯罪事实。鲍宣任豫州牧,丞相司直劾奏他"举错烦苛,代二千石署吏听讼,察过诏条"被免职③。可见,刺史"行部"不能超过自己的权限,若侵犯郡守的行政决断权是要受到惩罚的,刺史只有依"六条"举奏二千石官吏,并没有处罚权。由上可知,刺史通过定期"行部"制度的实地视察,确实便于了解郡国二千石官吏的为政实情,能更好地纠察郡国二千石官吏的失职及不法行为,加强对地方郡国行政工作的监察力度。

---

① 《汉书》卷86《何武传》。
② 《汉书》卷83《朱博传》。
③ 《汉书》卷72《鲍宣传》。

（四）地方郡级以下政府对行政的逐级巡视

汉代地方政府郡、县、乡逐级对行政工作进行巡视。郡为地方行政中心，对上执行中央政令，对下检察县治民的政务。《后汉书》志第28《百官五》载："凡郡国皆掌治民，进贤劝功，决讼检奸。常以春行所主县，劝民农桑，振救乏绝。秋冬遣无害吏案讯诸囚，平其罪法，论课殿最，岁尽遣吏上计。并举孝廉，郡口二十万举一人。"《全后汉文》卷74还保留有蔡邕的《陈留太守行县颂》。可见，郡国对县级行政工作的监督：一是守相在春季的"行县"，主要任务是劝课农桑；二是遣无害吏"分部"巡所属县。据专家考证，"无害吏"指"精通律令文而不深刻害人"的官吏，简牍文书称为"都吏"，《居延汉简》中就有太守遣"都吏"巡县的记载，"都吏"就是郡督邮，也就是说秋冬时郡国守相遣督邮分部"巡县"，主要是审理刑狱和评定县令长的工作业绩，纠劾县令长的违法之事。郡守"行县"在春耕之时，故史书或称"行春"，因"行春"首先颁布劝农的春令，又称"班春"。《后汉书》卷3《章帝纪》载，建初元年春正月诏曰："……方春东作，宜及时务。二千石勉劝农桑，弘致劳来。"春耕大忙季节，郡国守相"巡县"，劝课农桑，是郡国的头等大事。郡守"行县"主要有以下职能。

一是劝课农桑。《汉书》卷89《循吏传·龚遂传》记载，龚遂为渤海太守，"乃躬率以俭约，劝民务农桑，令口种一树榆"，"春夏不得不趋田亩，秋冬课收敛，益蓄果实菱芡"，"劳来循行，郡中皆有蓄积，吏民皆富实"。"劝课农桑"是通过"劳来循行郡中"而进行的。为了"劝课农桑"，郡守都要亲自"巡视"郡内的农田水利基本建设。据《汉书·召信臣传》载，召信臣任南阳太守，"躬劝耕农，出入阡陌，止舍离乡亭（即在田野休息），稀有安居时。行视郡中水泉，开通沟渎，起水门提阏凡数十处，以广溉灌，岁岁增加，多至三万顷，民得其利，畜积有余……户口增倍，盗贼狱讼衰止"。正是郡守"行县"巡视水利建设，才起到了劝课农桑、发展农业的作用。

二是审查囚徒，平反冤狱。理囚徒、雪冤狱是郡守"行县"对县级行政工作监督检查的重要内容。《汉书》卷71《隽不疑传》载，不疑任京兆尹，"京师吏民敬其威信，每行县录囚徒还，其母辄问不疑：'有所平反活几何人？'"《后汉书》卷52《崔篆传》载："篆乃强起班春。所至之县，狱犴填满。篆垂涕曰：'嗟乎！刑罚不平，乃陷人于穽。此皆何罪，而至于是!'"于是就平理囚徒,"所出二千余人"。可见,郡守"行县",要检查审理案件的情况,平反冤假错案,维护社会稳定。

　　三是考核官吏治迹,惩治贪官污吏和地方豪强大族。《汉书》卷76《韩延寿传》载,延寿任职左冯翊,"岁月不肯出巡县,丞掾数白:'宜循行,览观民俗,考长吏治迹。'""考长吏治迹"是"行县"认真考察的结果,尹翁归任东海太守,"翁归治东海明察,郡中吏贤不肖,及奸邪罪名尽知之"①。张衡任河间相,地方豪强,多为不轨,他就"治威严,整法度,阴知奸党名姓,一时收擒,上下肃然"②。通过"行县"考察奸吏和豪强罪名后,即予以严惩。成帝时,翟义任南阳都尉,行太守事,"行县至宛",宛令刘立因与曲阳侯是通婚亲家,骄纵不法,横行州郡,翟义将他收缚③,威震南阳。周勃免除相职,回到封国绛,每遇河东郡的守尉"行县"到绛(今山西曲沃东北),周勃就"自畏恐诛,常披甲,令家人持兵以见之"④。惩治地方豪强也是郡国守相"行县"的重要职责。东海大豪许仲孙"为奸猾,乱吏治",太守尹翁归将他处以死刑。

　　四是宣传儒家伦理道德,广泛推行教化。郡守"行县"的另一重要职能是传布政令,观览风俗,推行教化。韩延寿任职左冯翊,"行县"到高陵,有兄弟之间为土地而争讼,告状到韩延寿,延寿非常生气,说:"幸得备位,为郡表率,不能宣明教化,至今民有骨肉争讼,既伤风化,重使贤长吏、啬夫、三老、孝悌受其耻,咎在冯翊,当先退。"⑤"于是入卧传舍",闭门思过。许荆任桂阳太守,"行春"到耒阳县,有兄弟争财,"互相言讼",许荆也认为"吾荷国重任,而教化不行,咎在太守"⑥。因此,太守"行县",无不以"教化"为其重要职能。韩延寿任颍川太守,"教以礼让","乃历召郡中长老为乡里所信向者数十人,设酒具食,亲与相对,接以礼意;人人问以谣俗,民所疾苦",然后据民意制定礼仪,令百姓遵用⑦。刘宽任南阳太守,"每行县止息亭传,辄引学官祭酒及处士诸生执

---

① 《汉书》卷76《尹翁归传》。
② 《后汉书》卷59《张衡传》。
③ 《汉书》卷84《翟方进传》附翟义。
④ 《史记》卷57《绛侯周勃世家》。
⑤ 《汉书》卷76《韩延寿传》。
⑥ 《后汉书》卷76《循吏列传·许荆传》。
⑦ 《汉书》卷76《韩延寿传》。

经对讲,见父老慰以农里之言,少年勉以孝悌之训。人感德兴行,日有所化"①。任延任会稽都尉"每时行县,辄使慰勉孝子,就餐饭之"②。看来,太守"行县",推行教化,一是"息讼",对民间父老宣扬孝悌等道德观念,二是"讲经",以经师的身份与学官诸生讲经,移风易俗,三是慰勉孝子,树立忠孝榜样。

五是选拔人才。郡守"行县",还有选拔人才之职能,随时发现人才当即任用。西汉昭帝时,田延年为河东太守,"行县"到平阳(今山西临汾西南),召见故吏五六十人,选拔了自言文武兼备的尹翁归,录用为卒史,带回府中③。东汉时杜密任泰山太守、北海相,"行春到高密县,见郑玄为乡佐,知其异器,即召署郡职,遂遣就学"④。郡还设有督邮,专职对所属县分部负责行政监督监察工作,直接对郡守负责,"部"即督邮的监察区,督邮巡视所部,也称"行县"⑤。《文献通考》卷63《职官考》说,郡督邮"掌监属县有东、西、南、北、中部,谓之五部督邮也,故督邮功曹之极位"。郡督邮受郡守之命,举劾郡内贪官污吏和地方豪强。成帝时,孙宝为京兆尹,在立秋日任命侯汶为东部督邮,交通朝内达官的霸陵大侠杜穉季听说后,闭门不出,不敢犯法⑥。张俭为山阳郡东部督邮,举劾宦官侯览及其母"残暴百姓,所为不轨"⑦。昭帝时尹翁归任河东郡汾南督邮,"所举应法,得其罪辜,属县长吏虽中伤,莫有怨者"⑧。苏谦为右扶风的督邮,部内美阳县令李暠与宦官勾结,他到部行县,"案"得其赃罪,"论输左校"⑨。这里的"案"就是"巡视"调查的过程。太守派督邮巡视行政工作,不仅奏免贪官污吏,还受命收捕犯法之县令长,元帝时冯野王任职左冯翊,池阳令贪污,他就派督邮赵都前往收捕⑩。

县对乡行政工作的巡视也是分部进行的,据《汉书》卷19《百官公卿

---

① 《后汉书》卷25《刘宽传》。
② 《后汉书》卷76《循吏列传·任延传》。
③ 《汉书》卷76《尹翁归传》。
④ 《后汉书》卷67《党锢列传·杜密》。
⑤ 《后汉书》卷81《独行列传·戴封》。
⑥ 《汉书》卷77《孙宝传》。
⑦ 《后汉书》卷67《党锢列传·张俭》。
⑧ 《汉书》卷76《尹翁归传》。
⑨ 《后汉书》卷30上《苏竟传》。
⑩ 《汉书》卷79《冯奉世传》附冯野王。

表》载:"乡有三老、有秩、啬夫、游徼。三老掌教化。啬夫职听讼,收租税。游徼循禁盗贼。"县设廷掾协助县令长分监各乡的行政工作。《后汉书》志第28《百官五》说:"诸曹略如郡员,五官为廷掾,监乡五部春夏为劝农掾,秋冬为制度掾。"即县设有类似于郡的五官掾的廷掾把乡分为五部,负责监督,春夏的重点是劝农桑,秋冬的重点在于整顿制度。虽没有明确记载县令长定时巡乡,但可以肯定地推测,县令长是要经常巡视乡行政工作的。

（五）边郡行塞

行塞是秦汉中央政府和边方郡县各级政府和军队管理机构派员循行边塞的屯戍候望工作,又称"行边"、"行徼"或是"行障塞"等。居延新简中有著名的"候史广德坐罪行罚"简,使得边塞候望体系中的候长、候史"'循行部隧'一事……始克详明"[①]。行塞有皇帝使者、丞相史和将军、边郡长官等,他们在行塞过程中检举揭发官吏违法失职行为,追究其责任[②]。

1. 皇帝派遣使者巡塞。如:汉宣帝本始元年（前73年）,"遣使者持节诏郡国二千石谨牧养民而风德化"[③];地节四年（前66年）,"遣使者循郡国问民所疾苦"[④]成帝鸿嘉四年（前17年）,"遣使者循国"[⑤]。汉简中有"行兵使者"(10·16)、"循兵使者"(135·2)、"劳边使者"(E.P.T51:323)、"行塞使者"(E.P.T52:616)等,都属此类。因使者是皇帝的代表,故多"持节"。

2. 中央政府部门丞相御史和将军循行边塞。如:"□□吏卒解随,不以候望为意,循行边,丞相御史常□"(227·91);"河平元年九月戊戌朔丙辰,不侵守候长士吏猛敢言之,将军行塞,举驷望隧长杜未央,所带剑刃呈,狗少一,未央贫急辐弱,毋以塞举请"(E.P.T59:3)。丞相和御

---

① 吴昌廉:《近六十年来居延汉简研究之回顾与展望——以居延汉简之整理及居延边塞鄣隧组织之研究为例》,见台湾大学历史系等:《民国以来国史研究的回顾与展望研讨会论文集》,国立台湾大学1992年版,上册第187页。

② 朱慈恩:《汉代边防职官循行之制考论》,《内蒙古社会科学》(汉文版)2007年第5期。

③ 《汉书》卷8《宣帝纪》。

④ 同上。

⑤ 《汉书》卷10《成帝纪》。

史两个部门中置有大量的官员,可以代表皇帝循行,也可以代表丞相御史到地方各级政府履行监察职能。如,五凤四年(前54年),"复遣丞相、御史掾二十四人循行天下"①。

3. 边郡长官行塞。边郡太守是地方的最高行政官员,综理一郡大小事务,都尉是太守之下专门负责军事的武官。一般情况下,边郡都尉之下还设置两个或两个以上的部都尉,每年八月都试之时,边郡太守、都尉除了试御骑驰战阵外,还需亲自"行障塞"②。居延汉简中也有关于太守、都尉行障塞的简文。如:"育候史恭等,前府君行塞,增坞橐,徙□□"(E.P.T6:92),"初元五年十一月都尉行塞,候、尉、士吏、候长钦"(E.P.T52:97)。

汉代郡、部都尉下的候望系统实行候、部、燧三级制,与此相对应的职官是候官(塞尉、丞、掾、士吏、尉史、令史)、候长(候史)、燧长。士吏、尉史专门负责循行,"近塞郡皆置尉,百里一人,士吏、尉史各二人巡行徼塞也"③。此外,候官及其属官掾属包括候长、候史在内,对于其所辖候部的烽燧也都负有循行之责。汉简中有不少这样的内容:"五月癸巳甲渠鄣候喜告尉,谓第七部士吏候长等,写移檄到,士吏、候长、候史循行"(159·17,283·46);"□月尉史殷行塞举"(285·4);"甲渠候官初元五年七月□行塞举"(311·3);"□移尉丞行塞,验问,第廿九隧长王禹□"(E.P.T5:107);"□事告尉,谓部士吏候长等,写移檄到循行□"(E.P.T51:536);"□□□士吏孟行塞□"(E.P.T51:688);"候长循行部竟"(E.P.F22:412)。

4. 持节领护诸官行塞。汉代的持节领护诸官度辽将军、护乌桓校尉、使匈奴中郎将、护羌校尉等,名亦负有循行之责。东汉建武九年(33年),班彪上书建议复置持节领护诸官,"皆持节领护,理其怨结,岁时循行,问所疾苦"④。持节领护诸官循行的主要任务是安抚入塞少数民族,亦包含有监督纠察之责。在敦煌悬泉置新出土的汉简中提到:"护羌使者方行部,有以马为盗,长必坐论。过广至,传马见四匹,皆瘦,问厩吏,

---

① 《汉书》卷8《宣帝纪》。
② 《汉书》卷1《高帝纪》。
③ 《汉书》卷94《匈奴传》。
④ 《后汉书》卷87《西羌传》。

言十五匹送使者,太守用十匹"(Ⅱ0215③:83);"护羌使者,行期有日,传舍不就"(Ⅱ0314②:72);"出米八升,四月甲午以食护羌都吏李卿从吏"(Ⅱ0215②:192);"人……具敝。裴一,完。履橐一,新。朝□薄十一,完。币勒一,完。□一,完。绥和元年五月乙亥,悬泉置啬夫庆受敦煌厩佐并,送护羌从事"(Ⅱ0111①:303)。

(六) 汉代行政巡视制度的特点

1. 行政巡视的类型多样化。汉代分层与分部巡视相结合,职权分明,各负其责,形成了多维的行政巡视体系。皇帝是秦汉政府的最高行政首脑,亲自巡视州郡县的地方行政工作,中央设监察机关——御史台负责对地方行政监察,地方上刺史分部巡视郡级行政工作,郡以下行政政府由郡国守相、县令长、乡村逐级进行巡视,并设督邮、廷掾等专职官吏举劾贪赃枉法的官吏。中央随时根据需要派遣使者对州郡县行政工作进行巡视,既有行政组织内部的巡视,又有独立于行政之外的监察官和临时派遣的大使的巡视,而且各有分工,各负其责。地方监察官刺史督察郡国守相二千石墨绶长吏,郡国守相督察县令丞尉黄绶官吏,而刺史只有举奏权,其处分权在郡国守相,不能超过权限。大使奉诏巡行郡县行政,也有严格的职责权限。这样多种类型的行政巡视官吏各司其职,各负其责,形成严密的监督网络,有利于对行政工作的监督检查。

2. 行政巡视的形式多样化。汉行政巡视形式多样化,既有行政首脑皇帝、刺史、郡国守相、县令长的行政巡视,又有行政内部专职官吏司直、督邮、廷掾分部行政巡视,还有兼职官吏大使的行政巡视;既有定期的"巡部"、"巡县",又有不定期的大使随时巡视行政;既有公开的、耀武扬威的刺史"巡部"、郡守"巡县",也有微服私访的"巡部"、"巡县"。例如,郡守"巡县"都要乘车,跟有随从人员,各县还要到县界迎接,还有"巡行守舍",是公开的,也是很威严的;但也有微服私访的,羊续任南阳太守,入郡"行县","乃赢服间行","观历县邑",只有一人侍从,"采问风谣","其令长贪洁,吏民良猾,悉逆知其状"[①]。东汉和帝派遣到地方巡视行政的使者"皆微服单行,各至州县,观采风谣"[②]。这些多种形式的行政巡视,更有利于深入社会,了解社情民意,调查出贪官污吏和土豪

---

① 《后汉书》卷31《羊续传》。
② 《后汉书》卷82《李郃传》。

恶霸的罪行，以便严惩。

二、考核

有官必有课，有课必有赏罚。考课过程中发现有违法违纪情况，则要追究责任，受到相应的制裁。

（一）考课是汉代对官吏的有效监督形式之一，又是官吏晋升和奖惩的依据

秦汉时期的考课，主要采取上计的形式，就是对郡县财政工作的审计，每年县把户口、垦田数目、赋税收入和社会治安等情况制成计簿上报郡国，郡国制成郡计簿上报中央，接受上一级政府的审计。中央丞相府设有"计相"，专门审计各郡国的上计簿。郡国设有计曹掾史主管上计簿事，设比曹掾史主管郡内财政审计。郡国财政收支情况要及时上报中央财政部大司农，"郡国四时上月旦见钱谷簿"①。监察机关对财政经济的执法情况进行审计。汉宣帝时因上计簿多不实，就派御史大夫"按之"，这是御史对三公府"上计簿"的检查。汉代刺史对郡国监察，也涉及财政经济的审计。秦首次将官吏考绩称为"课"，在《厩苑律》中规定了考课的时间和标准，实行"殿"、"最"二级，凡因奖其功而赐劳若干的考功方式，都被汉代所使用。

（二）汉代的考课注重官吏的实绩，"各计县户口垦田，钱谷出入，盗贼多少，上集（计）簿"，上计簿都是量化的标准

关于汉代上计文书《集簿》的内容，据胡广《汉官解诂》所言，为"户口、垦田、钱谷入出、盗贼多少"等几项。现从东海郡尹湾汉墓出土的《集簿》来看，胡广说的仅是郡县上计的基本内容。东海郡上计《集簿》所载，远远多于胡广说的几项，而且不仅是简单的数字，且间有说明，仅仅700字却涵盖了东海郡的行政建置和吏员配备、农业经济、民政、财政等方面内容和22个项目的综合统计。汉简"功劳案"中反映的考绩项目是按官、爵、功、劳、能书会计、治官民颇知律令、文或武等，与董仲舒《考功名》所说的大体相同，以功劳为主要依据。如简文："玉门千秋

---

① 《后汉书》志第26《百官三》。

隧长敦煌武安里公乘吕安汉,年卅(三十)七岁,长七尺六寸。神爵四年六月辛酉除,功一、劳三岁九月二日,其卅(三十)日父(A)不幸死,宪定功一、劳三岁八月二日,迄九月晦庚戌(B)。"①吕安汉因父死而回家料理丧事,其30天,于是在统计劳绩时要予以扣除。可见,官吏如果因私事而"离署",这段时间是不能算作"劳"的。

（三）汉代的官吏考课有严密的体系,程序严格

从中央到郡、县各部门长官考核其属吏,上级对下级逐级考核,其方法是下级将政绩计簿（亦名集簿）呈报上级,由长官负责认真考核。中央三公府只负责对郡国长官的考核,"课其殿最,奏行赏罚"②。丞相府的东、西曹,郡、县的功曹负责平时对官吏的考察和记载,部刺史对郡国的政绩材料"上计簿"进行核实,上奏皇帝,御史大夫也要对上计簿察其虚实,尚书台的三公曹负责官吏的考课,互相制约。据简牍资料,对上计的资料要认真检查,保证其真实性。例如:"□长丞拘校,必得事实。牒别言,与计偕,如律令,敢告卒人,掾定、属云、延寿、书佐德。"(E.P.T53∶33A、B)"拘校,与计簿相应。"(E.P.T52∶576)所谓"拘校",即"钩校","乃钩稽比较之意",也就是校对、核算。由简文可知,郡府命令所属地方基层、各县对上计文书要认真核对。若发现错误,要查出原因,所谓"拘校处实"、"必得事实"。并要另附文书说明,所谓"牒别言",与计簿一并呈上。郡府还要求呈送《集簿》时,将其中某些项目的明细账目,另列清单（所谓的"牒"）,作为副件一并呈上,以备郡府直接复查、审核。如汉简:"阳朔三年九月癸亥朔壬午,甲渠障守候尉顺敢言之。府书:移《赋钱出入簿》与计偕。谨移应书一编,敢言之。尉史昌。"(35·8A、B)此简所说的"应书",即根据郡府命令随计书一并呈上的《赋钱出入簿》。

（四）汉代考课评定政绩量化

或评分、或定等,或"功劳案",都存在一种"量化"的趋向,垦田、户口、狱讼等都是通过数量反映出来的,而不能用数量表示的其他行政事务,也是通过一定的标准换算成分数（算）计算的。例如简文:"次吞隧

---

① 《敦煌汉简》第1186条。
② 《汉书》卷74《丙吉传》。

长长舒:卒四人,一人省,一人车父在官已见,二人见。堠户厌破不事用,负二算;木长棰二柄长,负二算;直上蓬干柱柜木一解随,负三算;堠坞不涂塓,负十六算;反笱一币,负二算;天田塎八十步不涂,不负一;县索三行一里卅(四十)六步币绝不易,负十算;积薪梁皆不塓,负八算;县索缓一里负三算。凡负卅(四十)四算。"(E.P.T59∶6)这是一个相当完整和详细的考课记录,既包括对燧卒的考勤,也包括对烽燧设施的检验。值得注意的是其中的"天田塎八十步,不涂,不负一"这句话,天田是在边防线一带铺的沙土,一旦有人偷越边境,就会在上面留下痕迹,塎是边界,"不涂"即没铺好沙土。"天田不涂"是一种失职行为,尽管不足以负一算,也应受到某种轻罚。如果此简是奖罚记录,就不应该只记罚款数目而不记录一般过失的处理情况,而如果此简是"考绩评分簿",就完全有理由只记评分结果,而不必记录对各种过失的惩罚情况了。

(五) 汉代考课有一定的公正性

一是公开举行。中央对郡国守相的考核均采用会议的形式,公开举行评议,主考官提出问题,受考者根据实绩回答,以防偏私。二是重视舆论监督。汉代考核还非常重民众舆论对官吏的评价,皇帝常派大使出巡,举谣言与行风俗,评价官吏的政绩。三是考核失误追究责任。若考核不以实绩,就要反坐其罪。如大司空宋弘"坐考上党守无所据"而被免官[①]。四是考核成绩不好要受到问责。《汉书》卷60《杜延年传》载,延年以故九卿外出为边吏,治郡不进,师古曰:"比于诸郡,不为最也。"上以玺书让延年。师古曰:"让,责也。"延年乃选用良吏,捕击豪强,郡中清静。居岁余,上使谒者赐延年玺书,黄金二十斤,徙为西河太守,治甚有名。这说明考核不为"最"也要受到问责。

三、拘校

拘校,也称"校",就是核校的意思,是上级监督下级行政工作的方式之一。秦汉时期以文书行政,下级向上级述职经常要使用簿、籍等形式。而上级核校下级上报的籍簿等文书资料是上级了解下级工作状况、发现问题、提起问责的重要途径。汉代在各级行政机构设有专职的

[①] 《后汉书》卷26《宋弘传》。

官吏负责记录和拘校工作。《后汉书》志第26《百官三》载,宗正大司农少府,有"尚书六人,六百石……左右丞各一人,四百石。本注曰:掌录文书期会。左丞主吏民章报及驺伯史"。《后汉书》卷74上《袁绍刘表列传》记载,"尚书记期会,公卿充员品而已"。《后汉书》志第28《百官五》载,州郡县乡亭里、匈奴中郎将、乌桓校尉、护羌校尉、王国有"主记室史,主录记书,催期会"。中央公府设令史负责文书工作,《后汉书》志第24《百官一》"太傅、太尉、司徒、司空、将军"条说:"记室令史主上章表报书记。门令史主府门。其余令史,各典曹文书。"县级政府中设有令史,专职负责公文的收发、登记、催办和保存,出土的汉代简牍档案文书多有令史署名。秦汉行政办事过程中,对办事的效率和质量进行严格的审核检查,发现并检举揭发违法失职官吏,主要方法就是"校"。

(一)"拘校"的主要内容

从吏卒名籍到钱谷出入,从完兵簿到折伤兵簿,从邮书课到烽火传递记录,凡各级所汇报之簿籍,上级在核校中都发现过问题。核校时或依据相关账目,或直接到现场将实物与籍簿核对。试举几例如下:

(1)地节二年六月辛卯朔丁巳,肩水候房谓候长光,官以姑臧所移卒被兵本籍为行边兵丞相史王卿治卒被兵,以校阅亭隧卒被兵,皆多冒乱不相应,或易处不如本籍。今写所治亭别被兵籍并编移书到光,以籍阅具卒兵,兵即不应籍,更实定以籍……(E.P.T 7:7A)①

(2)广至移十一月谷薄(簿),出粟六斗三升,以食县(悬)泉厩佐广德所将助御效谷广利里郭市等七人,送日逐王,往来三食,食三升。桉(案)广德所将御□禀食县(悬)泉而出食,解何?(Ⅰ 0309③:167~168)②

(3)校甲渠候移正月尽三月四时吏名籍,第十二隧长张宣,史,

---

① 甘肃省文物考古研究所、甘肃省博物馆、文化部古文献研究室、中国社会科学院历史研究所:《居延新简——甲渠候官与第四燧》,文物出版社1990年版,第39页。

② 胡平生、张德芳:《敦煌悬泉汉简释粹》,上海古籍出版社2001年版。

案府籍,宣不史。不相应,解何?(129·22,190·30)①

（4）校候三月尽六月折伤兵簿,出六石弩弓廿四付库,库受嗇夫久廿三,而空出一弓,解何?(179·6)

（5）告肩水候官,候官所移卒责不与都吏□卿所举籍不相应,解何?记到,遣吏抵校。及将军未知,不将白之。(183·15B)

（6）四时簿出付入受不相应,或出输非法,各如牒,书到。(394·4)

（7）建昭四年四月辛巳朔庚戌,不侵候长齐敢言之：官移府所移邮书课举曰：各推辟部中,牒别言,会月廿七日……(E.P.T52：83)

以上都是在核校下级呈报文书中发现的问题而提出的质询,涉及文书的种类比较多样,有谷簿、吏名籍、折伤兵簿、卒债簿、四时簿和邮书课等。简（1）利用姑臧卒被兵本籍核验亭燧卒被兵的例子。简（2）是上级官府收到悬泉置上报的账簿后,质询迎送日逐王过程中粮食出纳存在的问题。简（3）是都尉府发现甲渠候所移吏名籍中燧长张宣的身份与府籍不符,因而下文责问。简（4）是都尉府在检校候官呈交的折伤兵簿时,发现簿册上登记的付库弩弓数与库接受的弩弓数不相应,便下文质询。简（5）是都尉府质询：为何肩水候官和都吏所报卒债簿不一致。简（6）是核验下级呈报的四时簿时,发现收入与支出不相符合,甚至有非法支出财物的情况,因而记录在牒质询。简（7）中的邮书课是记录邮书递送情况的文书,燧、部和候官都要按月上报。居延都尉府核校下级邮书记录时发现了问题,故下文质询。

（二）"拘校"违法失实要追究责任

汉代对财物"校",官吏都必须认真负责,照章办事,不得违法乱纪,否则要追究责任的。请看下面简文记载：

（1）计校相缪（谬）殴（也）,自二百廿钱以下,谇官嗇夫;过二百廿钱以到二千二百钱,赀一盾;过二千二百钱以上,赀一甲。人户、马牛一,赀一盾;自二以上,赀一甲。(《睡虎地秦墓竹简·秦律十八种·效律》)

---

① 谢桂华、李均明、朱国炤：《居延汉简释文合校》,文物出版社1987年版,第214页。

(2) □长丞拘校必得事实,牒别言,与计偕,如律令,敢告卒人。(E.P.T53:33A)

(3) 书到,拘校处实,牒别言。(317·6)

(4) □拘檄出入不应法者,举白。(E.P.T51:649)

这就是要求负责拘校的人员,"必得事实"、"拘校处实"、依法办事。凡"拘檄出入不应法者举白",即要说明情况,不得违法乱纪。对于被拘校的单位或个人也要求做到簿、实相符,不得有误。在"居延汉简"中,常见"相应"、"不相应"字样。例如:

(1) 校甲渠候移正月尽三月四时吏名籍,第十二燧长张宣,史,案府籍,宣不史不相应,解何?(129·22,190·30)

(2) 四时簿出付入受不相应,或输出非法,各如牒书,到。(394·4)

(3) □拘校,令与计簿相应,放式移,遣服治□。(E.P.T52:576)

(4) 书曰,恩辞不与候书相应,疑非实……(E.P.F22:3)

(5) 候长不相与鄠校,而令不相应,解何,檄到,驰持事诣官,须言府,会月二十八日日中,毋以它为解,必坐有。(E.P.F22:454)

简文中的"相应",即相符、相合。所谓"不相应",即不相符、不相合或不相符合。在拘校中如果发现错误,会计簿册有"不相应",就得查明原因,追究责任。如果在审校过程中发现问题,审计人员常致函召被审单位前来对状解释。如果对状解释不清,审计人员将前往被审单位,实地盘存实物,以检验账簿的真实性。如"……最凡粟二千五百九十石七斗二升少。凡出千八百五十七石斗一升,今余粟七百卅三石四斗一升少。校,见粟得七百五十四石二斗"(142·32),就是实地核查得出的结果。

第六章　汉代赏罚分明的行政激励机制

　　奖励和惩罚是汉代行政激励的两种手段，也是管理官吏的两把利剑，奖励是一种激励性力量，起激励、鼓舞、褒奖的作用；惩罚是一种约束性力量，起禁止、威慑、惩戒的作用。赏罚兼施，德威并用，才能既引导官吏做好事，又制止官吏做坏事，使官吏进有所得，退有所失。汉代通过多元的监督网络和多样的监督途径，对违法失职的官吏追究责任，处以刑罚；对功绩卓著的官吏升官加爵，给以褒奖，建立了赏罚分明的行政奖惩机制，从而充分调动官吏的积极性。汉代对官吏的奖惩主要依据政绩的优劣，而政绩的优劣主要依靠平时的考核、年终考核和任期的考核，考核成绩较差的被称为"殿"，对那些被评定为"殿"者要追究其责任，对不称职或违反朝章法纪者，应视其情节轻重给予不同的处分，处分是按申诫、鞭杖、罚金、降秩、降职、罢官、判刑、抄家、处死、株连家族等顺序由轻到重地进行，有时也数罚并行。对考课政绩优秀的被定为"最"，给予褒奖，奖励按增加俸禄、赏赐黄金、提升职务、赐爵封侯的顺序由低到高进行，有时也数奖并行。汉代对官吏的奖惩，依法按程序进行，对下级上报的政绩的殿和最、功和过，派遣官吏进行核实，情况属实者,被考核者依法奖惩;如情况不实,考核者也要受到处罚。如:东汉光武帝时,大司空宋弘"坐考上党太守无所据,免归第";明帝时,太尉赵熹"坐考中山相薛修不实,免"。对下属的惩处,往往在一年一度的课吏大会时与奖励同时进行。西汉东海太守尹翁归,"收取人必于秋冬课吏大会中","以一警百,吏民皆服,恐惧改行自新"。这样借课吏大会以行奖惩,是为了促进吏治的清明。

第一节 汉代的奖励机制

汉代奖励重视工作能力和水平,特别重视工作业绩,对政绩特别优异采用口头褒奖、行文褒奖、增加俸禄、赏赐黄金、提升职务、赐爵封侯等形式进行奖励,有时也数奖并行,既有精神奖励,又有物质奖励,就是用名利激励官吏勤奋工作。汉代律令规定了各级行政机构、行政官吏应该做某种行为的激励性规范。例如,《中劳律》、《购赏律》、《功令》、《军爵令》、《击匈奴降者赏令》就是应该做的、做得好的行为的奖赏规定。还规定了各级行政机构、行政官吏的利益保障规范。例如,"养老令"、《禄秩令》就是对官吏致仕的待遇、官吏俸禄的规定。汉代奖励就是依据这些激励性规范,给政绩优异的官吏更多的政治经济利益,用利益诱导官吏勤职尽责的。对官吏的提升称为"迁",一般积功久任的为"平迁",有特殊功绩和蒙受恩宠的拔擢,称"超迁"或"擢"。考课为"最"者,一般都"超迁"一等,因无官缺不能升迁的则以增秩、赐金、封爵作为补充。例如,西汉召信臣为南阳太守,"其化大行,郡中莫不耕稼力田,百姓归之,户口增倍,盗贼狱讼衰止",被认为各项考课成绩皆优,因此皇帝赐黄金40斤,提升为河南太守,并在全国颁诏表扬。又如,赵广汉为阳翟令,以治行优异,越级提拔为京辅都尉。西汉扬州刺史黄霸以贤良高第而任颍川太守,秩比二千石,赐车盖,特高一丈,别驾主簿,车缇油屏泥于轼前,"以章有德";他治理颍川"治行"全国第一,"孝子弟弟贞妇顺孙日以众多","养视鳏寡,赡助贫弱","吏民乡于教化,兴于行义,可为贤人君子矣","其赐爵关内侯,黄金百斤,秩中二千石","而颍川孝弟、有行义民、三老、力田,皆以差赐爵及帛",经过几个月之后,调黄霸到中央担任太子太傅,又晋升为三公之一的御史大夫,位列宰相①。对于治行特别突出的,在死后还要受到奉祀悼念。如西汉的召信臣和文翁,经皇帝批准,在家乡立祠,在原治郡,"岁时郡二千石率官属行礼",在他们的遗冢前举行祭奠之礼。这些措施无非是为提高官员工作的积极性,让他们尽忠职守。汉代的奖励是君主用来笼络官僚,平衡各种政治势力,巩固并加强君主专制的重要手段。

一、奖励的形式

奖励的形式主要有升官加爵、增加俸禄、赐物赏金等物质和精神激励形式。

(一)升官包含两方面,就是晋升秩级和职位

秩级,又称秩次,把职位划分若干等级,汉代为十五等,以禄石多少为标准,如二千石、中二千石、万石等,是封建王朝任用官吏所授予的职级与责任,凡职事官都有秩级,划归的秩级授予不同的职位,职责待遇是不一样的。这是把职务、工作、责任作为分类依据,以"职位"鼓励官吏努力工作,获得更大的权力和更多的物质报酬。简帛中有丰富的官吏秩次等级划分和俸禄标准记录,是官吏政治与经济权利的反映。不同秩次等级的官吏,其政治地位有差异,如六百石以上在秦代被称为"显大夫",汉代也同样有此制度。张家山汉简《二年律令·秩律》中,记载了众多各级官吏的秩次。请看记载:

> 御史大夫,廷尉,内史,典客,中尉,车骑尉,大仆,长信詹事,少府令,备塞都尉,郡守、尉,衞(卫)将军,衞(卫)尉,汉 440 中大夫令,汉郎中,奉常,秩各二千石。御史,丞相、相国长史,秩各千石。441 □君(?),长信□卿(?)、□傅(?),长信谒者令,中大仆,秩各千石,有丞、尉者半之。442 栎阳、长安、频阳、临晋、成都、□雒、雒阳、鄚、云中、□□□□、新丰、槐里、雎、好畤、沛、郃阳,郎中 443 司马,衞(卫)尉司马,秩各千石,丞四百石。丞相长史正、监,卫将军长史,秩各八百石。二千石□丞六百石。444 中发弩、枸(勾)指发弩,中司空、轻车,郡发弩、司空、轻车,秩各八百石,有丞者三百石。

---

① 《汉书》卷89《循吏传》。

卒长五百石。445 中候，郡候，骑千人，衞（卫）将军候，衞（卫）尉候，秩各六百石，有丞者二百石。446 胡、夏阳、彭阳、朐忍、□□□□□临邛、新都、武阳、梓潼、涪、南郑、宛、穰、温、修武、轵、杨、临汾、九原、咸阳、447 原阳、北舆（舆）、籞（？）陵、西安阳、下邽、蘩、郑、云阳、重泉、华阴、慎、衙、藍（蓝）田、新野、宜成、蒲反、成固、圜阳、巫、沂阳、448 长子、江州、上邽、阳翟、西成、江陵、高奴、平阳、降（绛）、酆、赞、城父、公车司马、大（太）仓治粟、大（太）仓中厩、未央厩、外乐、池 449 阳、长陵、渼（濮）阳，秩各八百石，有丞、尉者半之，司空、田、乡部二百石。450 汾阴、汧、杜阳、沫、上雒、商、武城、翟道、乌氏、朝那、阴密、郁郅、䓌（菌）、楬邑、归德、朐（昫）衍、义渠道、略畔道、朐衍 451 道、雕阴、洛都、襄城、漆垣、定阳、平陆、饶、阳周、原都、平都、平周、武都、安陵、徒涇、西都、中阳、广衍、高望、452 平乐、狄道、戎邑、□□□陵、江阳、临江、涪陵、安汉、宕渠、枳、苴、旬阳、安 453 阳、长利、锡、上庸、武陵、房陵、阳平、垣、灌（濩）泽、襄陵、蒲子、皮氏、北屈、猗、潞、涉、余吾、屯留、武安、端氏、阿氏、壶关、454 泫氏、高都、铜鞮、涅、襄垣、成安、河阳、汲、荡阴、朝歌、郑、野王、山阳、内广（黄）、蘩（繁）阳、陕、卢氏、新安、新城、宜阳、455 平阴、河南、缑氏、成皋、荧（荥）阳、卷、岐、阳武、陈留、梁、围、姊（秭）归、临沮、夷陵、醴陵、孱陵、销、竟陵、安陆、州陵、沙羨（羡）、456 西陵、夷道、下隽、析、郦、邓、南陵、比阳、平氏、胡阳、祭（蔡）阳、隋、西平、叶、阳成、雉、阳安、鲁阳、朗陵、鞼（犨）、酸枣、457 密、长安西市、阳城、苑陵、襄城、偃、郏、尉氏、颍（颖）阳、长社、解陵、武泉、沙陵、南舆、蔓（曼）柏、莫甗、河阴、博陵、许 458 辨道、武都道、予道、氐道、薄道、下辨、獂道、略阳、縣（绵）诸、方渠除道、雕阴道、青衣道、严道、䣜（郝）、美阳、壤（襄）德、共、馆阴、隆虑、459 □□、中牟、颍阴、定陵、舞阳、启封、闲阳、女阴、索、焉（鄢）陵、东阿、聊城、燕、观、白马、东武阳、茌（茬）平、甄（鄄）城、揾（顿）丘、大行走士、未 460 央走士、大卜、大史、大祝，宦者，中谒者，大官，寺工，右工室，都水，武库，御府，御府盐（监），和〈私〉府盐（监），诏事，长信掌衣，长安市，云梦，461 长信詹事丞，家马，长信祠祀，长信仓，大匠官司空，长秋中谒者，长信尚浴，长信谒者，祠祀，大（太）宰，居室，西织，东织，长信 462 私官，内者，长信永巷，永巷詹事丞，詹事将行、长秋谒者令、右厩、灵州、乐府、寺、车府、内官、圉阴、东园主章、上林骑，秩 463 各六百石，有丞、尉者半之，田、乡部二百石，司空及衛（卫）官、校长百六十石。詹事、和〈私〉府长，秩各五百石，丞三百石。464 阴平道、蜀〈甸〉氐道、縣（绵）遞道、湔氐道长，秩各五百石，丞、尉三百石。太医、祝长及它都官长，黄（广）乡长，万年邑长，长安厨 465 长，秩各三百石，有丞、尉者二百石，乡部百六十石。未央宦者、宦者监仆射，未央光〈永〉巷，光〈永〉巷监，长信宦者中监，长信光〈永〉巷，光〈永〉巷。466 □室仆射、室仆射大官，未央食官、食监，长信食□宦三，杨关，长信詹事、和〈私〉官长，詹事祠祀长，詹事厩长，月氏 467 田、乡部二百石，司空二百五十石。中司马，郡司马，骑司马，中轻车司马，备盗贼，关中司马□□关司□468 县有塞、城尉者，秩各减其郡尉百石。道尉秩二百石。□□□秩□□□·秩□□□□秩百廿石。□469 都官之稗官及马苑有乘车者，秩各百六十石，有秩毋乘车者，各百廿石。470 轻车司马、候、厩有乘车者，秩各百六十石；毋乘车者，及仓、库、少内、校长、髳长、发弩、衛（卫）将军、衛（卫）尉士吏，都市亭厨有 471 秩者及毋乘车之乡部，秩各百廿石。李公主、申徒公主、荣公主、傅公〔主〕家丞，秩各三百石。472

从上引《秩律》可知，秩次不同所对应的职位也不同，秩次和职位必须一致，也就是说官吏只有达到一定的秩次，才能被任命为与之相应的职位，有职位才有相应的权力和利益。因此，不同的秩次其权力和待遇是不一样的。《汉书》卷 19 上《百官公卿表》载：

> 凡吏秩比二千石以上，皆银印青绶，光禄大夫无。秩比六百石以上，皆铜印黑绶，大夫、博士、御史、谒者、郎无。其仆射、御史治书尚符玺者，有印绶。比二百石以上，皆铜印黄绶。成帝阳朔二年除八百石、五百石秩。绥和元年，长、相皆黑绶。哀帝建平二年，复黄绶。吏员自佐史至丞相，十三万二百八十五人。

这是秩次不同所佩带的印绶颜色和质量不同，反映出政治待遇不一样。张家山汉简《二年律令·赐律》中规定：

> 赐吏酒食，衛（率）秩百石而肉十二斤、酒一斗；斗食、令史肉十斤，佐史八斤，酒七〔升〕。二九七 二千石吏食糳（糳）、粱、稬（糯）各一盛，醯、酱各二升，介（芥）一升。二九八 千石吏至六百石，食二

盛,醯、酱各一升。二九九 五百石以下,食一盛,酱半升。三〇〇 食一盛用米九升。三〇一 赐吏六百石以上以上尊,五百石以下以下尊,毋爵以和酒。三〇二 赐酒者勿予食。三〇三

这是赏赐官吏酒、肉、醯、酱等副食品,就是按秩次的高低发放的,反映出不同的秩次经济待遇是不一样的。

在《捕斩匈奴虏反羌购赏科别》中就有"其生捕得酋豪、王侯、君长、将率者一人□吏①增秩二等","其斩匈奴将率者,将百人以上一人购钱十万,吏增秩二等","有能生捕得匈奴间候一人,吏增秩二等"的记载,就是根据"捕斩匈奴"的级别和数量,给予"吏增秩二等"的奖励。

汉代对考课为最者的奖励措施有晋升职位与秩次的,如:"(朱邑)迁北海太守,以治行第一入大司农"②;"(颍川太守)霸以外宽内明得吏民心,户口岁增,治为天下第一。征守京兆尹,秩二千石"③;"六年,(李忠)迁丹阳太守……垦田增多,三岁间流民占著者五万余口。十四年,三公奏课为天下第一,迁豫章太守"④。

(二)加爵

爵位是用来用来奖赏建立功劳的官吏,不同级的爵位可获得相应的物质报酬和特权,这是以贡献的大小激励百官积极进取的。《汉书》卷 19 上《百官公卿表》载爵位二十等:

一级曰公士,二上造,三簪袅,四不更,五大夫,六官大夫,七公大夫,八公乘,九五大夫,十左庶长,十一右庶长,十二左更,十三中更,十四右更,十五少上造,十六大上造,十七驷车庶长,十八大庶长,十九关内侯,二十彻侯。皆秦制,以赏功劳。彻侯金印紫绶,避武帝讳,曰通侯,或曰列侯,改所食国令长名相,又有家丞、门大夫、庶子。

张家山汉简《二年律令·户律》规定:

关内侯九十五顷,[大][庶][长][九][十][顷],[驷]车庶长八

---

① 简装本、精装本《居延新简》均作"吏"字,应该是据上下文意、文例及残存笔迹补出。因此简恰在此处折断,故释作"吏"更合实际。
② 《汉书》卷 89《朱邑传》。
③ 《汉书》卷 89《黄霸传》。
④ 《后汉书》卷 21《李忠传》。

十八顷,大上造八十六顷,少上造八十四顷,右更八十二顷,中更八十三一〇顷,左更七十八顷,右庶长七十六顷,左庶长七十四顷,五大夫廿五顷,公乘廿顷,公大夫九顷,官大夫七顷,大夫五顷,不三一一更四顷,簪褭三顷,上造二顷,公士一顷半顷,公卒、士五(伍)、庶人各一顷,司寇、隐官各五十亩。不幸死者,令其后先三一二择田,乃行其馀。它子男欲为户,以为其□田予之。其已前为户而毋田宅,田宅不盈,得以盈。宅不比,不得。三一三宅之大方卅步。彻侯受百五宅,关内侯九十五宅,大庶长九十宅,驷车庶长八十八宅,大上造八十六宅,少上造八十四宅,右三一四更八十二宅,中更八十宅,左更七十八宅,右庶长七十六宅,左庶长七十四宅,五大夫廿五宅,公乘廿宅,公大夫九宅,官大夫七宅,大夫三一五五宅,不更四宅,簪褭三宅,上造二宅,公士一宅半宅,公卒、士五(伍)、庶人一宅,司寇、隐官半宅。欲为户者,许之。三一六[卿]以上所自田户田,不租,不出顷刍稾。三一七

这是法律规定根据爵位的高低赏赐给官吏土地和宅基地,还有免除田租和刍稾的特权。

《二年律令·赐律》中规定:

(1)赐衣者六丈四尺、缘五尺、絮三斤,襦二丈二尺、缘丈、絮二斤,绔(袴)二丈一尺、絮一斤半,衾五丈二尺、缘二丈六尺、絮十一斤。五大夫以上二八二锦表,公乘以下缦表,皆帛裏;司寇以下布表、裏。二月尽八月赐衣,襦,勿予裏、絮。二千石吏不起病者,赐衣襦、棺及官衣常(裳)。二八三郡尉,赐衣、棺及官常(裳)。千石至六百石吏死官者,居县赐棺及官衣。五百石以下至丞、尉死官者,居县赐棺。二八四

(2)赐不为吏及宦皇帝者,关内侯以上比二千石,卿比千石,五大夫比八百石,公乘比六百石,公大夫、官大夫比五百二九一石,大夫比三百石,不更比有秩,簪褭比斗食,上造、公士比佐史。毋爵者,饭一斗、肉五斤、酒大半斗、酱少半升二九二司寇、徒隶,饭一斗、肉三斤,酒少半斗,盐廿分升一。二九三

这是按照爵位的高低赏赐官吏衣物和粮食、酒肉、盐等食物的法律规定。

青海大通县上孙家寨汉简有关军事方面的律令文书就有根据军功

的大小赏赐不同级别爵位的规定：

> ……十一,军吏六百以上,兵车御右及把麾竿、鼓钲钺者,拜爵赐论,爵比吏士……各二级,毋过左庶长。斩首捕虏,拜爵各一级。车□□□□□,斩捕首虏二级,拜爵各一级；斩捕首虏五级,拜爵各二级；斩捕八级,拜爵各三级；不满数,赐钱级千。斩首捕虏,毋过人三级,拜爵皆毋过五大夫,必须有主以验不法状。

（三）增禄,就是增加俸禄

俸禄是国家给官吏的物质报酬。官吏的俸禄是按官品等级发放的,官品等级越高,职责权限越大,俸禄就越高。这是以利禄激励官吏努力工作,从而获得优厚的经济待遇。享有俸禄是官吏的权利,陈梦家曾著《汉简所见奉例》,运用文献与简牍资料研究汉代边郡及两汉俸禄问题,揭示了汉代俸禄研究中很多新的内容。《后汉书》志第28《百官五》：

> 百官受奉例：大将军、三公奉,月三百五十斛。中二千石奉,月百八十斛。二千石奉,月百二十斛。比二千石奉,月百斛。千石奉,月八十斛。六百石奉,月七十斛。比六百石奉,月五十斛。四百石奉,月四十五斛。比四百石奉,月四十斛。三百石奉,月四十斛。比三百石奉,月三十七斛。二百石奉,月三十斛。比二百石奉,月二十七斛。一百石奉,月十六斛。斗食奉,月十一斛。佐史奉,月八斛。凡诸受奉,皆半钱半谷。

这是按秩级给官吏发放俸禄的。据《居延新简》的记载,东汉边郡的官吏是按职位发放俸禄的：

> 建武三年四月丁巳朔辛巳,领河西五郡大将军张掖属国都尉融移张掖居延都尉,今为都尉以下奉各如差：司马、千人、候、仓长、丞、塞尉,职闲都尉以便宜财予从史田吏,如律令。（E.P.F22：70）六月壬申,守张掖居延都尉旷、丞崇告司马千人官,谓官县写移书到,如大将军莫府书律令。掾阳守、属恭,书佐丰。（E.P.F22：71A）已雠。（E.P.F22：71B）居延都尉,奉谷月六十石；（E.P.F22：72）居延都尉丞,奉谷月卅石；（E.P.F22：73）居延令,奉谷月卅石；（E.P.F22：74）居延丞,奉谷月十五石；（E.P.F22：75）居延左右尉,奉谷月十五石。（E.P.F22：76）右以祖脱谷给岁竟,壹移计（E.P.F22：77）居延城司马千人候仓长丞塞尉。（E.P.F22：

78）右职闲都尉以便宜予从史令田。(E. P. F22：79)

（四）赐物赏金，就是给予物质奖励

《击匈奴降者赏令》与《军爵律》内容相近，是对与匈奴作战立功者赐爵位、财物和食邑的规定，其中有击匈奴"二百户五百骑以上赐爵少上造，黄金五十斤，食邑百户百骑"等。这是对匈奴作战时根据杀敌多少不仅赏赐爵位，而且也赏赐黄金。文献中官吏因政绩优异赐金的例子很多，如"天水太守陈立，劝民农桑，为天下最，赐金四十斤"①。

二、奖励的条件

汉代奖励的条件主要是功和劳。董仲舒《考功名》是为当时统治者设计的一套考核官吏政绩的原则和方法，提出的考绩项目如下：

> 考试之法，合其爵禄，并其秩，积其日，陈其实。计功量罪，以多除少，以名定实。②

其中"爵"即爵位，"禄"即俸禄，"秩"即职位或品级，"日"即劳绩，"实"即实效、功效，这里关键在"计功量罪"，就是爵、禄、秩都是要"计功量罪"的。

升迁是对官吏的最大奖励，功劳是升迁的主要依据。司马迁在《报任安书》中说：

> 所以自惟：上之，不能纳忠效信，有奇策材力之誉，自结明主；……下之，不能累日积劳，取尊官厚禄，以为宗族交游光宠。

《汉书·董仲舒传》记载董仲舒的对策说：

> 且古所谓功者，以任官称职为差，非谓积日累久也。夫小材虽累日，不离于小官；贤材虽未久，不害为辅佐。……今则不然，累日以取贵，积久以致官……

《汉书·酷吏传》载赵禹：

> 武帝时，禹以刀笔吏积劳，迁为御史。

司马迁、董仲舒的话都表明在汉代"累日积劳，取尊官厚禄"确是官吏晋升的一种途径，赵禹的例子，则是汉代官吏积劳而升迁的具体例证。在

---

① 《汉书》卷95《西南夷传》。
② 《春秋繁露·考功名》。

居延汉简中,虽然没有"积劳升迁"的简文,但劳干先生也曾指出:"凡吏自述资历,皆言因劳绩。"① 如:

> 肩水候官并山燧长公乘司马成,中劳二岁八月十四日,能书会计治官民,颇知律令,武,年卅(三十)二岁,长七尺五寸,觚得成汉里,家去官六百里。(13·7)

> □和候长公乘蓬士长,当中劳三岁六月五日。能书会计。治官民,颇知律令。武。年卅(四十)七岁。长七尺六寸□。(562·2)

> 张掖居延甲塞有秩士吏公乘段尊,中劳一岁八月廿(二十)日。能书会计,治官民,颇知律令。文。(57·6)

既然劳绩是官吏资历的重要内容,那么"积劳升迁"必然也是奖励官吏的一条重要途径。居延汉简中有赐劳制度的记载,现在看几条简文:

> (1)功令第卌(四十)五,士吏候长蓬、燧长常以令秋试射,以六为程,过六赐劳,矢十五日。(285·17)

> (2)功令第卌(四十)五,候长士吏皆试射,射去埻骭弩力如发弩十二矢,中帘矢六为程,过六矢赐劳十五日。(45·23)

> (3)月庚戌朔己卯甲渠鄣候谊敢言之,府书曰,蓬燧长秋以令射,长吏杂试枲。都尉府谨都燧长偃如牒谒,以令赐偃劳十五日。敢言之。(28·15)

> (4)射,发矢十二,中帘十二,赐劳□。(232·21)

> (5)建昭二年秋射,发矢十二,中帘矢,以令赐劳。(145·37)

简(1)、(2)载的是,根据功令第四十五规定,秋射每个士吏射十二支箭,六支射中目标,就算合格,超过六支者,每一支射中目标,赐劳绩十五日。简(3)说偃在秋射中被上级赐劳绩十五日。简(4)、(5)都是说的因射箭成绩优秀而被赐予劳绩的事。

根据汉简的记载,官吏在任职一定时间之后,国家要根据对其在该段时间内的工作成绩进行评定,根据成绩优劣,将这段时间通过增减折合为实际的劳日,同时对成绩优秀者或根据其他情况,另赐予一定的劳绩作为奖励。如:

> (1)建昭元年十月旦,日迹,尽二年九月晦日,积三百八十三日,以令赐劳六月十一日半日。(145·37)

---

① 劳干:《从汉简所见之边郡制度》,《史语所集刊》第8本2分册。

(2) 五凤三年十月甲辰朔,甲辰,居延都尉德、丞延寿敢言之,甲渠侯汉彊书言,候长贤日迹积三百廿一日,以令赐贤劳百六十日半日,谨移赐劳名籍一编,敢言之。(159·14)

(3) 玉门千秋隧长敦煌武安里公乘吕安汉,年卅七岁,长七尺六寸。神爵四年六月辛酉除,功一、劳三岁九月二日,其卅日父(A)不幸死,究定功一、劳三岁八月二日,迄九月晦庚戌(B)。(《敦煌汉简》1186)

简(1)及简(2)载的都是官吏任职达到一定年限,经上级考察,除正常积劳之外,另赐劳绩多少日。简(2)载"谨移赐劳名籍一编,敢言之",表明官吏的劳绩是要上报上级领导审批的。简(3)吕安汉资历中记载有"功一、劳三岁九月二日",既有功又有劳,因父死而回家料理丧事,其30天,于是在统计劳绩时要予以扣除,劳的计算是量化的,而且功与劳并记,在叙述个人资历和评定成绩时多用"劳",但在官吏晋升时多用"功",应该是积劳为功的。"以功升迁"的简文却不乏其例。如:

利以功次迁。(478·11)

以功次迁补肩水候候官,以□三月辛未到官□。(62·56)

劾状辞曰:公乘日勒益寿里,年卅岁,姓孙氏,乃元康三年七月戊午以功次迁为。(20·6)

据胡平生先生的研究,在居延汉简中,"功"与"劳"之间存在着一定的换算关系,"劳四岁"积为"功一"①。就是说,"以功次迁"实际上也包含着"积劳升迁"的意思。我们认为应该是"积劳为功"、"以功升迁",劳与功是统一的,都是计算政绩的形式。正如董仲舒的对策说"古所谓功者,以任官称职为差",功就是对政绩的量化评价,不只是指军功。对这一点,尹湾汉墓简文《东海郡下辖长吏名籍》为"以功升迁"提供了重要例证:

……故博阳令以秀材迁。

□□山阳郡东缗司马敞,故□□有秩,以功次迁。

……郡□徐□,故□陵长,以功迁。

…… 右尉 沛郡相郎延年,故侍郎,以功迁。

下邳令六安国阳泉李忠,故长沙内史丞,以捕群盗尤异除。

---

① 胡平生:《居延汉简中的"功"与"劳"》,《文物》1995年第4期。

下邳丞沛郡竹朱□，故豫州刺史从事史，以捕格山阳亡徒将率。

下邳左尉沛郡相□□，故𪧐土侯□□□请诏除。

下邳右尉沛郡蕲□义……从史，以廉迁。

海西令琅邪诸王宣，故渔阳□□左骑千人，以功迁。

海西丞……

海西左尉广陵郡全椒张未央，故大□□，以□迁。

海西右尉临淮郡射阳武彭祖，故海盐丞，以廉迁。

□□□临淮郡徐刘曾，故□□令，以功次迁。

……山阳郡瑕丘……

朐邑令……迁。

朐邑丞临淮郡取虑扬明，故长……以功迁。

朐邑左尉楚国蕃丘田章始，故东郡大守文学，以廉迁。

朐邑右尉楚国彭城□般，故相书佐，以廉迁。

戚令丹杨郡句容□道，故杨州刺史从事史，以秀材迁。

戚丞陈留郡宁陵丁隆，故廷史，以请诏除。

戚左尉鲁国鲁史父庆，故假亭长，以捕格不道者除。

戚右尉汝南汝阴肩□，故大守属，以廉迁。

襄贲令北海郡淳于王贺，故青州刺史从事史，以秀材迁。

襄贲丞丹杨郡溧阳夏侯武，故侯家丞，以功迁。

襄贲左尉梁国砀陈襃，故相书佐，以廉迁。

襄贲右尉沛郡铚朱福，故曲阳尉，以功迁。

费长山阳郡都关孙敞，故广邑长，以廉迁。

费丞汝南郡汝阴郭□，故廷尉史……

费左尉山阳郡薄周□□，故……

费右尉汝南……

开阳丞山阳郡粟乡侯国家圣，故侯仆，以功迁。

开阳左尉颍川郡许胡忠，故御史有秩，以功迁。

开阳右尉琅邪郡柜王蒙，故游徼，以捕群盗尤异除。

即丘长胶[东]国昌武范常,故不夜长,以廉迁。

即丘丞东郡东阿周喜,故顿丘北乡有秩,以功次迁。

即丘左尉颍川郡颍阴王昌,故大守卒史,以功迁。

即丘右尉琅邪郡房山逢贤,故侯行人,以功迁。

况其长沛郡蕲陈胜,故阴陵右尉,以功迁。

况其丞……

况其左尉琅邪郡柔侯国宗良,故侯门大夫,以功次迁。

况其右尉琅邪郡石山王奉,故侯仆,以功迁。

利成长……

利成丞汝南郡汝阴兒勳,故罢将户车□□□□□令史,水衡都尉书佐……

利成左尉六安国六殷顺,故啬夫,以捕斩群盗尤异除。

利成右尉南阳郡堵阳邑张崇,故亭长,以捕格山阳亡徒尤异除。

厚丘长临淮郡取虑邑宋康,故丞相属,以廉迁。

厚丘丞琅邪郡高广侯国王偲,故侯门大夫,以功次迁。

厚丘左尉汝南郡汝阴陈逢,故五官□□□□,以功迁。

厚丘右尉汝南郡汝阴,故大司农属,以功迁。

……阳王良……迁……

□□丞颍川郡长杜张□,故□□有秩,以功迁。

□□左尉南阳郡湟阳邑几级,故亭长,以捕格山阳贼尤异除。

□□右尉东郡廪丘张循,故白马仰成乡有秩,以功次迁。

平曲长梁国蒙辛千秋,故□□□,以功迁。

平曲丞琅邪柜胡毋钦,故亭长,以捕格群盗尤异除。

平曲尉陈留郡……

司吾长沛郡萧刘奉上,故孝者以宗室子举方正,除。

……右扶风平陵……迁。

司吾左尉鲁国薛……以功迁。

司吾右尉颍川郡许……

曲阳长沛郡相陈宫,故□□,以功迁。

曲阳丞沛郡相朱博,故东郡大守文学卒史,以功迁。

|曲|阳尉汝南郡召陵夏圣，故南海大守文学卒史，以功迁。

临沂长鲁国鲁丁武，故相守史，以举方正除。

临沂丞沛郡建平周朋，故侯行人，以功迁。

|临|沂左尉琅邪博石成禁，故侯仆，以功迁。

|临|沂右尉定陶国定陶魏□，故孝者，以孝廉迁。

|合|乡长左冯翊临晋骆严，故郎中骑，以诏除。

|合|乡丞信都郡桃侯国李迁，故侯门大夫，以功迁。

承长□□郡□□□泉故和……

承丞庐江郡廖娄庄戍，故督盗贼，以捕斩群盗……

昌虑相淮阳国圉蔡义，故縠阳丞，以功迁。

昌虑丞京兆尹新丰冯丰，故卫尉，以功迁。

昌虑左尉沛郡谯丁禁，故贬秩郎中……

昌虑右尉左冯翊万年王义，故御史有秩，以功迁。

兰旗相临淮郡僮夏彭祖，故□徒丞，以廉迁。

兰旗丞淮阳国陈张永国，故亭长，以廉迁。

兰旗左尉……

兰旗右尉……

良成相汝南郡细阳周□，故□□□□，以功迁。

良成丞山阳郡橐宣圣，故大山大守文学卒史，以功迁。

良成尉□□□□□□，故贬秩山□□□……

南城相……故保宫北□□，以功迁……

南城丞巨□郡□张良，故有秩，以功迁。

南城尉山阳郡东缗陈顺，故大守卒史，以功迁。

容丘相临淮郡睢陵郑赛，故丞相属，以廉迁。

容丘丞琅邪郡即来关常，故侯行人，以功迁。

容丘尉颍川颍阴东门汤，故大守卒史，以功迁。

……

平曲丞颍川郡长社□□，故汇阳大守……以功迁。

平曲侯国尉颍川郡鄢殷临，故贬秩□□……

阴平相河南郡故市张霸，故郎中，以积功……

阴平丞沛郡沛庄敝，故有秩，以功迁。
阴平尉山阳郡薄毛云，故有秩，以功迁。
建陵相山阳郡单父曾圣，故郎中，以功迁。
建陵丞京兆尹南陵盛咸，故郎中，以功迁。
建阳相山阳郡邛成唐汤，故郊狱丞，以功迁。
建阳丞京兆尹奉明王丰，故戍校前曲候令史，以功迁。
山乡相鲁国鲁旦恭，故亭长，以捕格不道者除。
山乡丞鲁国鲁桥敬，故亭长，以捕格不道者除。
东安相河南郡密，故郎中骑，以请诏除。
东安丞沛郡栗丁勳，故侯门大夫，以功迁。
都平相山阳郡橐宣元，故龙伉尉，以功迁。
都平丞陈留郡襄邑共襃，故□事□廪丘右尉……
都阳相山阳郡昌邑曹平，故郎中，以功迁。
都阳……
□□相沛郡……以功迁。
□□丞沛郡谯吕迁，故有秩，以功迁。
□乡相陈留郡陈留李临，故侍郎，以请诏除。
□乡丞淮阳国□营忠，故贬秩东昌相……
建乡相山阳郡□□管费，故将军史，以上卒十岁补。
建乡丞……
武阳相山阳郡单父张临，故东郡大守文学卒史，以廉迁。
武阳侯国丞汝南郡西华邑尹庆，故武都大守文学卒史，以功迁。
新阳相山阳郡橐张盖之，故河内大守文学卒史，以廉迁。
新阳丞京兆尹长安王相，故上林有秩，以功迁。
盐官长琅邪郡东莞徐政，故都尉属，以廉迁。
盐官丞汝南郡汝阴唐宣，故大常属，以功迁。
盐官别治北蒲丞沛郡竹薛彭祖，故有秩，以功迁。
盐官别治郁州丞沛郡敬丘淳于赏，故侯门大夫，以功迁。
铁官长沛郡相庄仁，故临朐右尉，以功迁。
铁官丞临淮郡淮陵龚武，故校尉史，以军吏十岁补。
铁官别作□邓丞山阳郡方与朱贤，故有秩，以功迁。
良成侯……

兰旗侯家丞泰山郡嬴□开，以功迁。

昌虑侯家丞山阳郡都关范利国，故有秩，以功迁。

容丘侯家丞琅邪柔侯国王谨，故侯行人，以功迁。

南城侯家丞颍川郡周承休王阳，故侯行人……

建阳侯家丞泰山郡宁阳侯国夏侯登，故侯仆，以功迁。

山乡侯家丞定陶国朱倗，故郎中，以国人罢补。

都平侯家丞山阳郡黄侯国柏世，故侯仆，以功迁。

平曲侯家[丞]山阳郡瑕丘管仪，故山阳大守文学卒史，以功迁。

干乡侯家丞清河郡清阳陈九，故东武有秩，以功迁。

建陵侯家[丞]梁国蒙孟迁，故象林侯长，以功迁。

阴平侯家丞山阳郡中乡石勳，故侯门大夫，以功迁。

东安侯家[丞]济南营平侯国□谭，故侯仆，以功迁。

建乡侯家[丞]陈留郡傿陈咸，故有秩，以功迁。

都阳侯家丞陈留郡成安韩䜣，故上党大守文学卒史，以功迁。

鄡乡侯家丞鲁国鲁曹勳，故桂阳大守文学卒史，以功迁。

新阳侯家丞承匡己，故承乡侯行人，以功迁。

武阳侯家丞……　　　　　　　凡侯家丞十八人。

以上尹湾汉简记载了西汉后期东海郡 109 个长吏的升迁状况，其中有 70 人是因"功"而升迁。这一现象说明，因功次升迁广泛存在于汉代官僚队伍中，不仅在边郡奖励官吏晋升是以"功"，而且在内郡地方吏员晋升中，"功"和"劳"仍占据着主要地位①。

汉代的《军爵律》，是依据军功大小而赐不同爵位和田宅的法律，其原则是，军功大的受高爵，无军功的虽富贵也不得爵。朱绍侯先生的《军功爵制考论》②一书对以军功赏赐爵位有全面的研究。《捕斩匈奴虏

---

① 劳干：《从汉简所见之边郡制度》，《史语所集刊》第 8 本 2 分册；劳干：《居延汉简考证》，《史语所集刊》第 30 本（上）；陈槃：《汉简賸义再续》，《史语所集刊》第 43 本 4 分册；陈直：《居延汉简研究》，天津古籍出版社 1986 年版；[日]大庭脩著，林剑鸣译：《秦汉法制史研究》，上海人民出版社 1991 年版；[日]大庭脩著，徐世虹译：《汉简研究》，广西师范大学出版社 2001 年版；李振宏：《居延汉简中的劳绩问题》，《中国史研究》1988 年第 2 期；胡平生：《居延汉简中的"功"与"劳"》，《文物》1995 年第 4 期；朱绍侯《西汉的功劳阀阅制度》，《史学月刊》1984 年第 3 期。

② 朱绍侯：《军功爵制考论》，商务印书馆 2008 年版。

反羌购赏科别》中规定,"诸有功,校皆有信验,乃行购赏",就是说奖赏的主要依据是"功",而且对"功"还要认真核校,准确无误。"功"的计算也是量化的,主要以杀敌多少为标准。青海大通县上孙家寨一一五号汉墓出土的木简文书中有"斩首捕虏,拜爵各一级。车□□□□斩捕首虏二级,拜爵各一级;斩捕五级,拜爵各二级;斩捕八级,拜爵各三级;不满数,赐钱级千。斩首捕虏,毋过人三级,拜爵皆毋过五大夫,必颇有主以验不从法状"①的记载。《击匈奴降者赏令》中有"□者众八千人以上,封列侯,邑,二千石赐黄金五百"、"二百户五百骑以上,赐爵少上造,黄金五十斤,食邑。百户百骑"的记载②。《捕斩匈奴虏反羌购赏科别》中有"其生捕得酋豪、王侯、君长、将率者一人,□吏③增秩二等"、"其斩匈奴将率者,将百人以上一人购钱十万,吏增秩二等"、"有能生捕得匈奴间候一人,吏增秩二等"、"能与众兵俱追、先登陷阵斩首一级,购钱五万"的记载。④ 这些出土的汉代律令对以军功赏赐爵位有明确、具体的规定。

三、奖励的程序

汉代的奖励有严格的法律程序。得爵以后有一系列考核措施,受爵后若发现"劳不实"要削爵,已转给子女的爵也要追回,并对本人及其子女治罪。

首先,受奖赏官吏的所在部门要上报上级部门审批。汉简有记载:

> 五凤三年十月甲辰朔,甲辰,居延都尉德、丞延寿敢言之,甲渠候汉彊书言,候长贤日迹积三百廿一日,以令赐贤劳百六十日半日,谨移赐劳名籍一编,敢言之。(159·14)

---

① 大通上孙家寨汉简整理小组:《大通上孙家寨汉简释文》,《文物》1981年第2期。
② 《敦煌酥油土汉代烽燧遗址出土的木简》,甘肃省文物工作队、甘肃省博物馆编:《汉简研究文集》,甘肃人民出版社1984年版,第9~10页。
③ 简装本、精装本《居延新简》均作"吏"字,应该是据上下文意、文例及残存笔迹补出。因此简恰在此处折断,故释作"吏"更合实际。
④ 张忠炜:《汉科研究》(《南都学坛》2012年第3期)复原《居延新简》的"购赏科别"册书。

这条简所载"谨移赐劳名籍一编,敢言之",表明官吏的劳绩是要上报上级领导审批的。

其次,奖励依据律令进行。青海大通县上孙家寨汉简有关军事方面的律令文书有"必颇有主以验不从法状"的记载。《捕斩匈奴虏反羌购赏科别》有"诸有功,校皆有信验,乃行购赏"的记载。秦律中就有"中劳律",如《秦律杂抄》中就有一条:"敢深益其劳岁数者,赀一甲,弃劳。"张家山汉简《二年律令·爵律》规定:"当揱(拜)爵及赐,未揱(拜)而有罪耐者,勿揱(拜)赐。三九二 诸当赐受爵,而不当揱(拜)爵者,级予万钱。三九三 诸诈(诈)伪自爵、爵免、免人者,皆黥为城旦舂。吏智(知)而行者,与同罪。"三九四 这就是说对于赏赐爵位,要严格依据律令办事,验证不实的不能赏赐,若弄虚作假、私自增减功劳、不该赏爵位而赏赐、私自冒充爵位免除罪行的,要依法惩处。

最后,受奖赏官吏的所在部门要认真审核。汉政府以军功封赏将士,所谓的军功,主要是指斩首级数以及掠获多少。在每次战争结束后,军队要把吏卒斩首级数(也包括掠获数量),"以尺籍书下县移郡",也就是"书其斩首之功于一尺之板",送交县、郡,然后由县郡按军功赐爵、赐田宅以及其他应得的赏赐。政府规定:向县郡送交记有军功"尺籍"的任务,必须由军队主管官吏亲自执行,如果"令人故(雇)行不行",就是命令别人代替执行,而自身不行,就要给以"夺劳二岁"①的处罚。说明汉政府对军功的考核是非常认真的。由于汉政府颁行军功爵赏是根据斩捕首虏级数和掠获多少,为了防止冒功领赏,对于虚报首级,诈增虏获则给予严厉处罚。《史记》卷102《冯唐列传》:"云中守魏尚坐上功首虏差六级,陛下下之吏,削其爵,罚作之。"《汉书》卷18《外戚恩泽侯表》:"富民侯车顺,本始三年坐为虎牙将军击匈奴诈增虏获,自杀。"《史记》卷20《建元以来侯者年表》:宜冠侯高不识"元狩四年击匈奴战军功增首不以实,当斩,赎罪国除"。《汉书》卷15《王子侯表》:邵侯刘顺"天汉元年坐杀人及奴凡十六人,以捕匈奴千骑免",师古注曰:"诈云:捕得匈奴骑故私杀人以当之。"以上资料说明,汉政府对于假报首虏数量、虚报军功的处罚是相当严峻的,对于虚报六级首虏者就要削爵罚劳役,重者甚至处以死刑。

---

① 《史记》卷102《冯唐传》如淳注引《汉军法》及《索隐》。

第二节 汉代的惩罚机制

汉代根据被问责的行政机关及其工作人员应承担的责任,主要采用的处罚方式有行政处分、开除公职、赔偿损失、法律追究刑事责任等。依法根据责任的大小,确定不同的处罚形式,而不同的处罚形式,又由不同程序做出决定,保证行政问责真正发挥惩处违法失职、增强官吏责任感的作用。

一、惩罚的形式

汉代的处罚形式主要有行政处罚和刑事处罚,对大罪的处分是刑,对小罪的处分是罚。罚是对过失的处分,而对判刑的人,则要收监入狱,对判死刑的人,则要剥夺其生命及政治权利。汉代诸种法律责任形式也不可能作出明确的区分,对官吏过失责任的处罚也表现为刑事责任、行政责任与经济责任相"混合"的特点。汉代处罚形式主要有以下几种。1.腰斩、弃市:就是杀头,主要用以追究给国家利益造成重大损失的谋反及大逆不道的政治行为和失职渎职行为的责任。2.笞:实际是肉刑的一种,即用竹板或荆条击打犯人脊背和臀、腿的刑法,笞重者或至死。3.司寇、城旦舂:是徒刑的两种,剥夺犯罪人自由,强制劳役的刑罚,主要用于诬告和欺诈行为。4.迁:即后世的流放,迁是将犯罪人迁离故乡,移送至边远地区的刑罚,主要用于户籍赋役工作中的违法失职行为。5.连坐:有人犯法,同什伍的人、亲属、上下级要受牵连而被追究责任。6.赎:是以金钱赎免犯罪人应受刑罚的一种处罚方法。汉代法律的赎刑范围较广,有赎耐、赎迁、赎黥、赎宫,甚至赎死。7.谇:告让,用现在话表示,就是训斥、责骂。8.废、免:适用于官职和有爵者的刑罚。凡被废掉职官者,永不再任;免就是免除官职。9.赀:罚没财产和服徭役的刑罚。常罚以盾和甲,戍边数月数岁。10.罚金:就是缴纳金钱,对于官吏失职、渎职大多用罚金的形式,多辅以刑罚。11.赔偿:就是缴纳损失的财物金钱,但这种赔偿不同于民事上的赔偿损失,而是一种行政处罚,基于行政上的某种责任。12.负算,就是因失职而减少劳绩的计算分数。13.夺爵、降秩:降爵位和秩级,减少工资和福利待遇。14.夺劳:对于官吏因玩忽职守而影响行政效率的,处以减少功劳之罚。《汉书·冯唐传》如淳注:"汉军法曰:吏卒斩首,以尺籍书下县移郡,令人故行,不行夺劳二岁。"汉简中也有因传递公文误期而夺劳的规定,如简 E.P.S4T2∶8:"官去府七十里,书一日一夜当行百六十里,书积二日少半日乃到,解何?书到,各推辟界中,必得事案,到,如律令,言,会月二十六日,会月二十四日。(A)不中程百里,罚金半两;过百里至二百里,一两;过二百里,二两。不中程车一里,夺吏主者劳各一日;二里,夺令□各一日。(B)"每年秋射讲武,射中矢数达不到规定数目,也要"夺劳":"□弩发矢十二,中䂒矢六为程,过六若不䂒六矢,赐、夺劳各十五日。"(E.P.T56∶337)

汉代的处罚形式有四个特点。1.同一职务犯罪行为根据责任大小给予不同的处罚。《二年律令·行书律》规定:"邮人行书,一日一夜行二百里。不中程半日,笞五十;过半日至盈一日,笞百;过一日,罚金二两。邮吏居界过书,弗过而留之,半日以上,罚金一两。书不当以邮行者,为送告县道,以次传行之。诸行书而毁封者,皆罚金一两。"《二年律令·贼律》的处罚也不算很重:"诸上书及有言也而谩,完为城旦舂。其误不审,罚金四两。""矫制,害者,弃市;不害,罚金四两。"睡虎地秦墓竹简《秦律十八种·徭律》:"御中发征,乏弗行,赀二甲。失期三日到五日,谇;六日到旬,赀一盾;过旬,赀一甲。"2.不同的处罚形式综合运用。徒刑有和肉刑一并执行的如"黥为城旦"、"刑为城旦"、"黥劓为城旦"等,说明犯人不仅只是被判徒刑,而同时还要被判肉刑和侮辱刑。行政处罚与刑事处罚相结合,免官和罚金形式大量运用,不仅意味着失去了权力,也使被问责官吏受到极大经济损失,而刑事处罚又使被问责官吏受到极大的精神损失,把责任的大小与官吏利益增减直接挂钩,利益包括政治力利益和经济利益,增加官吏行政违法失职的成本,使其尽职尽责。3.官吏责任分为直接与间接两种。直接责任为官吏本人犯罪,间接责任是下属犯罪,上司要承担连带罪责,同样给予处罚,还区别故意犯罪和无意犯罪,分别给予不同的处罚形式。4.处罚方法多样。主要有四个:一为经济方面的处罚,或罚甲、盾,或赔偿原物,或出赎金、罚款;二为拘禁劳作或服役;三为撤职,永不叙用;四为迁刑。对贪官污吏和失职渎职,"软弱不胜任"的处罚更为严厉,终身不得再起用。赔偿的物品以甲、盾等兵器为主,这又是民事责任追究。

二、惩罚的条件

根据文献记载,我们从违法和失职两个方面来论述汉代处罚的条件。

1. 对行政违法的处罚

一是对贪官污吏的处罚。汉代出土简牍法律文献就有"主守盗"、"受赃枉法"、"受所监临"等贪污、贿赂枉法行政行为。《睡虎地秦墓竹简·法律答问》有"通一钱,黥为城旦",即行贿、受贿达到一个铜钱,就要受到脸上刺字并服苦役的刑罚。汉朝的法律规定,监临官受其官属所赠"饮食计偿费,勿论",送财物,"夺爵为士伍,免之;无爵,罚金二斤,令没入所受"。张家山汉简《二年律令·盗律》:"受赇以枉法,及行赇者,皆坐其臧(赃)为盗。罪重于盗者,以重者论之。"

二是对滥用和超越职权行政的处罚。汉代有"擅赋敛"、"擅兴徭"、"擅移狱"、"擅发兵"、"擅出界"、"擅自增加劳绩年数"等擅自违法行政行为。张家山汉简《二年律令》有"擅赋敛者,罚金四两,责所赋敛偿主"(《杂律》);"官各有辨,非其官事勿敢为,非所听勿敢听。诸使而传不名取卒、甲兵、禾稼志者,勿敢擅予"(《置吏律》)等规定。

三是对欺诈行政的处罚。汉代法律所见主要名目有"矫制"、"矫诏"、"为伪书"、"财物之计簿欺谩不实"、"矫丞令"等。张家山汉简《二年律令·贼律》:"诈(矫)制,害者,弃市;不害,罚金四两。"《奏谳书》案例十二中记载,邮人官大夫传递一份官文书,由于迟留了八天,为逃避文书"留迟"的罪责,而私自将"檄书"上的文书收发时间记录做了改动,因此构成"为伪书"罪。

2. 对玩忽职守、失职渎职的处罚

一是对旷职、离署的处罚。汉代简牍法律文书所见名目有"不在署"、"私离署"、"擅离署"、"私归"。汉代劾状举告公务人员"私去署"的犯罪事实是"案:良、林、私去署,皆□宿止,且乏迹候"(E.P.T 68:112),就是对公职人员擅离职守的行为是作为犯罪而加以处罚的。

二是对司法审判失误的处罚。汉代法律法规规定的罪状有"鞫狱不

直"、"纵囚"、"弗穷审"、"失刑"、"篡囚"等名称。张家山汉简《二年律令·具律》规定："劾人不审,为失;其轻罪也而故以重劾之,为不直。""劾人"即官吏代表国家对犯罪的控告;"不审",即对犯罪的控告存在着对象、事实及情节等方面的错误。还规定:"治狱者,各以其告劾治之。敢放讯杜雅,求其它罪,及人毋告劾而擅覆治之,皆以鞫狱故不直论。"

三是对边防军事守备失职的处罚。汉代简牍文献常见的名目有"匿不言迹"、"不循行部"、"不举烽火"、"阑出入关津而未得"等。居延汉简中《候史广德坐罪行罚檄》,檄正面是候史广德坐罪行罚事由,背面列举其所主管的第十三燧至十八燧戍的各种败弊事实。正面的文字是:"候史广德,坐不循行部、涂亭,趣具诸当所具者,各如府都吏所举。部糒不毕,又省官檄书不会会日,督五十。"候史广德没有严格执行有关边防守备制度,严重失职,因此构成"不循行部"之罪,受到处罚。

四是对选任官吏非其人的处罚。汉代简牍常见名目主要有"置任不审"、"选举不实"、"任人而所任不善"、"深益其劳岁"、"贡举非其人"等。《二年律令·置吏律》有"任人以为吏,其所任不廉、不胜任以免,亦免任者。其非吏及宦也,罚金四两,戍边二岁"。

五是对行政办事稽缓的处罚。秦汉简牍所见的主要名目有"行书不中程"或"留迟"、"不会会日"、"失期"、"后期"、"盈"等。张家山汉简《二年律令·徭律》规定:"发致及有传送,若诸有期会而失期,乏事,罚金二两。非乏事也,及书已具,留弗行,行书而留过旬,皆二六九盈一日罚金二两。"二七〇

六是对财政经济管理失职的处罚。汉代法律法规规定的主要罪名有"拘校出入不应法"、"私贷用"、"校其官而又不备"、"计校相谬"、"计脱实"、"误"、"计用律不审而赢"等名目。《睡虎地秦墓竹简·效律》规定,"计脱实及出实多于律程,及不当出而出之",根据价值的多少,分别处以"除"(免官)、"赀盾"、"赀甲"之罚。

三、惩罚的程序

汉代对处罚规定了严格的程序,有明确的质量和期限要求,形成了一套制度。

（一）处罚案的提起，这是处罚的第一道程序

1. 质询，汉代上级和领导检查审核下级行政工作中对发现的行政失误所采用的提起形式

汉代的行政质询是上级和领导将审核下级工作中发现的行政失误或行政问题，以公文的形式发给下级行政主管部门及领导，要求被问责的行政机关对行政失误或出现的行政问题作出解释。在秦汉简牍文献中上级常用的质询语言是"何解"、"解何"、"问"、"责"、"责问"、"问责"、"验问"、"诘问"等。请看简文记载："告肩水候官，候官所移卒责，不与都吏□卿所举籍，不相应，解何？记到，遣吏抵校及将军未知不将白之"(183·15B)；"告尊，省卒作十日辄休一日，于独不休尊，何解？"(E.P.T59：357)；"校候三月尽六月折伤兵簿，出六石弩、弓廿四付库，库受啬夫久廿三，而空出一弓，解何？"(179·6)；"官去府七十里，书一日一夜当行百六十里，书积二日少半日，乃到，解何？书到，各推辟界中"(E.P.S4.T2：8A)；"掾庭谨责问第四候史敞、第八隧长宗逎，癸未私归坞壁田舍"(E.P.T51：74)。查《史记》、《汉书》、《后汉书》、《三国志》等传统文献，"解何"只有《汉书》卷81《匡衡传》中出现一次："后赐与属明举计曰：'案故图，乐安乡南以平陵佰为界，不从，故而以闽佰为界，解何？'"颜师古曰："不足故者，不依故图而满足也。解何者，以分解此时意，犹今言分疏也。"这是丞相府集曹掾陆赐与属明"举发上计之簿"，即对郡上计簿中乐安乡边界提出的质询，"解何"在这里就是上级丞相府责问下级郡的用语，用现在的话就是对这个问题怎么解释，要求作出答复。对"解何"所做的答复，就称为"解"。"问责"仅出现一例，是对"责"的解释，《史记》卷57《绛侯周勃世家》有"书既闻上，上下吏。吏簿责条侯"，《集解》如淳曰："簿问责其情。"这就是说"责"就是"问责"。而"问"、"责"、"责问"、"验问"、"诘问"在传统文献中大量出现，都具有"问责"的意思。如《史记》卷60《三王世家》有"侍御史乃复见王，责之以正法，问"。行政质询的文书主要是举书，又称举白，重在纠举、检举的意思，传统文献常用"举劾"、"劾举"、"举奏"，秦汉简牍中常见"举书"、"举"、"书"，是上级的领导或派人行巡下级行政工作，对检查出来的违纪行为所写的纠举报告书，检举揭发违法失职的官吏，条列其行政失误行为，作为案验和追诉的依据，交给下级行政主管部门，追究行政违法的责任。裘锡圭就认为汉简中的举书是汉代上级官府对下级工作

中存在的问题提出责问的文书,所责问的问题可包括烽火传达、守御设备、士卒配备兵器、戍卒离署、簿籍①。传世文献有大量的用"举",表明检举揭发之意。如《汉书》卷84《翟方进传》说,"迁朔方刺史,居官不烦苛,所察应条辄举"。

2. 劾,又称弹劾、纠劾,是负责监察的官吏依法检举违法失职官吏罪行,提请审判机关案验断决,处分或追究法律责任的提起形式

弹劾是从中央到地方监察官的特权,汉代的御史中丞"举劾按章"。汉代的州刺史或州牧"专劾举之权"②。弹劾的程序是:中央机构官吏,可直接向朝廷检举揭发不法者的情况,亦可通过御史台、都察院进行弹劾;地方官吏违法者,则由朝廷派遣的监察御史巡按、地方监御史举劾或受理弹劾,一般也是"大事奏裁,小事立断"。弹劾一定先调查核实罪状,举劾失误要负连带责任。劾书的构成,传世文献亦有记载,司隶校尉翟方进于是举劾庆曰:"案庆奉使刺举大臣,故为尚书,知机事周密壹统,明主躬亲不解。庆有罪未伏诛,无恐惧心,豫自设不坐之比。又暴扬尚书事,言迟疾无所在,亏损圣德之聪明,奉诏不谨,皆不敬,臣谨以劾。"③但记载简略,已无法窥其全貌,幸亏出土的汉代简牍中有完整的保存,称为"劾状",例如"令史谭劾状",有两部分组成,劾是"劾章",状是"状词","状词"是由本部门主管监督法律执行情况者,或有关主管官吏提出的检举揭发违法者罪状的文书;劾章是由举劾者所在的主管机关呈送审判机关(简中的"居延狱")的弹劾文书。④ 传世文献常举和劾连用,如"益州刺史种暠举劾永昌太守刘君世以金蛇遗梁冀"⑤。

3. 告,又称"告劾"、"告发"、"告状"、"报告",向行政司法机关检举、控诉官吏违法失职行政行为的提起形式

告的主体应该是下级对上级、群众对领导行政违法的检举揭发。《康熙字典》引《广韵》:"报也,告上曰告,发下曰诰。""告"有严密的制度,"应告不告"、"诬告"、"告不审"、"弗告"、"告人罪称疑"都要负法律

---

① 裘锡圭:《汉简零拾》,《文史》第12辑。
② 《通典·职官十四》。
③ 《汉书》卷84《翟方进传》。
④ 甘肃省文物考古研究所等:《居延新简——甲渠候官与第四燧》,文物出版社1990年版,第456～457页。
⑤ 《后汉书》卷63《杜乔传》。

责任。张家山汉简《二年律令·告律》规定:"诬告人以死罪,黥为城旦舂;宅各反其罪。"《二年律令·具律》规定:"告,告之不审,鞫之不直,故纵弗刑,若论而失之,及守将奴婢而亡之,篡遂纵之,及诸律令中曰同法、同罪,其所与同当刑复城旦舂,及曰黥之,若鬼薪白粲当刑为城旦舂,及刑界主之罪也,皆如耐罪然。"《奏谳书》中有秦时的两件案例,是地方基层行政负责人亭长和里典向县廷告发辖区内抢劫案件的:(1)"元年十二月癸亥,亭庆以书言雍廷,曰:毛买(卖)牛一,质,疑盗,谒论";(2)"六月癸卯,典赢告曰:不知何人刺女子婢寅里中,夺钱,不知之所。即令狱史顺、去疢、忠、大□固追求贼"。

(二) 处罚案的案验,就是考实罪行,调查落实行政违法失职情况,这是处罚的第二道程序

受问责机关在接受问责机关的处罚案后,一般按规定采取验问和推辟等形式,调查出事实真相,然后向上级回复。下级行政机构对本机关管辖范围内主管监察者的"劾章"检举的官吏违法案件和上级检举官吏行政违法的文书中提出的问题进行案验,司法审判机关在审判中对官吏违法事实中发现的问题进行验问,有效地揭露行政违法犯罪事实真相,为上级机关作出行政处罚决定提供可靠的依据。行政问责当事人也可以对质询提出答复和解释,也可以进行陈述和申辩,防止问责中出现偏差和失误。验问包括问当事人、问证人、问爰书、诘问、复问等形式,核实被举劾官吏违法失职行为的真实性,保证行政问责的准确性。推辟就是下级行政部门接到上级的问责文书,对发生的行政违法案件,在本辖区域内调查清楚案情,包括调查家室、调查现场、鉴定、确定行政责任。"验问",是验治拷问,着重于问,讯问当事人、证人等;"推辟",调查追究罪状,强调查案情事实。传世文献对问责案的处理情况记载简略,如:"人有告邓通盗出徼外铸钱。下吏验问,颇有之,遂竟案,尽没入邓通家,尚负责数巨万。"[1]究竟怎么样验问和案验,并不十分清楚。在出土的秦汉简牍文献中有保存较好的验问文书,请看下简文:

甲渠言,永以县官事行警檄,牢驹隧内中,驹死。永不当负驹。

建武三年十二月癸丑朔丁巳(初五日),甲渠鄣候获叩头死罪敢言之。掾谭、尉史坚。

---

[1] 《史记》卷125《佞幸列传》。

府记曰,守塞尉放记言:"今年正月中从女子冯□借马一匹,从驹。今年四月九日诣部,到居延收降亭,马罢。止害隧焦永行檄还。放骑永所用驿马去。永持放马之止害隧。其日夜人定时,永行警檄。牢驹隧内中。明十日驹死。候长孟宪,隧长秦恭皆知状。"记到,验问,明处言。会月二十五日。

前言解。谨验问放、宪,皆曰:今年四月九日,宪令隧长焦永行府卿蔡君起居檄,至庶(遮)虏还,到居延收降亭,天雨。永止须吏去。尉放使士吏冯匡呼永曰:"马罢,持永所骑马来。"永即还放马。持放马及驹随放后,归止害隧。即日昏时到吞北所,骑马更取留隧驿马一匹,骑归吞远隧。其夜人定时,新沙置吏冯章行殄北警檄来。永求索放所。放马夜胃不能得。还骑放马行檄。取驹牢隧内中去。到吞北隧□□□罢□□□中步到……俱之止害隧取驹去。到吞北隧下,驹死。

案:永以县官事行警檄,恐负时,骑放马行檄。驹素罢劳,病死。放又不以死驹付永。永不当负驹。放以县官马擅自假借,坐臧(赃)为盗,请行法。获教敕要领放毋状,当并坐。

叩头死罪死罪,敢言之。(E. P. F22:186~201)

这是甲渠鄣候落实府记的调查焦永是否违法的质询案的一份完整的报告,"府记曰"到"会月二十五日"是府下的质询文书,规定了质询的内容和具体要求:一是验问,即调查清楚;二是"明处言",即做出判定以书面的形式上报;三是要在本月二十五日完成。"前言解。谨验问"到"驹死"是验问的内容,调查了驹死的真相,弄清楚了行政责任。"案"以下内容是调查后依律令得出的结论。

(三)处罚案的回复,这是处罚的第三道程序

处罚案回复的具体要求,一是问责对象必须在规定期间内作出答复,二是对上级问责的答复可以采取口头或书面两种形式,三是口头答复原则上应由受质询机关的负责人亲自或按规定派特定的人到质询机关作出,四是书面答复也须由受质询机关的负责人签署,上报调查的结果。

1. 口头汇报就是口头答复

秦汉简牍中有"诣官对",就是下级候燧在接受质询时,要亲自到上级官府或亲自去当面陈述情况。永田英正在《居延汉简研究》中称"诣

官簿",他认为"召诣官的事由之一是候燧在职务上的违法或怠慢被候官发觉,后候燧服从候官发出的传呼命令,前往候官,当面说明情况"①,这是汉代口头答复质询的重要形式。还有:"诣府对",候官到都尉府接受质询,简文有"遣尉史李崇持券诣府"(E.P.T59:105);"诣廷尉","召诣廷尉。廷尉责曰:'君侯欲反邪?'(周)亚夫曰:'臣所买器,乃葬器也,何谓反邪?'吏曰:'君侯纵不反地上,即欲反地下耳。'吏侵之益急。初,吏捕条侯,条侯欲自杀,夫人止之,以故不得死,遂入廷尉"②;"诣尚书","召嘉诣尚书,责问","对状",请王嘉作出解释③。"诣廷尉"、"诣尚书"就是要求被问责的官吏到廷尉、尚书台回答问责的问题,还要"对状",就是针对诉状说明原因。还有"诣居延狱","建武五年十二月辛未朔戊子(十八日),令史劾,将褒诣居延狱,以律令从事"(E.P.T68:81~102),就是到居延狱接受验问,进入审判程序。

2. 书面答复,就是以工作报告的形式回答上级的质询和自己工作任务完成情况

质询案收到后,被质询的机关不论采取什么的回复形式,都要有回复报告,这就是为什么秦汉简牍中的候官、候长的回复报告特别多的原因。书面回复常用"敢言之"一词,表明下级对上级的质询的回复。主要有候长回复候官质询的书面报告、候官回复都尉府质询的书面报告,这是由质询案提出时的规定。对邮书失时的质询案中就规定"各推辟部中,牒别言"(E.P.T52:83),就是调查清楚后以书面的形式上报;"记到,验问,明处言"(E.P.F22:186~201),就是质询案"记"接到,调查清楚后要书面报告;"移书验问案致,言"(E.P.T51:189A),也是接到质询案要调查上报;"趣,遣具言"(E.P.T52:13),就是接到质询案要督促上报;"案到,如律令。言"(E.P.S4.T2:8A),就是接到质询案按律令处理并将结果上报。质询案回复报告一般包括质询内容、检查形式、回复方式、回复时间、处理要求、处理结果等内容。

(四)处罚的决定与执行,这是处罚的最后一道程序

汉代行政的处罚一般经上级主管部门批准,下级部门即可执行,但

---

① [日]永田英正著,张学锋译:《居延汉简研究》,广西师范大学出版社2007版,第382页。
② 《史记》卷57《绛侯周勃世家》。
③ 《汉书》卷86《王嘉传》。

对刑事处罚的就要按照审判程序,逐级上报,层层把关,形成了严格的行政审判制度,确保处罚决定的准确无误。

质询案根据被质询机关回复的结果,依法追究责任,进行处理。汉简中有"甲渠言,永以县官事行警檄,牢驹隧内中,驹死。永不当负驹"(E.P.F22:186),就是甲渠侯官对都尉府质询案回复的结果,根据这个结果,"永"可以确定不负"驹死"的责任;有"候长傅育等,当负趣收责","使收责育等,皆毕……诣府",就是根据候官的报告结果,已经"收责"了候长傅育等人(E.P.T6:58~62);有"候史广德坐不循行部塗亭,趣具诸当所具者,各如府都吏举,部糒不毕,又省官檄书不会会日,督五十"(E.P.T57:108A),应该也是根据行政质询案回复的结果,对候史广德行政工作失误所作的处罚。

举劾案根据监察人员的劾章提出处理意见,由司法审判机关验问,根据法律规定和相关证据,对案件作出判决。有些案情复杂的案件,判决后须按规定的程序,逐级呈报上级批准,始得生效。《汉书》卷23《刑法志》载,高祖七年制诏御史:"狱之疑者,吏或不敢决,有罪者久而不论,无罪者久系不决。自今以来,县、道官狱疑者,各谳所属二千石。二千石官以其罪名当报之。所不能决者,皆移廷尉,廷尉亦当报之。廷尉所不能决,谨具为奏,傅所当比律令以闻。"当事人对判决不服的,可以申请复审。秦简《法律答问》:"乞鞫者,狱已断乃听。"在中央对重大举劾案还成立联合审判机构,称"三司会审",汉代以廷尉、御史中丞和司隶校尉三个司法机关的会审称三法司。《汉书》卷78《萧望之传》载,"乃下侍中建章、卫尉金安上、光禄勋杨恽、御史中丞王忠,并诘问望之"。证据是判定案件的重要依据,根据秦汉简牍资料主要有以下证据。一是物证。如《封诊式·群盗》中的"弩"、"矢"。二是书证。如《法律答问》中的"投书"。三是证人证言。如《封诊式·封守》中记载的里典、同伍的证词。四是鉴定结论。如《封诊式·疠》对麻风病人检查的鉴定结论。五是现场勘验报告。如《封诊式》中关于杀人、偷盗案的现场勘验报告《贼死》、《经死》、《穴盗》。对于徒、流犯应送配所,稽留一日笞三十,三日加一等。死刑须复奏皇帝,经过五复审而后执行。不待复奏下达而行刑者,流二千里。孕妇产后一百日执行。

第七章　汉代忧国忧民的政治参与机制

汉代政治参与是指汉代民众通过一定的方式和渠道参与政治生活的言论和行动,它以直接或间接的方式影响汉代的政治决策。汉代民众有较强的政治参与意识,国家通过立法的形式疏通并拓宽政治参与渠道,参与形式多种多样,主要有言论和活动两种形式,根据不同的政治参与主体、内容和作用具体表现为七种形式:奏章是各级官吏向皇帝表达政治见解的书面材料,召对是文人士子向帝王提出治国之道的口头语言材料,集议是百官集体讨论军政大事为皇帝提供决策方案,诣阙上诉是民众赴京向统治者表达政治见解的行动,谣谚是以百姓为主体表达政治见解的言论,清议是以知识分子为主体表达政治见解的形式,著书立说是文人士子创造文化精品的政治参与形式。汉代建立健全了文书传递制度、决策制度、文官管理制度、监察和司法制度、审计制度等政治参与保障制度,用功名利禄有效地吸引和疏导民众积极参与政治,形成了良好的政治参与机制。在一定程度上调节了利益分配,化解了社会矛盾,有效地制约和监督权力的运行,促进了汉代社会政治的稳定与和谐。

第一节 汉代政治参与意识

汉代的政治参与意识是汉代政治参与机制的心理基础,是人们政治心理的反映。强烈的政治意识和政治追求是汉代政治参与意识产生的心理基础,它决定了人们的人生定位和政治价值取向。早在先秦,诸子百家就十分积极地追求政治,"不仕无义"、"学而优则仕"成为士人学子的行为准则,儒家文化代表人物孔子和孟子的政治实践为后人提供了典范。"士而怀居,不足为士也"①的思想已通过各种渠道和形式渗透到了汉代普通民众的心中。儒家文化中的"内圣外王"和"修齐治平"是理想的人生目标与理想的政治社会。"内圣"就是说,人们要在个人的道德修养上以圣人为目标,为达到圣化之境而用功不已。即使不能成圣,也立誓要做圣人之徒。"外王"就是说,在"内圣"有成的基础上,将内在的圣德推而广之,及于社会,建立理想的"王道"政治。孔子说的"修己以安百姓",就是关于内圣外王的一种比较形象的说法。"修己"就是"内圣","安百姓"就是"外王",这是儒家文化设计的理想的人生目标,而《中庸》、《大学》中提出的"修齐治平"就是这一人生目标的具体化,是实现"内圣外王"的必经阶段。在这几个阶段中修身是最重要的。《中庸》说:"知所以修身,则知所以治人。知所以治人,则知所以治天下国家矣。"《大学》也说:"身修而后家齐,家齐而后国治,国治而后天下平。"个人的道德和个人人格的完善是实现政治理想的基础。"外王"和"治国平天下"的政治追求,就要求文人士子通过"仕"来实现,通过为政施教以兼济天下。在政治价值的追求上,一方面重道义轻名利,加强个人道德修养,表现为"笃信好学,守死善道",忠君爱民;另一方面重功利讲实效,化理性认识为社会实践,从内圣走向外王,从善己到兼善天下,表现为建功立业、名垂青史。文人士子们时刻不忘"致君尧舜上,再使风俗淳",称颂孔孟治国养民之道,希望君主清明,励精图治,纳谏如流,用尽忠良,勤政爱民。文人士子们这种主体自觉性和实践意识,凸显出以

---

① 杨伯峻:《论语译注·宪问》,中华书局2006年版。

天下为己任的社会责任感、历史使命感,"天下兴亡,匹夫有责",表现出忧国忧民的忧患意识,形成积极的政治参与心理取向。忧患意识是汉代人们对国家、民族命运困患的警觉和为消除、缓解这种困患所表现出来的强烈的责任感,这种忧国忧民的情怀是汉代政治参与意识产生的又一心理基础。张岂之《历史上的忧患意识》①一文认为,中国历史上忧患意识在先秦已经产生,主要表现在国家倾危忧患意识、忧国忧民意识、文化忧患意识等方面,汉代先秦的这些忧患意识已经深入到文人士子心中。西汉初年贾谊心系国运,在汉政权日益巩固、经济迅速发展的形势下,以思想家敏锐的观察力,多次上疏陈政事,忧心忡忡地指出,"进言者皆谓天下已安已治矣,臣独以为未也",认为时势"可谓痛哭者一,可谓流涕者二,可谓长太息者六,若其他北理而伤道者,难遍以疏举"②。他深虑诸侯坐大危及社稷,建"众建诸侯而少其力"之言,提出了解决社会矛盾的良策。贾谊的"痛哭"、"流涕"、"长太息",并非无痛呻吟,而是高度的社会责任感的表现。西汉后期,士大夫忧国忧民意识更为强烈,哀帝时鲍宣对丁傅用事、奸佞当政、权臣跋扈、民不聊生的社会政治颇为忧虑,他指出,"凡民有七亡"、"又有七死","民有七亡而无一得,欲望国安,诚难;民有七死而无一生,欲刑措,诚难"③。鲍宣对政治时弊进行无情的揭露,把民众的疾苦与国家兴亡联系起来,要求哀帝去奸佞任贤臣、蓄民力。东汉士大夫"乐以天下,忧以天下"的意识更为丰富和深化,他们对政治的清浊、社稷的安危、民众的生活更加关注,充满了深深的忧国忧民意识,更激发了他们以天下为己任的庄严责任感和使命感。陈蕃 15 岁即有"清世志",并发出"大丈夫处世当扫除天下"的豪言壮语,出仕为官,"言为士则,行为士范",大有"澄清天下之志"。他在给桓帝的上书中,自陈忧思所致,"寝不能寐,食不能饱",实忧"内患渐积,外难方深",他强调自己"位列台司,忧责深重,不敢尸禄惜生,坐观成败"④。范滂"少厉清节,为州里所服",为官后到冀州按察灾荒情况,"登车揽辔,慨然有澄清天下之志"。而李膺更是"风格秀整,高自标

---

① 张岂之:《历史上的忧患意识》,《炎黄春秋》2001 年第 11 期。
② 《汉书》卷 48《贾谊传》。
③ 《汉书》卷 72《鲍宣传》。
④ 《后汉书》卷 66《陈蕃传》。

持,欲以天下名教是非为己任"①。汉代士大夫以天下为己任的忧国忧民意识,使他们在政治实践中表现出极强的政治参与意识,他们关注社会发展,关注国家盛衰,关注民生疾苦,探讨治国方略。司马迁编撰《史记》,提出的"究天人之际,通古今之变",就是探讨社会发展规律,寻找"治世之道"。陆贾、贾谊、晁错、王符、仲长统、荀悦等政治家论道经邦,都是为了阴阳和谐以维持阳尊阴卑的社会等级秩序;司马相如、班固、张衡等文人作诗作赋也是为了助人君、顺阴阳、行教化;而董仲舒、扬雄等哲学家也以为现实政治服务为己任,以天时阴阳之序的政治哲学论证君主专制主义中央集权制度的合法性,维护封建社会政治的持久稳定。

第二节 汉代政治参与形式

汉代政治参与的形式多种多样,主要有言论和活动两种形式。言论包括口头和书面表达自己的政治见解两种,活动包括集议和上诉等政治实践形式。根据不同政治参与主体、内容和作用,汉代政治参与的具体形式主要有以下七种。

一、奏章:各级官吏用书面材料向皇帝表达政治见解的参与形式

据《汉杂事》载:"凡群臣之书,通于天子者四品:一曰章,二曰奏,三曰表,四曰驳议。章者需头,称'稽首上以闻',谢恩陈事,诣阙通者也。奏者亦需头,其京师官但言'稽首言',下'稽首以闻',其中有所请,若罪法劾案,公府送御史台,卿校送谒者台也。表者不需头,上言'臣某言',下言'诚惶诚恐,顿首顿首,死罪死罪',左方下附曰:'某官臣甲乙上。'"②这里所说的"驳议",是指对公卿集议的结果或皇帝的成命提出异议。奏章是汉代各级官吏参政议政、进谏上言的重要形式,主要分为

---

① 余嘉锡:《世说新语笺疏·德行》,中华书局1983年版。
② 《后汉书》卷44《胡广传》注引。

四种类型,即章、奏、表、驳议,也常称为"疏",主要内容是揭露当时社会存在的问题,提出社会改革的措施,表达自己的政治主张。汉代比较著名的章奏有贾谊的《积贮疏》、晁错的《论贵粟疏》和《徙民实边疏》、董仲舒的《限民名田疏》、赵充国的《屯田奏》和张衡的《驳谶纬疏》等,都分析了社会政治存在的弊端,提出了政治改革的方案,对帝王的政治决策提供了重要参考依据。

二、召对:帝王通过召见文人士子,让他们发表政治见解的参与政治形式

司马彪《后汉书·百官志》说,博士"国有疑事,掌承问对",大夫、侍郎、常侍、给事中等侍从帝王之官皆专职"顾问应对",《后汉书》卷4《孝和帝纪》引《十三州志》曰:"大夫(光禄、太中、中散、谏议大夫)皆掌顾问应对言议。夫之言扶也,言能扶持君父也。""顾问应对"就是帝王有难以处理的政事,就召见文人士子咨询处理方略,文人士子回答帝王问题,提出政治见解。汉代还把"文人士子"安排在皇帝宫廷中或宫廷附近,称为"待诏",就是等待帝王召对,参与政治活动。贾捐之、苏武、翼奉等人在"待诏"期间,就多次受到皇帝的召对,"言多采用"。汉代还有一种召对形式,就是"对策",又称"策"或"贤良对策",是汉代帝王亲自出题目征询治国之道,士子文人对现实政治问题提出政治见解的笔试答卷,也是政治参与的一种形式。董仲舒在回答汉武帝的策问中,提出了著名的《天人三策》,为汉武帝"罢黜百家,独尊儒术"提供了理论依据。汉代帝王策问文人士子的题目很多,也的确出现了不少有政治价值的"对策",如贾谊《治安策》提出的著名的"众建诸侯而少其力"的建议、晁错《削藩策》中的建议削藩的主张等都对强化中央集权,巩固汉家天下提供了重要的决策依据。

三、集议:帝王把需要决策的军政要事交给百官公卿讨论,让百官充分发表自己政治见解的政治参与形式

汉代依所议内容、范围、场所以及历史阶段的不同,可分为廷议、朝议、中外朝议、二府议、三府议、有司议和专题性会议等类型。汉代凡是立君、立储、宗庙、祭祀、典礼、分封、爵赏、法制、边事、大臣罪狱等一切

军国大政几乎都是集议的内容,参议人员可以各抒己见,畅所欲言,充分表达自己的政治见解,集思广益,为皇帝决策提供依据。汉武帝时,中大夫主父偃建议:"朔方地肥饶,外阻河,蒙恬筑城以逐匈奴,内省转输戍漕,广中国,灭胡之本也。"上览其说,"下公卿议",以御史大夫公孙弘为代表的公卿大臣们,"皆言不便",以为这是"罢弊中国以奉无用之地"。独刚任中大夫的朱买臣,起而"难诎",驳诘公孙弘等,遂置朔方郡①。据《汉书·昭帝纪》载,汉昭帝始元二年(前85年),"诏有司问郡国所举贤良文学民所疾苦。议罢盐铁榷酤",对是否继续推行汉武帝的盐铁政策展开讨论,以桑弘羊为代表的御史、丞相史等主张继续实行盐铁专卖政策,以霍光征选的贤良文学为代表的主张否定盐铁政策,双方进行了激烈的争论,贤良文学对社会政治弊端进行了揭露和批判,反对盐铁专卖政策,实际是对基本国策的所谓"王道"与"霸道"之争,为"昭宣中兴"调整统治阶级政策提供了依据。东汉桓帝时,经济危机严重,有人认为其原因是"货轻钱薄",因此建议"改铸大钱",朝廷把这个建议交给"四府群僚及太学能言之士"讨论,刘陶上书皇帝,指出"当今之忧,不在于货,在乎民饥",铸造大钱不仅解决不了问题,还会产生更多的弊端,"欲民殷财阜,要在止役禁夺",结果"帝竟不铸钱"②。

四、诣阙上诉(相当于现代的"上访"):民众赴京师上诉于最高统治者,表达抗议的政治参与形式

"诣阙上诉"是汉代司法程序中的一种特殊形式,是对司法程序的一个补充,由最高统治者裁决,是冤假错案获得平反的最后机会③,也是汉代政治参与的重要形式,通过"上诉"表达自己的政治见解。汉代诣阙上诉可分为"个人自诉"和"集体他诉"两种类型。个人自诉是官民个人诣阙上诉,主要有如下事例。文帝时缇萦到长安,诣阙上书,请求身为官奴婢赎父淳于意肉刑之罪④。汉武帝时主父偃长期游于京师,因资

---

① 《汉书》卷64上《主父偃传》。
② 《后汉书》卷57《刘陶传》。
③ 赵怀光:《"告御状":汉代诣阙上诉制度》,《山东大学学报》(人文社会科学版)2002年第1期。
④ 《史记》卷10《孝文本纪》。

用缺乏而常贷于诸侯宾客,令人十分讨厌,"乃上书阙下"①,很快便得到汉武帝的召见和重用。朱买臣常"艾薪樵"为生,服役时随上计吏将重车至长安,"诣阙上书"②。光武帝时,欲立《左氏传》博士,博士范升认为《左氏传》"不可立",名儒陈元听说后,"乃诣阙上书",强烈抨击范升,使《左氏传》得立③。桓帝时,宦官专权,政刑暴滥,襄楷"自家诣阙上疏",指陈时弊④。据《后汉书》卷40上《班彪传》载,班固继承父业,完成班彪未竟之史作,被人告发私改国史而下狱,其弟班超"乃驰诣阙上书",明帝不但没有治罪班固,还任命为兰台令史,续修国史。从个人诣阙自诉的事例可以看出,主要是给皇帝上书洗雪冤案,提出自己的政治见解,展示自己的政治才华,得到帝王赏识。集体他诉是众人集体上书皇帝为他人讼冤的政治活动,主要的事例如下。一是汉哀帝时千余名太学生救援鲍宣。当时丞相孔光的属吏违反禁令而被司隶鲍宣制止,孔光反而依仗权势将鲍宣"下廷尉狱",此事在太学引起了强烈的反响,"博士弟子济南王咸举幡太学下,曰:'欲救鲍司隶者会此下。'诸生会者千余人。朝日,遮丞相孔光自言,丞相车不得行,又守阙上书",在太学生强大的舆论压力下,哀帝不得不"抵宣罪减死一等"⑤。王咸举旗一呼而千人云集,诣阙上诉,迫使皇帝收回成命,展现了太学生集体的政治力量。二是光武帝时期,太学生救援欧阳歙。欧阳歙是博士世家,在太学生中拥有相当高的声望,在汝南太守期间贪赃行为被发觉而逮捕入狱,"诸生守阙为歙求哀者千余人,至有自髡剔者",但这次政治行为没有奏效,光武帝反而很快处死了欧阳歙,可光武帝很快又后悔了,"乃赐棺木,赠印绶,赙缣三千匹"⑥。三是桓帝永兴元年(153年)太学生为冀州刺史朱穆诉冤。朱穆任冀州刺史,到任就"奏劾诸郡"、"举劾权贵",他不畏权势,把宦官赵忠父的墓"发墓剖棺,陈尸出之,而收其家属",朱穆因此被治罪而"输作左校"。太学生刘陶联合数千太学生"诣阙上书

---

① 《汉书》卷64上《主父偃传》。
② 《汉书》卷64上《朱买臣传》。
③ 《后汉书》卷36《陈元传》。
④ 《后汉书》卷30下《襄楷传》。
⑤ 《汉书》卷72《鲍宣传》。
⑥ 《后汉书》卷79《儒林列传·欧阳歙传》。

讼穆",为朱穆鸣不平,痛斥宦官的罪恶,"臣愿黥首系趾,代穆校作"①,太学生集体政治行动,反对宦官专权,表明朱穆"竭心怀忧,为上深计"的忠心,迫使桓帝不得不赦免朱穆。四是桓帝延熹五年(162年),上书为皇甫规讼冤。度辽将军皇甫规论功当受封,他一向"恶绝宦官,不与交通",当权宦官徐璜等人借此向皇甫规索求贿赂,他坚决拒绝,于是就被宦官诬蔑为侵没军饷之罪,"坐系廷尉,论输左校"。当时朝内一批反对宦官的官僚及太学生张凤等300余人"诣阙讼之",皇甫规获得释放②。五是明帝永平五年(62年),第五伦为会稽太守,深得民心,坐法征诣廷尉狱,"吏民上书守阙者千余人"③,但明帝并没有因吏民上诉而开脱第五伦之罪,后来才把他免官归田里。从以上诸例可以看出,集体诣阙上诉具有群体性,内容相当具体,针对某人某事发表政见,政治倾向比较明确,显然属于政治参与活动。

五、谣谚:以平民百姓为主体的政治参与形式

谣谚又称"风谣",形式上采用通俗的歌谣或简明的短句加以表达,内容上往往"直抒己志,如风行水上,自然成文,言有尽而意无穷"④,表达着下层民众的感情与政治倾向。《吕氏春秋》说:"闻其声而知其风,察其风而知其志,观其志而知其德。"可见,谣谚是了解汉代社会政治状况的一个重要途径。据马新的《时政谣谚与两汉民众参与意识》一文研究⑤,两汉时政谣谚有三项基本内容:一是"狡兔死,走狗烹"与民众对国政大事的关注,二是刺贪虐与颂功德,三是官场素描与百姓心声。涉及国政大事、官员治政、官场风气等各个方面,喊出了民众的心声与感受,表达了百姓的政治倾向与爱憎,对汉代的政治与吏治起到一定的衡量与监督作用。具体来讲,汉代谣谚对政治的参与主要表现在以下三个方面。

一是评议当事人直接接触的从政人员的政治水准,既有直接的揭露

---

① 《后汉书》卷43《朱穆传》。
② 《后汉书》卷65《皇甫规传》。
③ 《后汉书》卷41《第五伦传》。
④ 刘毓崧:《古谣谚序》,杜文澜辑,中华书局1958年版。
⑤ 马新:《时政谣谚与两汉民众参与意识》,《齐鲁学刊》2001年第6期。

和鞭挞,也有歌功颂德。前者如两汉民谣:"颍水清,灌氏宁;颍水浊,灌氏族。"是对灌夫依仗权势、横行颍川、作恶多端的愤恨和诅咒。东汉桓帝时宦官左悺、具瑗、唐衡、徐璜等人,把持朝政,操纵皇权,天下百姓编造谣言说:"左回天,具独坐,徐卧虎,唐雨坠。"①就是说左悺能左右天子,徐璜凶猛如虎,具瑗大权独揽,唐衡气焰嚣张,如大雨坠落。后者如会稽郡山阴县令徐弘,字圣通,打击豪强,为政有绩,会稽郡百姓为之作歌:"徐圣通,政无双,平刑罚,奸宄空。"②对其政绩给予充分肯定。东汉时期,南阳太守杜诗在任期间,兴修水利,为民除害,当地居民将他比做西汉南阳太守召信臣,造歌谣说:"前有召父,后有杜母。"把为官一任、造福一方的官员比做"父母"。这些评议用言简意赅的语言表达了百姓对地方官吏政绩的肯定评价,对贪官污吏的鞭挞和讽刺。这种评议实质上是人们对政治清明的向往和对黑暗政治的反对,有助于调动官吏为政的积极性,提高施政水准,既对官员为政起到一定的衡量和监督作用,也对政治起到激浊扬清的作用,反映了汉代民众对政治的积极参与意识。二是评议人品素质和学识才华。谣谚对官僚综合人品素质的评价,是用圣贤的道德价值规范约束官僚的行为,看似与议政无关,实质上却与政治有必然的联系,因为汉代政府选拔官吏特别重视名声,其征辟察举常以乡党评议为基础,获得乡党美誉,成为士大夫出仕的前提条件。故乡党舆论评议人品素质和学识才华,虽不直接议政,却关系到官僚的选拔,可以称得上是间接议政,对汉代政治的清明也起到一定的积极作用。如:戴子高为人豪侠任气,慷慨乐施,人呼"关东大豪戴子高"③;冯豹事后母尽孝,以儒术教授乡里,乡里为之赞曰"道德彬彬冯仲文"④;任文公善推阴阳之术,智慧超凡,人称"任文公,智无双"⑤;杨震学贯五经,道德卓异,关西为之语曰"关西孔子杨伯起"⑥。这些谣谚都为汉代选拔德才兼备的官吏、促进吏治的清明提供了舆论的支持,也反映了汉代民众的政治参与意识。三是批判和揭露现实政治的黑暗和弊

---

① 《后汉书》卷78《单超传》。
② 《后汉书》卷31《杜诗传》。
③ 《后汉书》卷83《戴良传》。
④ 《后汉书》卷28下《冯衍传》。
⑤ 《后汉书》卷82上《方术列传》。
⑥ 《后汉书》卷54《杨震传》。

端,表达民众心中的政治倾向与爱憎,在一定意义上也起到了参政议政的作用。如对官吏选拔这一敏感政治问题,民间关注的谣谚就相对集中。《史记·佞幸列传》中,司马迁就记载:"谚曰:力田不如逢年,善仕不如遇合。固无虚言。"汉代大张旗鼓地察孝廉、举秀才,倡导礼义孝悌,但实际政治生活却适得其反,西汉贡禹在上书中引俗语说:"何以孝弟为?财多而光荣;何以礼义为?史书而仕宦;何以谨慎为?勇猛而临官。"其背景则是"亡义而有财者显于世,欺谩而善书者尊于朝,悖道而勇猛者贵于官"①。到了东汉选举不实成为普遍的社会政治问题,公府州牧举亲辟故,不论德能,造成社会政治进一步黑暗。葛洪《抱朴子·审举》载谣言对这种名不符实的现象给予辛辣的讽刺:"举秀才,不知书,察孝廉,父别居;高第良将怯如鸡;寒素清白浊如泥。"政治的清明与黑暗是汉代谣谚关注的焦点,东汉时对朝中曲直颠倒,事非不明,给予抨击。如《后汉书·五行志》载谣言说:"直如弦,死道边。曲如钩,反封侯。"桓帝时代,贿赂公行,政以贿成,政治更加黑暗,民众编造谣谚说:"城上乌,尾毕逋。公为吏,子为徒。一徒死,百乘车,车班班,人河间,河间姹女工数钱。以钱为室金为堂,石上慊慊舂黄粱。梁下有悬鼓,我欲击之丞卿怒。"这是民众对为政贪婪、腐化奢侈的贪官污吏的无情揭露,表达出对社会政治黑暗、腐败的强烈不满,反映出了两汉民众的政治参与意识。

六、清议:以知识分子为主体的政治参与形式

清议指东汉后期知识分子横议政治、裁量当政、褒贬人物、指陈时弊的政治活动。范晔在《后汉书·党锢列传》中说:"汉自中世以下,阉竖擅恣,故俗遂以遁身矫洁放言为高,士有不谈此者,则芸夫牧竖已叫呼之矣。"清议在"党锢事件"之前是直接议政。其议政往往有强烈而鲜明的感情色彩。或褒贬人物,如周福因是汉桓帝之师而被擢升为尚书,而其同乡房植有名当朝,时论云:"天下规矩房伯武,因师获印周仲进。"或裁量当政,如当时士大夫李膺、陈蕃、王畅等名震天下,太学生为他们颂德说:"天下模楷李元礼,不畏强御陈仲举,天下俊秀王叔茂。"或指授称

---

① 《汉书》卷72《贡禹传》。

号,从不同角度表达人们的爱憎疾恶和政治倾向,如东汉末年,知识分子共同"指天下名士为之称号。上曰'三君',次曰'八俊',次曰'八顾',次曰'八及',次曰'八厨'。犹古之'八元'、'八凯'"。这些列入三君、八俊之流的人物,与史载有出入,但其核心内涵却是十分明确的:"君者,言一世之所宗也","俊者,言人之英俊者,言能以德行引人者也","及者,言能导人追宗者也","厨者,言能以财救人者也"①,获得这些称号的人是当时知识分子舆论所认可的时代楷模。知识分子把他们提拔出来,授以荣誉称号,反映出他们对外戚宦官丑恶行径的蔑视和重建封建伦理纲常的强烈愿望。由于清议所授称号都是针对与外戚宦官为敌的名流士人官僚,矛头直指朝廷当政,严厉批判社会现实,所以引起了宦官外戚的恐慌,于是汉桓帝时便出现了打击知识分子的"党锢事件",事件中大批知识分子被宣布永远禁锢,甚至于子孙都不得录用为官。经过这次无情打击后,知识分子的参政议政热情逐渐冷却,清议也逐渐远离政治,转而回到汉初品评人物之上,这时出现了许多人物品评专家,著名的有郭太、符融、田盛、许劭、樊子昭和阳士,其中许劭和郭太最负盛名,世称"许郭"。从他们的清议言谈来看,明显已偏离议政主题,而更多的是从艺术的角度品题人物,语言含蓄隽永,体现出很高的文化素养,一定程度上开创了魏晋清谈的先河。如郭太本人才华高妙,且深藏不露,人物品评家符融称其为"海之明珠,未耀其光,鸟之凤皇,羽仪未翔"②,此番评论与魏晋清谈颇有近似之处。再如,郭太论袁奉高、黄步度时云:"奉高之器,譬之泛滥,虽清而易挹;叔度之器,汪汪若千顷之陂,澄之不清,扰之不浊,不可量也。"③精妙的比喻、隽永的语言、诗样的境界,简直与玄风大家没有区别。其他人物品评家亦多有此风,他们或从道德性情,或从外在风韵,或从内在才华评议人物,而不涉及政治内容,由此可见东汉末年的清议已经失去了议政的本旨,滑向了清谈的泥坑。

东汉的"清议"是对朝廷施政的臧否、吏治清浊的褒贬和官吏人品优劣的评议,其目的是遏制宦官及其党羽任人唯亲的不良之风,使人才的

---

① 《后汉书》卷67《党锢列传》。
② 《后汉书》卷68《符融传》。
③ 《后汉书》卷68《郭太传》。

选拔按照士大夫的标准和公众舆论的品评来决定,是知识分子干预朝政的重大政治活动,既对当时的社会政治起到了舆论监督作用,也为政府选拔人才、奖惩官吏、制定政策提供了一定的借鉴。

七、著书立说:士人创造文化精品的政治参与形式

图书是政治文化载体,也是重要的大众传播媒介,汉代文人士子通过著书立说,表达自己的政治见解,为政治的发展提供借鉴,从而参与政治活动。

(一)汉代史学对政治的参与

史学本身不但是专门从事积累和保存文化的府库,而且是弘扬与传播文化的载体,也和儒家政治文化紧密相连,互为表里,成为传播政治文化的重要载体。汉代史学在保存和传播儒家政治文化上主要体现在以下两个方面。首先,汉代史学是以儒家经学的主体思想为指导,大力宣扬儒家伦理道德,"扶明教义",为汉代政治发展提供精神动力。儒家经学的一些基本价值观如大一统论、天人感应论、纲常论、三世说等,都在汉代史学中有着鲜明的体现。司马迁在《史记》中就用大一统的思想考察社会历史的演变,他以"道名分"为依据,把王朝更替和帝王兴替当做科条分析的大纲,对于入传人物,按照身份地位等级,分别以本纪、世家、列传的规格加以载录,体现出君王居高临下的主题,集中反映了司马迁的大一统观念。汉代史学以立德为先,通过定名分,褒善贬恶,发挥政治教化的功能。司马迁认为,《春秋》是伦理教科书,"《春秋》者,礼义之大宗也","夫不通礼义之旨,至于君不君,臣不臣,父不父,子不子。夫君不君则犯,臣不臣则诛,父不父则无道,子不子则不孝,此四行者,天之大过也"[①],《汉书》完全以儒家伦理道德评价历史,一味用历史去论证和阐释宗法等级制度和君主专制的合法性和永久性,史学成了明人道、证人伦的儒家伦理传播工具。班固的《汉书》取得与《五经》相亚的地位,显然与该书"宗经矩圣"的编纂原则有关。他在《苏武传》中歌颂了苏武在匈奴19年牧羊而不忘汉室、不忘祖国的爱国精神,他面对李陵的劝降,说:"今得杀身自效,虽蒙斧钺汤镬,诚甘乐之。臣事君,

---

① 梁启超:《饮冰室合集·读书分月课程》,中华书局1994年版。

犹子事父也,子为父死亡所恨,愿勿复再言。"体现出忠君为国的君臣大义。其次,汉代史学"明罗治体",用儒家的治国理念,总结历史发展规律,为政治的发展和改革提供智力支持。司马迁撰写《史记》是为了"述往事,思来者",以"居今之世,志古之道,所以自镜"①。他在《自序》中说,"网罗天下放失逸闻,王迹所兴,原始察终,见盛观衰",他通过考察历史,认为盛衰之变,是历代王朝所经历的必然过程,但他并非要人无所作为,而是十分重视人事在盛衰之变中的作用,把统治者的政事和人心向背看做是盛衰背后的支配力量。他对天道大胆提出怀疑,在《项羽本纪》赞中指出,项羽"身死东城,尚不觉寤,而不自责,过矣。乃引'人亡我,非用兵之过也',岂不谬哉"。班固撰写《汉书》时,注重"掇其切于世事者著于传","论其实行之语著于篇",还通过篇后的"赞曰","论是非,寓褒贬",使人们"明鉴戒",体现出为政治服务的精神。荀悦在《汉纪》卷首中就提出了撰写史著的历史鉴戒功能,他说:"立典有五志焉:一曰达道义,二曰彰法式,三曰通古今,四曰著功勋,五曰表贤能。"

(二) 汉代文学创作对政治的参与

汉代的文学作品主要分为诗赋和散文,在艺术特色上继承了儒家经学,特别是《诗经》的写作手法,在思想内容上主要从讽喻、歌颂、言志三个方面宣传、传播儒家经学,发挥文学作品的政治教化功能。汉赋继承儒家经典《诗经》的思想内容,班固指出,"赋者,古诗之流也……或以抒下情而通风喻,或以宣上德而尽忠孝","抑亦雅颂之亚也"。汉赋以"润色鸿业"、歌功颂德为己任,大力宣传"君权神授"、"天人合一"、"大一统"、"祥瑞灾异"等经学思想,傅毅的《洛都赋》、班固的《东都赋》和《西都赋》、张衡的《东京赋》和《西京赋》等都充满这方面的内容。汉赋在为统治阶级歌功颂德的同时,也讥讽了统治阶级的"穷泰而极奢",探讨了为政之道。张衡在《东京赋》中说:"今公子苟好剿民以愉乐,忘民怨之为仇也;好殚物以穷宠,忽下叛而生忧也。夫水所以载舟,亦所以覆舟。"汉代的政论散文提出了不少独到的政治见解,例如:贾谊的《过秦论》提出了秦亡于"仁义不施",主张实施仁政,《论积贮疏》提出了重农务本政策;晁错的《贵粟疏》提出了"重农贵粟"的政策;桓宽的《盐铁论》记载了盐铁会议关于重农还是重商治国方略的争论;左雄的《上言

---

① 《史记》卷130《太史公自序》。

察举孝廉》提出了"诸生试家法,文吏课笺奏"的对举荐孝廉的考试方法。汉代的政论性著作,如陆贾的《新语》、贾谊的《新书》、董仲舒的《春秋繁露》、桓谭的《新论》、荀悦的《申鉴》、应劭的《风俗通义》、王充的《论衡》、王符的《潜夫论》等都探讨了治国的政治方略,间接地参与了政治。汉代的诗歌也以宣扬儒家的仁义礼乐为本,乐府民歌中的《陌上桑》和《孔雀东南飞》都揭露了封建礼教的罪恶,歌颂了不畏权势、不贪富贵的高贵品质和反抗封建礼教的叛逆精神。

第三节　汉代政治参与保障制度

汉代为了保障政治参与渠道的畅通和政治参与主体权利的实现,真正发挥政治参与的作用,历代帝王都非常重视政治参与在政治管理中的作用,屡次下诏求言求士,西汉文帝下令"举贤良方正能直言极谏之者,以匡朕之不逮"①。笔者统计,帝王诏书中提到"能直言"或"谏诤者"多达 30 次。诏书中屡有"匡朕之不逮"、"毋讳有司"之语,体现了帝王对直言忠语的殷切期盼与鼓励。建立和健全了政治参与的法律制度,引导、激励人们积极参与政治,形成了良好的政治参与的社会保障机制。

一、文书传递制度

汉代公文分为下行文书和上达文书两大类,下行文书主要指皇帝的诏令类文书,上达文书主要指百官的奏章。奏章是政治参与的主要形式,诏令是皇帝颁布的政策法令,在汉代设有专门的管理机构,西汉前期全国各地上报中央的奏章是由副丞相御史大夫的属官御史中丞受理的,其机构称为御史大夫寺,东汉时御史中丞升为御史台长官,便由治书侍御史"受公卿群吏奏事,有违失举劾之"②。汉武帝时,尚书传递上

---

① 《汉书》卷 4《文帝纪》。
② 《后汉书》志第 26《百官三》。

奏文书,对文书内容进行评议,提出初步处理意见。其后,尚书权力不断扩大,负责各类文书的上奏与下达,凡天下文书奏章都要通过尚书才能上达皇帝,凡皇帝诏书也必须经过尚书起草才能有效。从对章奏的管理机构来看是权力中枢部门,足见对章奏的重视。对百官所上章奏还要严格审查,防止弄虚作假,西汉规定:"诸上书者皆为二封,署其一曰副,领尚书者先发副封,所言不善,屏去不报。"①尚书对奏章不实的不上报皇帝。东汉时明帝永平六年诏曰:"先帝诏书,禁人上事言圣,而间者章奏颇多浮词,自今若有过称虚誉,尚书皆宜抑而不省,示不为谄子蚩也。"②这是皇帝严令章奏虚誉不实的不能上奏。对奏章文书的传递都有"程"的规定,根据已公布的汉简材料,"程"有昼夜 160 里、180 里、450 里、590 里、720 里、1000 里等不同规定,日行千里以上就是紧急文书,"行命书及书署急者,辄行之;不急者,日觱(毕),勿敢留;留者,依律论之"③,就是紧急文书要按时传递,若滞留的要依律论罪。西汉司直翟方进劾奏司隶校尉陈庆为尚书时,对举劾奏章"忽忘之留月余",并将劾章私告廷尉范延寿,以不敬罪奏免陈庆的官。可见,文书传递制度保证了章奏的准确和及时传递,也就保障了政治参与的正常有序进行。

二、行政决策制度

汉代政治决策过程中,形成了集议制度、谏诤制度和封驳制度,保障决策各个环节百官对政治的参与。汉代军国大政的决策,一般先由各部门或大臣提出问题,上奏皇帝,这就是章奏,皇帝据奏折拟定决策方案,或由皇帝的咨询人员提出决策方案,然后将方案交给百官进行讨论,广泛听取百官的政治见解,对方案进行论证分析,这就是集议。集议制度是决策的必经程序,据《资治通鉴》卷 26"汉宣帝神爵元年"(前61 年)载,"赵充国屯田奏每上,辄下公卿议"。而且集议是按法定的时间进行,参加人员也是法定的,一般来讲行政首脑和议臣是必须参加的,由皇帝或皇帝责成宰相或皇帝委派其他心腹主持,参加决策的人员

---

① 《汉书》卷 74《魏相传》。
② 《后汉书》卷 2《明帝纪》。
③ 《睡虎地秦墓竹简·秦律十八种·行书律》,文物出版社 1990 年版,第 61 页。

可以充分发表意见。丞相(司徒)将集议的结果上奏皇帝,皇帝批示后转决策中枢御史大夫寺(尚书台)拟制诏书,在拟制诏书过程中,尚书需要认真审查,尚书要充分发表自己的政治见解,形成诸尚书通议合署制度,若认为不可施行,可拒绝"署议"。决策还形成谏诤封驳制度,若尚书令认为诏书不合时宜,可以退还给皇帝,拒绝发布执行,这就是"封",即"封还";并且还可以在封还诏书后写上自己的政治见解,提出驳斥的意见,上奏皇帝,这就是"驳",即"驳正"。据《后汉书》卷41《钟离意传》载,钟离意任尚书仆射(当时尚书令空缺),"独敢谏诤,数封还诏书",这就是把诏书退还给皇帝,以示谏诤。尚书台起草的诏书下达行政机关执行时,若认为不当,也可以封还诏书,拒绝执行,或不签署执行意见。《汉书·王嘉传》载,王嘉任丞相,哀帝增封董贤的诏书"下丞相、御史……嘉封诏书"。东汉后期,皇帝诏令急捕党人,"案经三府",太尉陈蕃却之曰,"今所案者,皆海内人誉,忧国忠公之臣","不肯平署"[①],就是拒绝执行。从上述决策过程中的集议、封驳、平署制度看,每个环节都非常重视官吏的政治参与,保证了政治参与在决策过程中作用的发挥。

三、文官管理制度

官吏的质量决定着权力运作的质量和效率,也是政治参与的人才基础。汉代文官管理的过程非常重视官吏的政治参与能力和水平,形成了选贤任能、论功行赏的教育、选任、考核奖惩制度。首先,汉代的学校教育就是培养官吏的,学习的儒家经典是政治文化的宝库,里边也有着丰富的为政治国的经验,通过考试,就可以授以相应的职务,这就是"学而优则仕",国家用利禄诱导文人士子学习为政治国的方略,为国家和政治服务。"学"与"仕"密切联系,"仕"就是当官,本身就是政治参与,汉代文人士子的"学"就是为了"仕",他们手捧着儒家经典竞相奔走于仕宦途中,口头诵咏着圣人之道,内心想着捞取利禄。求取功名的真实目的就是谋求富贵。这种状况始于先秦,到了汉武帝"独尊儒术"之后便越发热烈。汉武帝擢升治《春秋》的公孙弘为丞相,封平津侯,"食户

---

① 《后汉书》卷67《党锢列传·李膺传》。

六百五十","天下之学士靡然乡风矣"①。至汉宣帝时,(韦)玄成,复以明经历位至丞相,故邹鲁谚曰"遗子黄金满籝,不如一经"②。学习儒家经典成了文人士子入仕的敲门砖,官吏的录用考试,也考儒家经典,同时,录用官吏考试也非常重视士人的参政能力。汉代的录用考试主要是察举征辟制,其科目孝廉是由地方推荐到中央的孝子廉吏,廉吏本身就是在地方政府任职的有一定为政经验的清廉之吏,对他们进行考试的内容是"诸生试家法,文吏课笺奏","试家法"就是儒家经典,"课笺奏"就是章奏,章奏是官吏参与政治的重要形式,因此,考察的就是士人的参政能力。对于贤良文学科目,进行策试,又称"对策"和"射策",相当于现在的抽签考试,其具体内容是针对现实政治中存在的问题提出改革的方案和措施,这也是政治参与能力的表现。所以,我们说:汉代官吏的培养和录用都是以士人的参政能力为目标和条件的。选用官吏实行连带责任制,有才必举,不举有罪,二千石"不举者,不奉诏,当以不敬论;不察廉,不胜任也,当免"③。汉代选举人才的诏书常有"不如诏书,有司奏罪名,并正举者"的记载。

  汉代考课制度中,也十分重视为政实绩的评价,为政实绩就代表着政治参与的能力。"各计县户口垦田,钱谷入出,盗贼多少,上其集(计)簿",上计簿是考核官吏的量化标准,能准确地反映官吏为政业绩,要求准确无误,丞相府的东、西曹和郡县的功曹负责平时对官吏的考察和记载,部刺史对郡国的政绩材料"上计簿"进行核实,御史大夫也要考察上计簿的虚实,尚书台的三公曹负责官吏的考课,互相制约。对官吏政绩的准确考课就是最大的政治,有利于奖勤罚懒,调动各方面的积极性。汉代在考核中也非常重视民众舆论对官吏的评价,也就是重视民众政治参与在官吏考课中的作用。皇帝经常派大使出巡考课官吏,这就是所谓的"举谣言"与"行风俗"。《后汉书·刘陶传》记载:

    光和五年,诏公卿以谣言举刺史、二千石为民蠹害者。时太尉许馘、司空张济承望内官,受取货赂,其宦者子弟宾客,虽贪污秽浊,皆不敢问,而虚纠边远小郡清修有惠化者二十六人。吏人诣阙

---

① 《汉书》卷79《儒林传》。
② 《汉书》卷73《韦贤传》。
③ 《汉书》卷6《武帝纪》。

陈诉,(陈)耽与议郎曹操上言:"公卿所举,率党其私,所谓放鸱枭而囚鸾凤。"其言忠切,帝以让臧、济,由是诸坐谣言征者悉拜议郎。由此,我们可以看到谣言的考课功能。正如李贤注云:"谣言谓听百姓风谣善恶,而黜陟之也。"《汉官仪》对举谣言的解释也十分清楚:

> 每岁州郡听采长吏臧否,民所疾苦还条奏之,是为之举谣言者也。顷者举谣言者,掾属令史都会殿上,主者大言州郡行状云何,善者同声称之,不善者各而衔枚。

汉代帝王重视民众的舆论在考核中对官员政绩的监督作用。东汉光武帝就"数引公卿郎将,列于禁坐,广求民瘼,观纳风谣"①;和帝也分遣使者,"皆微服单行,各至州县观采风谣"②。考核官吏中重视民众舆论对官吏的评价作用,就是重视政治参与的作用。

四、监察和司法制度

司法和监察是汉代政治的重要内容,汉代在监察和司法工作中非常重视民众的政治参与作用。弹劾制度是监察工作的基础,也是司法审判工作的基础,对贪官污吏的弹劾也是政治清明的保障。各级长官巡视所属郡县,对官吏违法犯罪有举劾权,若失职不纠弹,要负连坐责任,"其见知而故不举劾,各与同罪,失不举劾,各以赎论"③。汉武帝时,由张汤、赵禹条定法令,作见知故纵、监临部主之法,师古注释说:"见知人犯法不举告为故纵,而所监临部主有罪并连坐也。"④东汉时皇帝下诏书命令刺史郡守对部内犯罪不举劾的要严加惩处,如《后汉书》卷7《桓帝纪》载:"长吏赃满三十万而不纠举者,刺史、二千石以纵避为罪,若有擅相假印绶者,与杀人同弃市论。"目的是加强各级官吏举劾犯罪的责任制。对贪官污吏的弹劾制度是对政治参与的保障,充分发挥了政治参与对贪官污吏的惩治作用。司法制度关系到社会政治的稳定,在司法工作中,汉代也重视民众参与司法工作,建立了司法审判责任制度。汉代地方长官郡守、县令兼有司法权,设决曹主罪法、辞曹主辞讼、贼曹主

---

① 《后汉书》卷76《循吏列传》。
② 《后汉书》卷82上《方术列传·李郃传》。
③ 《晋书》卷30《刑法志》。
④ 《汉书》卷23《刑法志》。

盗贼。县是最基层的司法机关，负责"禁奸惩恶，理讼平贼"，处理一般轻微案件，疑难案件要上报郡守，郡守不能决者，报廷尉，廷尉不能决，即上奏皇帝，称为"诣阙上诉"。对重大案件的审理采用"杂治"制度，即派一批官员共同审断，若罪名已定的，就派有关朝臣共议其罪，称为"杂议"制度。对一般案件的审理先进行审讯，得到口供，三日后进行复审，叫"传复"，让受审者有更正供词的机会，复审后就进行判决。判决后向被告人宣读判辞，叫做"读鞫"，若被告人称冤，允许本人或其家属请求复审，即所谓"乞鞫"。复审一般法定时间为三个月，超过三个月就不能复审了。复审是对司法官吏执法情况进行审查的制度。司法官员在判案中有"不直"、"纵囚"、"失刑"等论狱失刑罪要依法惩处，处以流放或苦役①。

五、审计制度

财政经济是汉代政治的物质基础，经济犯罪危及政治的稳定。因此，汉代加强对财政经济的审计工作，严格审查各级政府的财政收支，建立了财政经济审计制度，保障了财政审计工作中百官的政治参与。汉承秦制，西汉初年中央设少府和治粟内史两个部门，管理国家财政经济，中央行政最高机关丞相府通过"上计"制度对财政工作进行监督。汉武帝以后，国家财政管理机构由治粟内史改为大司农："掌诸钱谷金帛诸货币。郡国四时上月旦见钱谷簿，其逋未毕，各具别之。边郡诸官请调度者，皆为报给，损多益寡，取相给足。"②大司农下设太仓、均输、平准、都内等部门。但大司农要接受丞相府（司徒府）的领导，丞相府内设有户曹主民户、田地、农业经济，金曹管货币、盐铁，仓曹主仓库，通过诸曹监督大司农的财政经济工作。尚书台也有监督财用和库藏出纳之权，据《后汉书》卷41《钟离意传》载，"时诏赐降胡子缣，尚书案事，误以十为百，帝见司农上簿，大怒"，这就是尚书对钱物出纳的检查。监察机关御史台也要督察财政法规的执行情况，汉宣帝时，因上计财物计簿多不实，就派御史大夫"按之"，这是御史对三公府"上计簿"的监督检查。

---

① 张晋藩、李铁：《中国行政法史》，中国政法大学出版社1991年版，第51页。
② 《后汉书》志第26《百官三》。

地方财政是郡县二级,即守、令都兼有财政权,郡设有仓曹主仓谷,金曹主货币盐铁,计曹主上计事,市曹主市政,还有比曹对一郡的财政收支进行审计。汉代刺史巡视郡国就有两条涉及财政问题:一是侵渔百姓,聚敛为奸;二是阿附豪强,通行货赂。汉代各级政府的钱物收纳都要记载入簿,每一季度郡国还要上报财政主管部门大司农。年终县把收支情况上报郡,郡把收支情况上报中央,层层接受审计,中央丞相府设有计室掾史,郡国设有比曹是专司审计之官,上级要对下级依上报账簿核实库藏实物,若不符要依法治罪的。

第八章 汉代儒家政治思想的社会化

美国学者阿尔蒙德认为:"政治社会化是政治文化形成、维持和改变的过程。每个政治体系都有某些执行政治社会化功能的结构,它们影响政治态度,灌输政治价值观念,把政治技能传授给公民和精英人物。"①汉代以儒家为核心的政治文化形成,统治阶级通过行政权力、社会组织、宗族家庭等组织机构,采取提倡儒学、兴办学校、著书立说、创作文学艺术精品、引礼入法等措施,利用舆论引导、利益诱导、灌输、立法建制、大众传媒、文化娱乐等形式,把政治知识、政治思想、政治价值规范和政治行为准则传播到社会政治生活的各个领域,沉积为稳定、持久、牢固的政治思维和政治心理,成为人们共同遵行的政治规范、政治价值观和政治生活准则,形成了讲义守节的良好风气。正如范晔在《后汉书·儒林列传下·蔡玄传》中所说:"人识君臣父子之纲,家知违邪归正之路。""东汉之风,忠孝廉耻及于三代矣"②。这提高了汉代社会成员的政治素质,促进了社会的稳定和经济的发展。

---

① [美]加布里埃尔·A·阿尔蒙德、小G·宾厄姆·鲍威尔:《比较政治学》,上海译文出版社1987年版,第91页。
② 司马光:《稽古录》卷30,北京师范大学出版社1988年版。

第一节　汉代儒家政治思想社会化的行政传播渠道

儒学作为汉代官方政治文化,统治者特别注重它的社会化功能的发挥,通过行政渠道,利用舆论引导,大力提倡和宣传儒学,促使儒家经学在社会的传播和延续。

一、提倡学习儒家经学

汉武帝接受董仲舒在《天人三策》中提出的"兴太学,置明师,以养天下之士"的建议,在京城举办太学,正式设置五经博士,以后增《论语》为六经,再增《孝经》为七经。汉武帝又采纳了当时丞相公孙弘的为博士设弟子员、以通经多少任为官吏的建议,"为博士官置弟子五十人,复其身"。鼓励学习儒家经学,为儒家经学的独尊提供了最高政治权力保障。汉武帝以后的诸位皇帝也大力提倡学习儒家经学,他们自己也精通儒家经学。汉昭帝就自称通习《保傅传》、《孝经》、《论语》、《尚书》,汉宣帝也曾"师受《诗》、《论语》、《孝经》"[1]。汉元帝即训诫东平思王刘宇的师傅,劝其教导刘宇研读儒家经典:"非《五经》之正术,敢以游猎非礼道王者,辄以名闻。"[2]光武帝刘秀曾到太学游学,"爱好经术,未及下车,而先访儒雅","于是立五经博士,各以家法教授"。明帝刘庄自幼就通经学,师事经学博士桓荣,精研《春秋》、《尚书》,亲自参加明堂大礼,与诸儒共同讲解、研究经书,大力提倡儒家经学,"其后复为功臣子孙、四姓末属别立校舍,搜选高能以受其业,自期门羽林之士,悉令通《孝经》章句,匈奴亦遣子入学"[3]。和帝皇后邓绥少时通《诗》、《论语》,临朝称制后,不仅自己研究经学,还利用权力提倡经学:"太后诏征和帝弟济北、河间王子男女年五岁以上四十余人,又邓氏近亲子孙三十余人,

---

[1]　《汉书》卷8《宣帝纪》。
[2]　《汉书》卷80《宣元六王传》。
[3]　《后汉书》卷79《儒林列传》。

并为开邸第,教学经书,躬自监试。"①汉灵帝也致力于弘扬儒家经学,熹平四年(175年)征召学者勘正《五经》文字刻石立于太学门外,这就是著名的《熹平石经》。

汉代不仅中央提倡兴建太学,学习儒家经典,而且地方政府也大力提倡学习儒家经学。汉景帝末蜀郡太守文翁,少好学,通《春秋》,"乃选郡县小吏开敏有材者","遣诣京师,受业博士","又修起学官于成都市中,招下县子弟以为学官弟子,为除更徭,高者以补郡县吏,次为孝弟力田","至武帝时,乃令天下郡国皆立学校官"②。元帝时,"郡国置《五经》百石卒史"③。到汉平帝时,"立官稷及学官。郡国曰学,县、道、邑、侯国曰校。校、学置经师一人。乡曰庠,聚曰序。序、庠置《孝经》师一人"④。汉代地方政府还设有文学掾史从事教育的官员,例如王尊曾"师事郡文学官,治《尚书》、《论语》"⑤;张霸为会稽太守,"立文学,学徒以千数"⑥。郡国守相、县令长大多是精通儒家经学,亲自兴学讲授,招收生徒。颍川太守寇恂"乃修乡校,教生徒,聘能为《左氏春秋》者,亲授学焉";南阳太守鲍德,"时郡学久废,德乃修起庠舍,备俎豆黼冕,行礼奏乐,又尊飨国老,宴会诸儒,百姓观者,莫不劝服";刘宽历任三郡太守,在行县时"辄引学官祭酒及处士诸生,执经对讲",华峤《后汉书》说他"好为诸生讲论经义,不严而治";牟长任河内太守,"诸生讲学者常千余人,著录前后万人";伏恭任常山太守,"敦修学校,教授不辍";鲁丕任赵相,"门生就学者常百余人,关东号之曰:'五经复兴鲁叔陵'";刘梁任新北长,"乃更大作讲舍,延聚生徒数百人,朝夕自往劝诫,身执经卷,试策殿最,儒化大行";成阳令唐扶"抠衣授业,著录千人"⑦。宋枭为凉州刺史,曾对盖勋说:"凉州寡于学术,故屡致反暴。今欲多写《孝经》,令家家习之,庶或使人知义。"⑧不但郡国守相、县令长兴学讲经,甚至亭长也

---

① 《后汉书》卷10《皇后纪》。
② 《汉书》卷89《循吏传》。
③ 《汉书》卷88《儒林传》。
④ 《汉书》卷12《平帝纪》。
⑤ 《汉书》卷76《王尊传》。
⑥ 常璩:《华阳国志》卷10上《先贤士女总赞论》,巴蜀书社1984年版。
⑦ 严可均:《全后汉文》卷104《汉成阳令唐扶颂》,中华书局1958年版。
⑧ 《后汉书》卷58《盖勋传》。

提倡学习儒家经典。《后汉书》卷76《循吏列传》载,仇览为蒲亭长,"农事既毕,乃令子弟群居,还就黉学",有位陈元的人,不孝敬母亲,李贤注引谢承《后汉书》说览"责元以子道,与一卷《孝经》,使诵读之"。因此,皮锡瑞在《经学历史》中说:"汉治近古……其时公卿大夫未有不通一艺者也。"①

二、重用儒家经学人才

两汉统治者不仅兴学提倡学习儒家经典,而且非常重用精通儒家经典的人才。汉代太学中的博士弟子通过考试,根据通经的多少授以相应的官职,博通五经是对太学生的最高要求。汉代选举人才以儒术为精神导向,以利禄为物质诱惑,激励世人学习儒家经学。班固记载西汉经学之盛说:"自武帝立《五经》博士,开弟子员,设科射策,劝以官禄,迄于元始,百有余年,传业者寖盛,枝叶蕃滋,一经说至百余万言,大师众至千余人,盖禄利之路然也。"②夏侯胜就训导诸生:"士病不明经术,经术苟明,其取青紫如俛拾地芥耳。"③而邹鲁民间也有谚云:"遗子黄金满籯,不如一经。"④重用经学人才促进了儒学的普及和推广。汉代选用人才常用的"孝廉"、"贤良方正"、"贤良文学"、"茂才(秀才)"等科目,其名号采用的都是儒家道德标准;光禄举"四行"的标准是敦厚、质朴、逊让、节俭⑤也是道德标准;四科取士中的"德行高妙,志行清白"、"经明行修,能任博士"两条,同样为道德标准。特别是汉代每年一次的孝廉之举,就是选拔孝子廉吏,"孝"为立身之本,"廉"为从政之方,显然含括儒学价值的政治标准。根据黄留珠的统计,"两汉孝廉的个人资格以儒者为最多,儒和兼有儒、吏双重身份的人合计起来,在孝廉中所占的比例接近二分之一"⑥。由此可见,选拔人才对儒家经学的重视程度。地方政府也以选用儒学人才为己任。据《后汉书》记载:任延任武威太守,

---

① 皮锡瑞:《经学历史》,中华书局1959年版。
② 《汉书》卷88《儒林传》。
③ 《汉书》卷71《夏侯盛传》。
④ 《汉书》卷73《韦贤传》。
⑤ 《后汉书》卷64《吴佑传》注引《汉官仪》。
⑥ 黄留珠:《秦汉仕进制度》,西北大学出版社1985年版,第143页。

"造立校官,自掾吏子孙皆诣学受业,复其徭役。章句既通,悉显拔荣进之";杨仁为什邡县令,"劝课掾史弟子悉令就学。其有通明经术者,显之右署,或贡之朝"。两汉时期重用了大批经学人才,西汉时的蔡义、韦玄成、魏相、丙吉、于定国、匡衡、张禹、萧望之、谷永、师丹,东汉时的邓禹、贾复、冯异、祭遵、马援、王霸、刘隆等人,都是以儒家经学起家做到丞相,从而成为一代名臣的。

三、推行儒家教化

汉代教化政策是提倡儒学的重要举措,从中央到地方各级行政长官都把教化工作当做头等大事来抓,汉武帝在元朔元年(前128年)的诏书中就告诫臣属要尽教化民众之责:"公卿大夫,所使总方略,壹统类,广教化,美风俗也。"据《后汉书·百官志》记载:中央的司徒掌教化,"凡教民孝弟、逊顺、谦俭,养生送死之事,则议其制,建其度",经常派遣属吏了解各地的民风民俗的好坏;郡国守相"进贤劝功,决讼检奸",劝民农桑,振救乏绝,察讯诸囚,论课殿最,并推举孝廉;县令长"显善劝义,禁奸罚恶,理讼平贼";乡级政府设置有秩、三老、游徼,有秩主管"知民善恶,为役先后,知民贫富,为赋多少",三老负责教化,"凡有孝子顺孙、贞女义妇,让财救患,及学士为民法式者,皆扁表其门,以兴善行"。三老是年龄在五十以上、"有修行,能率众为善"的人担任,在乡里社会推行教化中发挥着重要的作用。《后汉书》卷3《明帝纪》注疏"三老"的职责时说"劝导乡里,助成风化"。汉代在乡里社会还设立孝悌、力田等典范,孝悌是"为仁之本",是遵守封建伦理纲常、和睦家庭的榜样,力田是生产劳动致富的模范,他们受到皇帝的优待和嘉奖,这就是在乡里推行政治教化,提倡儒学政治道德价值观,鼓励民众修德行善。

第二节 汉代儒家政治思想社会化的教育传播渠道

汉武帝采用董仲舒和公孙弘的建议,选用儒学之士,在中央设立太学,立五经博士和博士弟子,形成仁义道德宣化中心。地方郡国也普遍设学。到汉平帝时正式建立地方学校系统,郡国一级称学,县、道、邑一级称校,各置经师一人;乡一级称庠,聚一级称序,各置《孝经》师一人。到东汉由五经博士发展到十四经博士,太学生人数也不断增加,最多时达到3万多人。地方郡国守相也以兴办学校为务,据《后汉书》记载,丹阳太守李忠"为起学校,习礼容";会稽太守张霸"郡中争厉志节,习经者以千数";山阳太守秦彭"崇好儒雅,敦明庠序"。由于朝廷对经学教育的热衷,仅靠官学就难以满足众多求学者的受业要求,于是各级政府大力提倡私人办学。西汉后期,执教私学的经学大师已遍及各地。如韦贤"笃志于学,兼通《礼》、《尚书》,以《诗》教授";疏广"明《春秋》,家居教授"。到了东汉,私学教育更是声势浩大。学生少则数人,多则万人以上。据《后汉书》记载,王充"归乡里,屏居教授";马融"为世通儒,教养诸生,常有千数"。汉朝政府通过学校教育系统有意识地、连续地灌输儒家政治价值观。首先,表现在教学内容上大多是儒家经典。太学的博士都是精通经学的专家,从五经博士到十四经博士,对博士弟子传授的都是儒家经典。私学教授也大多是经学大师,传授的也是儒家经典,据《后汉书》记载,冯豹"好儒学"以《诗》、《春秋》教授学生;李恂"少习韩诗";丁恭"习《公羊严氏春秋》";蔡玄"学通五经";夏恭"习《韩诗》、《孟氏易》"等都学为儒宗,教授诸生。而且,对儿童的教育也用儒家经学,西汉晚期的一部小学教科书《急就篇》就有清楚地反映:"宦学讽《诗》、《孝经》、《论》,《春秋》、《尚书》、律令文。治礼掌故砥砺身,智能通达多见闻。"①到了东汉小学启蒙教育仍学习儒家经典,崔寔《四民月令》冬十一月载:"砚冰冻,命幼童入小学,读《孝经》、《论语》篇章。"②由此看来,汉代学校教育是"以典籍娱心,育人为务"③,也就是用儒家经典教育人、娱乐人。其次,学校招收的学生多是品德端正,经学有成之人。据《汉书》卷88《儒林传》载,太学生招收有两途:一是太常选择"民年十八以上,仪状端正者,补博士弟子";二是地方贡举"好文学,敬长上,肃正教,顺乡里,出入不悖"的人。还要经过面试考核,"诣

---

① 王国维:《校松江本急就篇》,见《海宁王静安先生遗书》第6册,民国19年版,商务印书馆石印本。
② 严可均:《全后汉文》卷47《四民月令》,中华书局1958年版。
③ 《三国志·魏书》卷11《王烈传》注引《先贤行状》。

博士"、"试诵说",就是经过博士面试经义。地方推荐进京参加"明经"考试落选的士人也可补充为太学生。私人教授招收的学生也多为著名学者,例如马融的学生就有著名的经学大师郑玄和卢植。最后,学校学生的出路是以通经的多少为标准。西汉的太学每年举行一次正式考试,凡通一经者即可充任地方政府的文学掌故之职,名列前茅者可被任命为郎中在朝廷供职,特别优秀的还可由太常禀报皇帝予以重用。到东汉桓帝时,由一年一试改为两年一试,而以通二经、三经、四经、五经来分别次第授以官职,考试落第者仍可下次再考。地方郡国学校的学生优秀的可由长官推荐到朝廷任职,或补给太学生。有些地方长官还从学校中选拔优秀学生充任属吏,协助处理政务。如文翁对学官子弟"高者以补郡县吏,次为孝弟力田",武威太守任延对郡学子弟中精通经学章句者"悉显拔荣进之",杨仁对县学中"其有通明经学者,显之右署,或贡之朝"。

第三节 汉代儒家政治思想社会化的文化传播途径

汉代统治者特别重视文化建设,整理文化载体,著书立说,利用图书媒介传递和传播儒家政治文化。图书是儒家政治文化的载体,也是重要的大众传播媒介,汉代的书籍主要是碑刻、竹简和帛书。

一、统治者非常重视图书的搜集和整理

据《汉书》卷30《艺文志》载:"汉兴,改秦之败,大收篇籍,广开献书之路。"齐召南《汉书艺文志考证》说:"指高祖时萧何收秦图籍,楚元王学《诗》,惠帝时除挟书之令,文帝使晁错受《尚书》使博士作王制。"王先谦《汉书补注》引何焯曰:"孝武皇帝,敕丞相公孙弘广开献书之路,百年之间,书籍如山。"成帝时"以书颇散亡,使谒者陈农求遗书于天下,诏光禄大夫刘向校经传诸子诗赋","会向卒,哀帝复使向子侍中奉车都尉歆卒父业。歆于是总群书而奏七略"。刘向、刘歆父子校阅群书的指导思想是儒家经学,正如刘向在《晏子叙录》中所说"皆忠谏其君,文章可观,

义理可法,皆合六经之义"。《七略》的学术体系分六大类,而以儒家经学为首,从总体上呈现出以儒家经学统率诸子、诗赋、兵书、数术、方技之学的格局,明显地反映出推崇儒家经学的倾向。所以,熊铁基先生在《汉代学术的历史地位》一文中认为"重要的儒家经典,都是在汉代逐渐定型的"①。

二、儒生对经学的"损益"与皇帝官定经本

作为汉代官方法定意识形态载体的儒家经学,它从根本上讲是为当时的政治统治服务的,儒生士大夫为了达到入世为官的政治目的,狂热地对经学进行考据、诠释和阐发,注经成为传播儒家政治文化的主要形式,随着政治的变化不断地对经学进行"损益",注入新的内涵,以增强其时代性和适应性,丁宽作《易说》三万言,京房著《易传》三卷,王弼作《周易注》,戴德、戴胜的《礼记》,服虔的《春秋左氏传解谊》,张禹的《论语章句》,许慎的《五经异义》,马融遍注群经,卢植的《尚书章句》,郑玄的《毛诗注》、《三礼注》等注疏都对经学的发展和传播做出了重大贡献。但是也造成了注经方面的支离蔓延和种种分歧,这就必然导致思想的混乱,不利于政治的统一和社会的稳定。因此,汉代的皇帝经常亲自出马,召集名儒,论证儒经异同,利用行政权力统一经学,使儒经的阐释工作服务于现实政治思想一元化统治的需要。汉代皇帝规范和统一经学的办法,主要有以下几种。

一是崇家说,守家法。汉代所立官学实际就是家学,经学博士是严格按家法教授的。东汉光武帝立十四经博士,明确命令"各以家法教授"。选拔人才也重师说与家法,左雄上书要求对举荐的孝廉进行复试时说"诸生试家法"。

二是举行廷辩,由皇帝裁定。汉武帝就实行廷辩,如韩婴与董仲舒"论于上前"。陈元上光武帝疏中说:"陛下拨乱反正,文武并用,深悯经艺谬杂,真伪错乱,每临朝日,辄延群臣讲论圣道。"

三是召集专门会议,评议五经同异,皇帝"亲临称制",作出裁定。最为典型的就是石渠阁会议和白虎观会议。

---

① 熊铁基、赵国华:《秦汉思想文化研究》,希望出版社2005年版,第10页。

四是钦定教本、经说和章句。西汉文帝时就"使博士诸生刺六经中作《王志》"①,昭帝命夏侯胜"撰《尚书》、《论语说》"。东汉光武帝令钟兴"定《春秋》章句,去其重复",明帝命贾逵作《周官解诂》,章帝命郑众作《春秋删》19篇②。东汉灵帝熹平四年(175年)蔡邕等建议正定经本文字,共刻46碑,立于太学前,有《鲁诗》、《尚书》、《周易》、《春秋》、《公羊传》、《仪礼》、《论语》等七经,为我国历史上最早的官定儒家经本,史称"熹平石经"。

三、史学对儒家政治文化的保存、弘扬和传播

史学本身不但是专门从事积累保存文化的府库,而且是弘扬与传播文化的载体,并且和儒家政治文化紧密相连,互为表里,成为传播政治文化的重要载体。汉代史学在保存和传播儒家政治文化上主要体现以下几个方面。

首先,汉代史学是以经学为宗镜,记载了大量的儒家经学内容。汉代史学家司马迁、刘歆、班固等人深受儒家经学的影响,他们在史学著作中记载了大量儒家经学内容。司马迁撰写《史记》是要"窃比《春秋》"以"继《春秋》"自任,自觉地继承和弘扬孔子的事业,他大量吸收了《六经》的内容,"厥协六经异传,整齐百家杂语",现存《史记》一书征引六经及其训解书23种、诸子百家及方技书53种③。他突破《史记》著述体例的限制,破格撰写了《孔子世家》,称孔子为"至圣",还为孔门弟子及治经儒生立了列传,如《仲尼弟子列传》、《孟子荀卿列传》、《儒林列传》等,正如梁启超所说:"太史公最通经学,最尊孔子。"④班固编撰《汉书》,"旁贯《五经》,上下洽通","纬六经,缀道纲",为经学大师董仲舒单独立传,将其答对汉武帝的《天人三策》全文录入,推崇其"为群儒首"。还为儒家经学大师专门设置列传《儒林传》,记载经学的发展和传承情况。

其次,汉代史学是以儒家经学的主体思想为指导,大力宣扬儒家伦

---

① 《史记》卷28《封禅书》。
② 刘泽华:《论汉代独尊儒术与思想多元的变态发展》,见祝瑞开:《秦汉文化和华夏传统》,学林出版社1993年版。
③ 安平秋等主编:《史记教程》,华文出版社2002年版。
④ 梁启超:《读书分月课程》,见《饮冰室合集》,中华书局1994年版。

理道德,"扶明教义"。儒家经学的一些基本价值观如大一统论、天人感应论、纲常论、三世说等,都在汉代史学中有着鲜明的体现。司马迁在《史记》中就用大一统的思想考察社会历史的演变,他以"道名分"为依据,把王朝更替和帝王兴替当做科条分析的大纲,对于入传人物,按照身份、地位、等级,分别以本纪、世家、列传的规格加以载录,体现出君王居高临下、人臣拱卫主上的主题,集中反映了司马迁的大一统观念。汉代史学以立德为先,通过定名分,褒善贬恶,发挥政治教化的功能。司马迁认为,《春秋》是伦理教科书,"《春秋》者,礼义之大宗也","夫不通礼义之旨,至于君不君,臣不臣,父不父,子不子。夫君不君则犯,臣不臣则诛,父不父则无道,子不子则不孝,此四行者,天下之大过也"①。《汉书》完全以儒家伦理道德评价历史,一味用历史去论证和阐释宗法等级制度和君主专制的合法性和永久性,史学成了明天道、证人伦的儒家伦理传播工具。《汉书》取得与《五经》相亚的显位,显然与该书"宗经矩圣"的编纂原则有关。他在《苏武传》中歌颂了苏武在匈奴 19 年牧羊而不忘汉室、不忘祖国的爱国精神,他面对李陵的劝降,说:"今得杀身自效,虽蒙斧钺汤镬,诚甘乐之。臣事君,犹子事父也。子为父死,无所恨,愿勿复再言。"体现出忠君为国的君臣大义。

最后,汉代史学"明罗治体",用儒家的治国理念,总结历史发展规律,为政治的发展和改革提供经验教训。司马迁撰写《史记》是为了"述往事,思来者",以"居今之世,志古之道,所以自镜"②。他在《自序》中说,"网罗天下放失逸闻,王迹所兴,见盛观衰",他通过考察历史,认为盛衰之变,是历代王朝所经历的必然过程,但他并非要人无所作为,而是十分重视人事在盛衰之变中的作用,把统治者的政事和人心向背看做是盛衰背后的支配力量。他对天道大胆提出怀疑,在《项羽本纪》赞中指出,项羽"身死东城,尚不觉寤,而不自责,过矣。乃引'天亡我,非用兵之罪也',岂不谬哉!"班固撰写《汉书》时,注重"掇其切于世事者著于传","论其实行之语著于篇",还通过篇后的"赞曰","论是非,寓褒贬"使人们"明鉴戒",体现出为政治服务的精神。荀悦在《汉纪》卷首中就提出了撰写史著的历史鉴戒功能,他说:"立典有五志焉:一曰达道

---

① 《史记》卷 130《太史公自序》。
② 《史记》卷 18《高祖功臣侯者年表》。

义,二曰彰法式,三曰通古今,四曰著功勋,五曰表贤能。"

四、文学创作的作品对儒家经学政治文化的传播

汉代的文学作品主要分为诗赋和散文,在艺术特色上继承了儒家经学,特别是《诗经》的写作手法,在思想内容上主要从讽喻、歌颂、言志三个方面宣传、传播儒家经学,发挥文学作品的政治教化功能。汉赋继承儒家经典《诗经》的思想内容,班固指出,"赋者,古诗之流也……或以抒下情而通讽喻,或以宣上德而尽忠孝","抑亦雅颂之亚也"。汉赋以"润色鸿业"、歌功颂德为己任,大力宣传"君权神授"、"天人合一"、"大一统"、"祥瑞灾异"等经学思想,傅毅的《洛都赋》、班固的《东都赋》和《西都赋》、张衡的《东京赋》和《西京赋》等都充满这方面的内容。汉赋在为统治阶级歌功颂德的同时,也讥讽了统治阶级的"穷泰而极奢",探讨了为政之道。张衡在《东京赋》中说:"今公子苟好剿民以愉乐,忘民怨之为仇也;殚物以穷宠,忽下叛而生忧也。夫水所以载舟,亦所以覆舟。"汉代的政论散文提出了不少独到的政治见解,例如:贾谊的《过秦论》提出了秦亡于"仁义不施",主张实施仁政;《论积储疏》提出了重农务本政策;晁错的《贵粟疏》提出了"重农贵粟"的政策;桓宽的《盐铁论》记载了盐铁会议关于重农还是重商治国方略的争论。左雄的《上言察举孝廉》提出了"诸生试家法,文吏课笺奏"的对举荐孝廉的考试方法。汉代的诗歌也以宣扬儒家的仁义礼乐为本,乐府民歌中的《陌上桑》和《孔雀东南飞》都揭露了封建礼教的罪恶,歌颂了不畏权势、不贪富贵的高贵品质和反抗封建礼教的叛逆精神。

五、艺术作品传播儒家经学政治文化

汉代的美术作品带有浓厚的礼教色彩,以儒家三纲五常为标准的美术作品体现了绘画的"成教化,助人伦"的功能。主要表现在为古代圣贤、当时勋臣树碑立传,图画肖像;亦绘夏桀、商纣等亡国之君,作反面教材。武梁祠画像中有许多孝行故事入画,画像刻词赞扬"曾子……孝

以通圣明",老莱子"事亲至孝"①。三国诗人曹植对汉代绘画的教化功能有精辟的论述:"观画者,见三皇五帝,莫不仰戴;见三季异主,莫不悲惋;见篡臣贼嗣,莫不切齿;见高节妙士,莫不忘食;见忠臣死难,莫不抗节;见放臣逐子,莫不叹息;见淫夫妒妇,莫不侧目;见令妃顺后,莫不嘉贵。是知存乎鉴戒者,图画也。"②

第四节　汉代儒家政治思想社会化的立法保障

汉代的法制建设以儒家政治文化为指导,强调礼的作用,以儒家的伦常观念作为建章立制的依据,以立法的形式保障儒家政治文化的传播。张涛、袁法周在《南都学坛》2005年第3期发表的《经学与汉代的制度建设》一文,对儒家经学对汉代的选官制度、经济政策、救灾措施、法律制度的影响已经进行了深入和全面的研究。汉代儒家经学对法律的影响不仅具体表现在董仲舒作了《春秋决狱》232事,应劭作了《春秋断狱》250篇,将《春秋》等儒家经典的精神和记载作为判案和量刑的依据,而且还具体表现在把儒家的伦理纲常引入法律,使儒家的伦理纲常具有法律效力,成为人们必须遵守的道德规范。汉承秦制,从《睡虎地秦墓竹简》中的法律条文记载就可以推知汉律反映的儒家政治思想,秦律中对"乱族"严厉处罚,充分体现了儒家的父权和孝道思想,在《为吏之道》中规定了选拔官吏的政治标准,"必精洁正直,慎谨坚固,审悉无私";官吏考绩中规定了《五善五失》的标准,明确提出了官吏忠于君主的原则及应当具备的政治品格,这就是"忠信敬上"、"清廉毋谤"、"举事审当"、"喜为善行"、"恭敬多让"③。汉律中反映了儒家三纲五常伦理观念,在君为臣纲方面,汉律维护皇权和皇帝尊严,规定了对皇帝欺谩、诋欺、诬罔罪,非议诏书、毁先帝罪,怨望诽谤政治罪,废格诏书罪,不

---

① 严可均:《全后汉文》卷99《武梁祠堂画像》,中华书局1958年版。
② 张彦远:《历代名画记》卷1《叙画之源流》引曹植观汉画后语,上海人民美术出版社1964年版。
③ 《睡虎地秦墓竹简》,文物出版社1990年版,第167~169页。

敬、不大敬罪,等等①。在父为子纲方面,汉律规定有"不孝"罪,如武帝时,衡山王刘赐的长子"爽坐告王父不孝,皆弃市"。依汉律,无论什么情况下殴打了父母皆处死刑,殴死父母要枭首,杀父母者以大逆论,要处以腰斩,甚至居父母丧期间与人通奸也要处斩刑。在夫为妻纲方面,法律规定妻子要无条件地服从丈夫,服侍丈夫,而丈夫对妻子却有"七弃"、"五不娶"、"三不去",随心所欲地滥用夫权,妻子死了,丈夫可以再娶,而丈夫死了,则妻子不能再嫁。因为《礼》"夫有再娶之义,妇无二适之文"。汉律中的"亲亲得相首匿"的原则也体现了儒家的纲常伦理,"子首匿父母,妻匿夫,孙匿大父母,皆勿坐。其父母匿子,夫匿妻,大父母匿孙,罪殊死,皆上请廷尉以闻"②,根据这一原则,卑幼首匿尊亲长,不负刑事责任,尊亲长首匿卑幼,除死罪上请减免外,其他也不负刑事责任,反映了父为子纲、夫为妻纲的伦理观念。

第五节　汉代儒家政治思想社会化的教化传播途径

汉代帝王"兴礼乐,宣教化,表行义,礼风俗",树立忠孝节义的榜样,用典型示范引导人们争做忠臣孝子、义夫节妇,促使忠孝节义的传播和讲义守节社会风气的形成。主要有图画肖像、升官加爵、封妻荫子、赐物赏金、重礼相聘等物质和精神激励形式。

一、图画肖像,树碑立传

汉代通过绘画肖像的形式为古代圣贤、当时勋臣树碑立传,教化人民,宣扬儒家伦理纲常。被画肖像的人主要有五类:一是古代圣王,如三皇五帝;二是古代忠臣和哲人,如周公、孔子;三是开国元勋,如张良;四是当世功臣,如赵充国;五是贤明之人,如金日磾。两汉的宫廷壁画主要有:西汉的麒麟阁壁画,汉宣帝在麒麟阁图画11功臣,其中有霍

---

① 蒲坚:《中国法制史》,光明日报出版社1999年版,第93~98页。
② 《汉书》卷8《宣帝纪》。

光、苏武和赵充国;东汉的南宫云台画像,汉明帝在南宫云台图画开国功臣28将,加上王常、李通、窦融、卓茂,合32人。唐代张彦远在评价汉代宫廷绘画的作用时说:"以忠以孝,尽在于云台;有烈有勋,皆登于麟阁。见善足以戒恶,见恶足以思贤。留乎形容,式昭盛德之事;具其成败,以传既往之踪。"①

两汉各州郡及封国在殿堂、祠庙、宫署、府第、驿站的壁画上皆图绘名人肖像。西汉景帝之子鲁恭王刘余建灵光殿绘的壁画就有《人皇九头》、《伏羲鳞身》、《女娲蛇躯》、《皇帝唐虞》、《淫妃乱主》、《忠臣孝子》、《烈士贞女》。东汉各州郡也利用壁画图绘当地历代地方官吏的图像和事迹。据《后汉书》志第19《郡国一》引应劭《汉官》说:"郡府厅事壁诸尹画赞,肇自建武,迄于阳嘉,注其清浊进退。所谓不隐过,不虚誉,甚得述事之实。后人是瞻,足以劝惧。"延熹末年,司隶校尉应奉"下诸官府郡国,各上前人像赞"。汉献帝时,益州刺史在成都学堂画有盘古、三皇五帝、三代君臣、孔子及七十二弟子于壁间。汉代对孝子烈女也图画其像,《后汉书·陈纪传》载,陈纪以孝父"至行"被豫州刺史"表上尚书,图象百城"。《后汉书·列女传》载,皇甫规妻不为董卓所辱,死于董卓车下,"后人图画,好为礼宗"。《后汉书·独行列传》载,李业被公孙述逼为博士,就饮毒而死,"光武下诏表其闾,益部记载其高节,图画形象"②。

二、升官加爵,封妻荫子

汉代察举征辟必采名誉,"皆有孝弟廉公之行",用功名利禄激励民众践行忠孝节义,促进儒家政治文化在政治上的传播。汉代选拔官吏非常重视政治道德,孝廉作为察举官吏的重要科目就是具体表现之一。举孝廉就是选拔孝子廉吏,然后任以官职,取得功名利禄,获得荣华富贵。汉代的各级官府也竞相辟聘有德行儒术之人,据《东汉会要》卷27《公府辟除》载:"东汉之世,以辟士相高……卓茂习诗礼为通儒,而辟丞相府史……周举博学洽闻,而辟司徒李郃府。"刘秀即位之初对讲究名

---

① 张彦远:《历代名画记》,上海人民美术出版社1964年版。
② 顾森:《秦汉绘画史》,人民美术出版社2000年版。

节,不仕王莽的儒生极力表彰,首访严光,聘周党,擢卓茂,而加诸三公之位。顺帝元嘉元年(132年)便对"京师及郡国耆儒年六十以上者",大加赏赐,其中仅诸王国赐拜郎官者就达138人①。桓帝时对大臣们举荐的仁人孝子,一律"以安车、玄纁备礼征之",对不愿应征的人,竟"使画工图其状",宣示朝野②。西汉扬州刺史黄霸以贤良高第而任颍川太守,秩比二千石,赐车盖,特高一丈,别驾主簿,车缇油屏泥子轼前,"以章有德"。他治理颍川"治行"全国第一,"孝子弟弟贞妇顺孙日以众多","养视鳏寡,赡助贫弱","吏民乡于教化,兴于行义,可为贤人君子矣","其赐爵关内侯,黄金百斤,秩中二千石","而颍川孝弟、有行义民、三老、力田,皆以差赐爵及帛",经过几个月之后,调黄霸到中央担任太子太傅,又晋升为御史大夫③。东汉光武帝初即位,就访求不仕王莽的卓茂,颁布诏书说:"前密令卓茂,束身自修,执节淳固,诚能为人所不能为。夫名冠天下,当受天下重赏,故武王诛纣,封比干之墓,表商容之间。今以茂为太傅,封褒德侯,食邑二千户,赐几杖车马,衣一袭,絮五百斤。"又封卓茂的长子戎为太中大夫,次子崇为中郎,给事黄门④。黄霸以"贤良"、"行义",卓茂以"执节淳固",皆封官加爵,荫及子孙,并给以极高的礼遇。就连"孝弟"、"义民"、"三老"、"力田"也封爵加赏,一般是"三老、孝弟、力田人(加爵)三级"。不但有利禄的实惠,也有光宗耀祖的荣誉,足以使获得者引以为骄傲,吸引周围的人倾慕效仿他们的行为。

三、赐物赏金,蠲免体恤

汉代对忠孝节义给以具体实惠的物质奖励,或赏物赐金,或蠲免赋役。"三老"是乡里推举的德高望重、"有修行,能率众为善"的榜样,"孝弟,天下之大顺也;力田,为生之本"⑤也是政府树立的典型。汉高祖刘邦设置乡三老,择乡三老为县三老,"复勿徭戍",惠帝下令举荐民有孝

---

① 《后汉书》卷61《左雄传》。
② 《资治通鉴》卷54。
③ 《汉书》卷89《循吏传》。
④ 《后汉书》卷25《卓茂传》。
⑤ 《汉书》卷4《文帝纪》。

悌力田者,"复其身"。尊敬老人就是提倡孝道,文帝礼敬老人,九十岁者"一子不事",八十岁者"两算不事"。汉武帝给博士官设置弟子五十人,"复其身"。元帝喜欢儒生,"能通一经者,复数年"。两汉历代皇帝都有赏赐"三老"、"高年"、"孝弟"和"力田"的记载,一般来讲,赏赐"三老"的帛是每人三匹或五匹;赏赐"孝弟"、"力田"的帛是每人三匹,有时"孝"、"弟"分开,"孝"者帛每人五匹,"弟"者、"力田"每人三匹;赏赐高年,八十岁以上每人每月米一担,肉二十斤,酒五斗,九十岁以上每人帛两匹,絮三斤,钱数也很少。东汉毛义以孝行著名,章帝下诏褒奖,"赐谷千斛"、"加赐羊酒"。人们为了得到这种减免赋税徭役的待遇,自然努力做忠臣孝子、义夫节妇。

第六节 汉代儒家政治思想社会化的礼仪传播渠道

汉代统治者重视节俗礼仪在政治文化传播中的作用,加强节俗礼仪的建设。西汉时期叔孙通制礼、董仲舒以《春秋》决狱、匡衡依据儒家《礼》对国家祭祀制度进行了大幅度改革,都是节俗礼仪的建设。东汉光武帝刘秀提倡庆氏《礼》学,为朝廷制定了封禅、七郊、三雍、明堂、大射、养老等礼仪,章帝时曹褒制定《汉礼》,《白虎通义》完全体现了《汉礼》的内容,对从帝王到平民、从政治到社会习俗各个方面都依据经学做了规定。崔寔的《四民月令》、应劭的《风俗通义》都对汉代节俗礼仪有详细记载。汉代节俗礼仪主要通过祭祀或庆典活动,用乐舞等形式传播儒家政治文化。汉代比较有代表意义的典礼创制活动是郊祀、封禅和明堂三种。郊祀是帝王祭天或上帝的典礼,秦有郊祀四时的做法,刘邦开创郊祀五帝的先例,汉武帝时形成了祭祀"泰一加五帝"的天神系统,到刘秀形成了祭祀天地与祖妣相配制度,郊祀礼基本形成定制。封禅是帝王祭祀天地的一种典礼,汉武帝举行大规模的封禅活动,建立了封禅仪式,刘秀也举行了封禅大典。这是为了表示帝王是接受天命的,也表明帝王有一定的功德,是树立上帝的权威来神化地上的皇权。明堂在先秦是看做帝王宣明政教的地方,汉武帝"祀上帝于明堂",就把明堂变成了祭祀上帝的地方。刘秀在洛阳建立的明堂,更显示出皇权的绝对权威①。据《西汉会要》和《东汉会要》记载的"礼"还有"养老"礼,巡幸礼,腊祭礼,亲耕礼,乡射礼等。这些礼仪活动都有明君臣之义和长幼之序的目的,有明显地政治教化作用。汉代最具政治教化作用的是对祖先宗庙、历代先贤的祭祀,宣扬功德,树立忠孝的典范。汉代的祭祀祖先之风盛行,上至帝王,下至百姓都非常重视,一年四时祭祀祖宗,把昭示祖德、颂扬祖勋作为推崇孝道的直接体现,正如《祭统》所说:"祭者,所以追养继孝也。孝者,蓄也。顺于道,不逆于伦,是之为蓄。是故孝子之事亲也,有三道焉:生则养,没则丧,丧毕则祭。"②旨在让子孙后代认祖归宗,不忘祖宗的血亲感情,不违父子之道,接受思想道德教育,增强家族的凝聚力和向心力。《后汉书》中有许多天子亲临墓地祭祀王公贵族和功臣的记载,章帝元和二年(85年)"进幸鲁,祠东海恭王陵"、"进幸东平,祠宪王陵";光武帝巡视到鲁地,祭祀孔子。汉代的祠堂祭祀就是家庭或家族进行伦理教育的重要场所。我们以武梁祠的画像来说明祠堂教育后代的作用③:西壁第二层刻有伏羲女娲、祝融、神农、黄帝、颛顼、帝喾、帝尧、夏禹、夏桀等古代帝王画像;第三层刻有曾母投杼、闵子骞御车失棰、老莱子娱亲、丁兰刻木四组孝子故事;第四层刻曹子劫桓、专诸刺王僚、荆轲刺秦王等历史故事。这些历史人物和故事都是教育子孙的生动教材。汉代在节俗庆典的活动中用乐歌的形式教育人,寓教于乐,由美入善。张衡在《舞赋》中说:"且夫九德之歌,九韶之舞,化如凯风,泽譬时雨,移风易俗,混一齐楚。以祀则神祇来格,以飨则宾主乐胥。"④荀子在《乐论》中说:"乐在宗庙之中,君臣上下同听之,则莫不和敬;闺门之内,父子兄弟同听之,则莫不和亲;乡里族长之中,长少同听之,则莫不和顺。"⑤这都说明了乐歌在政治教化中的作用。汉代节俗庆典、祭祀中都有乐歌活动,乐歌包括音乐舞蹈诗歌,郊庙乐歌就有"闻其音而德起,论其数而法立"的教化功能。早在西

---

① 王世仁:《明堂形制初探》,见《中国文化研究集刊》第4辑,复旦大学出版社1987年版。
② 《礼记·祭统》,见《十三经注疏》,中华书局1957年版。
③ 中国画像石全集编辑委员会:《中国画像石全集》第1册,山东美术出版社、河南美术出版社2000年版。
④ 严可均:《全后汉文》卷53《舞赋》,中华书局1958年版。
⑤ 《荀子·乐论》。

周祭祀祖先,《颂》就是祭典中的乐歌,《大武》就是祭典中的舞蹈,用来歌功颂德,祈求祖先保佑,赐福降祥。《后汉书·礼仪志》载,东汉帝王祭祀祖先的用乐情况是:在上食之后,奏食举乐,跳《文始》、《五行》舞。《汉书》卷22《礼乐志》、卷25《郊祀志》,《后汉书》志第4、第5、第6《礼仪上》、《礼仪中》、《礼仪下》,《后汉书》志第7、第8、第9《祭祀上》、《祭祀中》、《祭祀下》对汉代节俗庆典活动的礼仪、祭祀、乐舞情况有详细地记载,充分说明汉代统治者非常重视节俗庆典中祭祀和乐舞活动的政治教化作用。

综上所述,汉代儒学政治社会化途径广泛,形式多样,文化色彩浓厚,渗透力强,实施效果明显,表现出以下三个显著特征。

一是汉代正式的政治社会化途径和非正式的政治社会化途径互相配合,协调一致,形成了纵横交错的政治社会化网络,把儒家政治文化灌输、渗透到社会生活的方方面面。汉代政治社会化的实施途径,不但有通过各级政府、学校、传播媒介等机构进行的政治社会化的正式途径;还有通过家庭、家族、同辈群体、民间社区和民间组织、社会团体等进行的政治社会化的非正式途径,两种途径互相结合,各自在政治社会化的过程中发挥重要的作用。汉代从中央到地方大力提倡儒学政治,兴办学校,推行教化,灌输儒家伦理道德思想,这是汉代政治社会化的主渠道。但是,汉代也非常重视家庭、家族、同辈群体、社会团体在政治社会化过程中的作用,大力提倡孝悌忠义,极力表彰仁爱和睦,以榜样为示范引导人们实践儒家伦理道德规范。汉代家庭和家族内部的政治教化主要表现在长辈对后代以及同族兄弟姐妹之间教育,东汉名将马援教育兄子马严和马敦要他们效法贤士,改变"轻薄子"的行为,按照儒家伦理道德行事。班昭作《女诫》,提出妇女必须遵守的七条道德规范,用以教化"诸女",马融就令其妻女学习《女诫》。名臣邓禹用儒家经典"教养子孙","有子十三人各使守一艺"(袁宏《汉记》说"各命通一经")。窦融对其子"朝夕教导以经义"。郑均对利用职权收受贿赂、谋取私利的兄长反复劝诫。汉代的强宗大族在乡里对本宗族进行管理,宗族设置的祠堂就有教化本族成员的功能,祠堂内刻画有宣扬孝的画像石图像,宗族一年四季都要在祠堂祭祀祖先,正如张衡《南都赋》所说"纠宗绥族,禴祠蒸尝"。族人在进行祭祀时,颂扬祖先的丰功伟绩,接受图画的熏陶,形成忠孝观念。这些汉代非正式政治社会化的途径通过家庭成员、同辈群体、政治社会团体的群体交往、世代相传,更有利于传播和传递儒家政治观念和伦理道德,使汉代乡里基层社会"宗族称孝,乡党归仁"①,出现大量的官僚世家和经学世家,这就充分说明了非正式社会化途径的作用。

二是汉代政治社会化社会宣传教育和个人激励机制相结合,充分发挥政治社会化过程中社会和个人两个积极性。政治社会化的过程是个体与社会双向互动过程,汉代不仅重视社会宣传教育,利用舆论引导和理论灌输等形式传播儒家政治文化,而且特别重视调动个体在政治社会化过程中的积极性和主动性,主要表现在把政治社会化的价值导向与个人利益结合起来。"人们奋斗所争取的一切,都同他们的利益有关"②,汉代把儒家经学和儒家伦理道德作为选拔官吏的标准,表彰忠孝仁义,用利益的实惠引导个体在政治社会化的过程中发挥内在作用,激发其学习并实践儒家政治文化的兴趣、动机、持久性和能动性,将社会教化的内容内化到自己的观念结构和行动结构之中。

三是明示的政治社会化形式与暗示的政治社会化形式相结合,注重寓政治社会化于日常生活之中,具有浓厚的文化色彩,提高了政治社会化的有效性。汉代明示的政治社会化形式主要有灌输、宣传教育、示范引导等,都是公开交流和传递有关政治文化的政治理念、政治信仰和政治情感等。而汉代暗示的政治社会化方式主要是在日常生活习惯的培养、行为方式的养成等非政治性的教化中潜移默化地影响人们的政治观念、政治态度和政治行为,表现在汉代引礼入法、建章立制,以法律制度规范人们的政治行为,通过节日礼俗、祭祀庆典、乐舞绘画等暗示形式对社会成员在日常生活中进行道德教化,培养社会成员"孝"、"悌"等品行,由"孝"、"悌"等日常生活中行为规范的养成而达到"忠君爱国"这一基本儒家政治人格。汉代为了使政治社会化的形式达到最佳的效果,非常重视政治社会化的载体建设,不断创新政治文化的内容,用先进的政治思想武装人,不断创造文学艺术精品,用优秀的作品鼓舞人,不断加强祭祀、庆典、舞乐、绘画等文化娱乐设施建设,营造良好的政治社会化的环境,使人们在"愉悦"的日常生活中形成政治意识。

---

① 《资治通鉴》卷60。
② 《马克思恩格斯全集》第1卷,人民出版社1957年版,第82页。

汉代政治社会化途径和形式的这些特点,为汉代社会的和谐和经济的持续发展提供了强有力的政治保障,促进了汉王朝的长治久安。

后　　记

《汉代政治文明》一书即将付梓,我心情非常激动,这是我继 1995 年出版《汉唐行政管理》(河南大学出版社 1995 年 6 月版)一书后的又一本研究汉代政治制度的学术专著。自 1996 年开始我参加了国家社科基金项目"河南汉代文化研究"的研究,虽然从事地方文化的研究,先后出版了《河南汉代文化研究》(河南人民出版社 2000 年 8 月版)、《南阳汉文化》(河南大学出版社 2003 年 9 月版)、《张仲景中医药文化研究》(河南大学出版社 2009 年 2 月版)、《南阳文化概论》(河南大学出版社 2009 年 9 月版)等著作,但是从没有间断我对秦汉政治制度的研究,在《汉唐行政管理》的基础上从两个方面扩展研究,一是研究内容从静态的政治制度向动态的运行体制机制和政治文化研究拓展,二是研究资料从传统历史文献记载向简牍出土文献资料拓展。先后发表了《秦汉中央行政决策体制研究》(《史学月刊》,1999 年第 6 期,被中国人民大学复印资料中心《复印报刊资料》先秦、秦汉史 2000 年第 2 期全文转载)、《汉代政治社会化的途径和形式》(《史学理论研究》,2007 年第 4 期)、《文武并用:汉代治国方略的改革与创新》(《南都学坛》,2007 年第 4 期)、《试论秦汉行政巡视制度》(《郑州大学学报》,2004 年第 5 期,被《新华文摘》2004 年 5 期、《中国社会科学文摘》2005 年 1 期论点摘编)、《中国古代王朝中兴局面的形成原因》(《南都学坛》,2006 年第 4 期,被

《新华文摘》2006年22期全文转载和中国人民大学复印资料中心《复印报刊资料》历史学2007年第1期全文转载)、《中国古代帝王顾问制度》(《南都学坛》,2009年第1期,被《新华文摘》2009年第8期全文转载和中国人民大学复印资料中心《复印报刊资料》历史学2009年第4期全文转载)、《汉代政治参与机制》(《南都学坛》,2008年第2期,被中国人民大学复印资料中心《复印报刊资料》先秦、秦汉史2008年第4期全文转载)、《秦汉帝王顾问官制度》(《南都学坛》,2010年第7期,被中国人民大学复印资料中心《复印报刊资料》先秦、秦汉史全文转载和高等学校文科学术文摘2010年第3期全文转摘)。《汉代政治文明》就是我1996年至今对汉代政治文明成果研究的点滴体会,有不少内容已在公开的学术刊物上发表过,为了保持原貌,没有做大的改动,但略有重复之嫌,有的内容借鉴了其他专家学者的研究成果,恕不一一注明。当本书定稿之时,欣闻我今年申报的国家社会科学基金项目"简牍与秦汉行政法研究"获准(项目编号:12BZS021),故删去了本书最后一章"秦汉行政法",留待进一步研究,另出一本专著。

《汉代政治文明》是南阳师范学院汉文化研究中心策划的"汉文化研究丛书"之一,中心主任郑先兴教授对该书的出版给予了大力支持,河南大学出版社的领导和编辑为该书的出版提供了诸多方便。值此书出版之际,一并表示衷心感谢!

刘太祥
2012年5月7日于南阳师范学院